中国人民大学"中央高校建设世界一流大学（学科）和特色发展引导专项资金"支持

公共资源交易管理

王丛虎　著

中国财经出版传媒集团
经济科学出版社
Economic Science Press

图书在版编目（CIP）数据

公共资源交易管理/王丛虎著.—北京：经济科学
出版社，2018.4
ISBN 978 - 7 - 5141 - 9301 - 5

Ⅰ.①公…　Ⅱ.①王…　Ⅲ.①政府采购制度 -
监管制度 - 研究 - 中国　Ⅳ.①F812.2

中国版本图书馆 CIP 数据核字（2018）第 093088 号

责任编辑：陈昶彧
责任校对：杨　海
版式设计：齐　杰
责任印制：王世伟

公共资源交易管理
王丛虎　著
经济科学出版社出版、发行　新华书店经销
社址：北京市海淀区阜成路甲 28 号　邮编：100142
总编部电话：010 - 88191217　发行部电话：010 - 88191522
网址：www. esp. com. cn
电子邮件：esp@ esp. com. cn
天猫网店：经济科学出版社旗舰店
网址：http：//jjkxcbs. tmall. com
北京季蜂印刷有限公司印装
710 × 1000　16 开　16.5 印张　290000 字
2018 年 5 月第 1 版　2018 年 5 月第 1 次印刷
ISBN 978 - 7 - 5141 - 9301 - 5　定价：52.00 元
（图书出现印装问题，本社负责调换。电话：010 - 88191510）
（版权所有　侵权必究　举报电话：010 - 88191586
电子邮箱：dbts@ esp. com. cn）

PREFACE 前　言

　　包括工程建设招投标、政府采购、国有产权交易、土地出让等在内的"公共资源交易"领域发生的变化在全面深化改革的中国看得到、摸得着、感觉得到，实实在在、真真切切。然而，"公共资源交易"如何定位？这倒是值得实践部门和理论学者思考的问题。

　　从实践上看，公共资源交易是连接公共部门和市场主体最紧密的纽带和桥梁，同时，也是公共部门感知市场、了解市场和把握市场最好的途径，我们可以从不同视角来表达。从理论层面看，公共资源交易既是政府通过市场配置公共资源的具体实现途径，也是政府职能转变和制度创新的表现形式，更是政府契约精神以及合同式治理的标志，我们可以从不同学科寻找到可以对话的理论。

　　然而，公共资源交易作为一个领域，作为一个社会现象，能够成为一个独立学科的研究对象吗？或者说，公共资源交易管理能够成为一门独立学科吗？"一般而言，一门独立学科的评判标准如下：第一，是否独有话语体系；第二，是否有完整的逻辑体系；第三，是否有明确的研究领域；第四，是否有强烈的实践需求；第五，是否有明确的理论基础。公共资源交易管理具备一门独立学科的所有特质，而且完全可以在一些大学开设这门学科；考虑到公共资源交易的管理属性与应用性，在公共管理一级学科下设置为二级学科更为适当。"[①] 这也是笔者一直以来希望能介绍给大家的。当然，我只是从公共管理学的角度思考，我们还有很多角度，譬如经济学、法学等都可以考虑将"公共资源交易"作为一个独立学科研究对象。

---

　　① 王丛虎：《公共资源交易管理能够成为一门独立学科？》，载于《中国政府采购》，2017 年第 2 期。

　　当前，如何实现市场配置资源的决定性作用是一个重要课题。尽管大家都喜欢说："有形的手"制定规则，"无形的手"配置资源。其实，政府和市场的关系远不是那么简单，行政手段和市场工具也并不总是对立的。多维视角、多元利益、多类工具、多轨并行、协同治理将是公共资源交易领域持续呈现的特征。

CONTENTS 目 录

第一章 | 公共资源交易管理概论 / 1
　　第一节　公共资源交易及管理 / 1
　　第二节　公共资源交易的产生与发展 / 7
　　第三节　公共资源交易的性质与意义 / 14

第二章 | 公共资源交易管理的基础理论与基本原则 / 21
　　第一节　公共资源交易的经济学理论依据 / 22
　　第二节　公共资源交易管理的管理学理论 / 27
　　第三节　公共资源交易管理的法学理论 / 39
　　第四节　公共资源交易管理的原则 / 45

第三章 | 公共资源交易的制度基础与组织运行 / 55
　　第一节　公共资源交易的制度基础 / 55
　　第二节　公共资源交易的组织环境 / 64
　　第三节　公共资源交易的组织运行 / 71

第四章 | 公共资源交易的运行过程 / 84
　　第一节　公共资源交易的规划 / 84
　　第二节　公共资源交易项目的实施 / 90
　　第三节　公共资源交易的合同履行 / 97

第五章 | 公共资源交易的类别与特征 / 116
　　第一节　政府采购 / 117

第二节　工程建设招投标 / 123

第三节　经营性土地使用权出让和国有矿业权交易 / 130

第四节　国有产权交易 / 136

第五节　医疗采购 / 141

第六章 | 公共资源交易的方式与方法 / 146

第一节　竞争性招标 / 146

第二节　竞争性谈判与竞争性磋商 / 154

第三节　拍卖与挂牌 / 163

第四节　询价与反拍 / 169

第五节　单一来源、定向委托及其他 / 174

第七章 | 公共资源交易的监督 / 187

第一节　公共资源交易监督概论 / 188

第二节　公共资源交易的信用监督 / 199

第三节　公共资源交易绩效监督 / 207

第八章 | 公共资源交易的冲突化解与合作发展 / 216

第一节　公共资源交易的纠纷解决 / 216

第二节　公共资源交易的法律责任 / 229

第三节　公共资源交易的合作发展 / 237

后记 / 254

第一章

公共资源交易管理概论

【导读】

现实中，经常有人问我：公共资源交易管理是否能成为一门学科？公共资源交易管理能否独立成为一门课程？我会反问他：公共管理是一门学科吗？公共管理什么时候才成为一门课程？

任何事物都在发展变化中！任何一门课程或学科的产生与发展都来自实践的需要。公共管理学如此，作为公共管理学科下的一个分支——公共资源交易管理也是如此。几年前，公共资源交易这个概念还是那么陌生，而现在公共资源交易已成为一个热词。二十几年前，公共管理这个概念还刚刚产生，而现在不管是作为学科的公共管理，还是作为研究对象的公共管理已经发展成熟，并正如日中天。为什么？来自现实世界的许多新现象、新问题需要解释和预测。实践推动了知识和理论的产生与发展。当然，不可否认，随着现实世界的不断变迁，原本用于解释或分析的知识或理论又需要不断更新。公共资源交易作为当下的最新实践助推了公共资源交易管理理论研究的产生与发展，而新的理论也必将又反推实践的变革与发展。

本章的内容力图界定这样几个基本问题：什么是公共资源交易、公共资源交易管理？公共资源交易和管理从哪里来，要到哪里去？公共资源交易管理现在在哪里等基本问题。

第一节 公共资源交易及管理

一、公共资源

资源是当下最为流行的词语之一，而至于如何界定资源的定义，则不是一件

1

容易的事。《辞海》对于资源的解释有三层意思：一是资财的来源。一般指天然的财源；二是一个国家或地区内拥有的物力、财力、人力等物质要素的总称。分为自然资源和社会资源两大类，前者如阳光、空气、水、土地、森林、草原、动物、矿藏等。后者包括人力资源、信息资源以及劳动创造的物质财富；三是用作地名。① 一般意义上所讲的资源多指有形的资源，如房产资源、水资源、土地资源、矿产资源等等。这些资源按照所归属的主体不同，可以简单分为私有资源和公有资源。私有资源是相对于公有资源而言的，其所属的主体为私人企业、私人个体；公有资源所属的主体有国家、各级政府部门、各人民团体等公共部门。当然，私有资源和公有资源也只是一个相对概念。

公共资源也称公有资源（public common resource），其涵义比较宽泛。最为宽泛的定义如：公共资源是指一切能为人类提供生存、发展、享受的自然物质与自然条件，及其相互作用形成的自然生态环境、人文资源和相关延伸资源。也有较为中观层面的界定，如公共资源是指属于社会的公有公用的生产或生活资料的来源，主要包括社会资源、自然资源和行政资源；② 开放性的百度网对其定义为：公共资源是指在国家或地区范围内，在法律上不属于个人或私人组织的全部资源（如公路、桥梁、河流、港口、水源、航道、森林、矿藏、空气、阳光、文物古迹、自然景观、文化典籍、科技成果等）③。

具体到不同的学科背景，公共资源的含义有不同的特征。在经济学中，公共资源被定义为具有公共物品性质的资源，即具有满足效用的不可分割性、消费的非竞争性及收益非排他性的资源；④ 在法学中，有学者将其定义为一种虚拟的资产，即"为了公共事业更好地满足生产和生活需要而依一定的方式拟制出来的财产利益"；⑤ 从行政学的角度看，有学者将公共资源界定为"政府掌握和控制的经济资源，它包括政府支出、政府投资形成的资产以及由于社会管理形成的专有权益。它是社会共有的生产或生活资料，包括社会资源、自然资源和行政资源"⑥。有学者将其定义为"政府所拥有或须经政府有关部门许可的有形资产和

---

① 《辞海》：上海辞书出版社 2002 年版，第 2273 页。
② 吴盛光：《公共资源市场化配置：理论基础、风险分析及路径选择》，载于《中共南宁市委党校学报》，2008 年第 1 期。
③ 词条解释，百度百科。
④ 陈安宁：《公共资源政府管理初论》，载于《资源科学》，1998 年第 2 期。
⑤ 孟勤国：《物权二元结构论》，人民法院出版社 2002 年版。
⑥ 马壮昌：《建立统一规范的公共资源交易市场》，载于《价格与实践》，2011 年第 6 期。

无形资产的总称，包括土地使用权、公共设施经营权、行业特许经营权和行政许可等资源"；① 还有学者进一步将这种政府层面的公共资源分为两类，一类是基于公益事业，通过行政手段进行的配置，即不需通过交易进行分配的政府资产，如政府公务人员的酬金、公益部门所需的资金、国有土地使用权等；另一类是从市场取得的、用于公共事业的产品（包括工程、货物）和服务所花费的政府财政资金和作为经营性单位生产要素的社会经济资源，如经营性土地使用权、国有资产经营权、国家特许经营权等。②

从学者们不同的解释中不难看出，目前对于公共资源的界定还难以达成一致意见。但是，就其主体属性而言，所有学科则高度一致，也能达成共识。考虑到公共交易管理实践性特点，我们需要回到具体实践部门的界定中。如2013 年3月27 日，安徽省合肥市人大常委会通过的《合肥市公共资源交易管理条例》则把公共资源界定为"机关、事业单位和经授权的其他组织拥有、控制或管理的具有专业性、公益性的以及其他关系社会公共利益、公共安全的资产、资金和资源"。《湖北省公共资源招标投标监督管理条例》第2 条："本条例所称公共资源招标投标是指使用国有资金的项目、国家融资的项目、国际组织或者外国政府贷款及援助资金的项目和其他涉及公共安全、公共利益的项目的招标投标活动。"显然，这是从公共资源交易范围的明确性、可操作性出发而进行的定义。综上，我们更倾向于从公共管理的角度界定，即从公共部门使用公共资源层面界定，是指公共部门所拥有或经公共部门授权管理的有形资产和无形资产的总称，包括有形的不动产（建筑物、构筑物）、货物等，无形的服务、土地使用权、公共设施经营权、行业特许经营权和行政许可等资源。

二、公共资源交易

依据《辞海》，交易有两层含义，一是指物物交换。《易·系辞下》："日中为市，致天下之民，聚天下之货，交易而退，各得其所"，即买卖。二是指往来。如《公羊传·宣公十二年》："君之不令臣，交易为言。"③ 不难看出，交易，或

---

①　《关于普陀区公共资源开发管理的若干规定》，载于中华产权交易网。
②　李维存：《设立政府公共资源交易中心的思考——从有形建筑市场设立说开去》，载于《建筑市场与招标投标》，2006 年第1 期。
③　《辞海》：上海辞书出版社2002 年版，第812 页。

称贸易、交换等，是指买卖双方对有价物品、服务等进行互通有无的行为。它可以是以货币为交易媒介的一种过程，也可以是以物易物的行为。现代的交易是在市场出现之后，才有了市场交易的。由于交易已经有了确切的含义，一般都不会再对"交易"本身做出解释，而是对"交易"附加上了众多的内容，如加上名词，则将"交易"变成一个动词，表达一个过程或行为，权力交易、权钱交易、黑箱交易等等；而加上动词，则交易变成了名词，如交易成本、交易失败、交易成功等等。随着世界范围内实行市场经济的国家越来越多，交易已经成为全球化的问题。

公共资源交易是从交易的对象而进行的分类，区别于私人资源的交易。毫无疑问，有关公共资源的交易是在市场经济出现之后才开始的，在计划经济下，没有交易市场当然也就谈不上公共资源的交易。从公共资源交易的主体层面看，公共资源所进行的买卖问题，既应该包括公共部门与私人部门之间的交易，也包括公共部门之间交易问题。当然，公共资源交易作为一个极具中国特色的名词，我国学者从不同角度给出了不同的解释。蔡小慎、刘存亮从产权交易的视角阐述了公共资源交易的概念，他认为"公共资源交易属于产权交易的新兴领域，指通过非行政指令化的方式，以实现自然资源和社会资源的最优配置为目标，依托市场力量对公共资源进行调节的供给方式"[①]。但是，他同样认为公共资源具有公共的属性，在能够交易和可以交易的环节里，都不可避免地存在利益冲突和腐败的风险。在明确了哪些资源属于可交易的公共资源后，预防腐败可以从交易的环节入手。纪杰以重庆市 J 区政府为例，认为公共资源交易应该通过制度防腐路径解决，采用科技与制度的结合方式，比如建立完善的电子监察系统，通过主观与客观的双向努力改变这一现象[②]。此外，考虑到公共资源本身的特性，真正容易产生腐败的是交易行为这一观点，公共资源交易还需要有严密的规则体系支持，规则宽松、自由裁量权大必然会影响违反交易原则的惩处力度。因此，理解公共资源交易这一概念的重点在于了解什么是交易以及怎么交易才能防止腐败。

从公共资源交易的运行方式视角看，学者和实践领域普遍认同的观点是采用公共资源交易的管理与管办分离的方式进行交易，监督、管理、管办分离并形成

---

① 蔡小慎、刘存亮：《公共资源交易领域利益冲突及防治》，载于《学术界》，2012 年第 3 期。
② 纪杰：《公共资源交易防腐机制新探索——以重庆市 J 区为例》，载于《中国行政管理》，2013 年第 7 期。

"一委、一办、一中心"等各种公共资源交易的新形式①。王丛虎则从实证角度描述了公共资源交易，即是将原本各自独立运行的政府采购、医疗采购、工程建设项目招投标、土地使用权出让、国有产权交易等涉及公共资源类交易项目集中到一个平台进行的交易即为公共资源交易②。

通过以上的文献梳理，学者对公共资源交易的概念尽管切入点不同，但大致都围绕着公共性、资源性、交易性。为此，我们认为，公共资源交易的概念应当从三个层面理解：一是公共性，包括公共界限与权利主体问题；二是资源性，包括界定何为公共资源，何为自然资源；三是交易性，包括交易的特点、规律等问题。不可否认，交易的产生原因是由公共物品具有使用上的竞争性决定的，有竞争的交易必然带来各个分散的交易机构降低交易成本的动机，整合成统一的公共资源交易中心则会在促进交易成本降低的同时，实现最大程度的交易公平。

本教材所界定的公共资源交易，是站在公共部门的立场并基于现实进行描述性界定，即包括公共部门对公共资源的购买，如日常我们所提到的政府采购、政府投资或国有性资金投资的建设工程招投标、政府购买服务、医疗采购等；当然也包括公共部门对公共资源的出售行为，如国有土地的招拍挂、矿业权和矿产品出让，国有林权和林产品的出售、国有文化企业（股权、实物、无形资产）权益出售、国有金融资产处置、环境权益的交易，以及其他涉及公众利益、公共安全领域的公共资源的销售行为；还有公共部门的买和卖融合，如我们日常所说的狭义的 PPP 项目就属于这一类。

三、公共资源交易管理

管理是人类社会中最为普遍的活动。对于这个最为基本的概念的界定，古今中外的学者们经历了一个漫长的争论过程。早期的管理实践者们从不同的角度出发对管理进行不同的界定。有人从管理的职能出发，认为管理就是为了特定的目的而实现的计划、组织、指挥、协调和控制；有人从管理中的人际关系出发，认为管理就是协调人际关系，激发人的积极性，以达到共同的目标；有人从管理的内容出发，认为管理包括管理主体、管理对象、管理方法和工具、管理的评价、

---

① 赵立波、朱艳鑫：《公共资源交易管办分离改革研究》，载于《中国行政管理》，2014 年第 3 期。
② 王丛虎：《公共资源交易综合行政执法改革的合法性分析——以合肥市公共资源交易综合行政执法改革为例》，载于《中国行政管理》，2015 年第 5 期。

管理的责任等；也有人认为，管理就是决策，包括决策的环境、决策资源、决策主体、决策过程、决策的实现，等等。尽管人们对管理的含义并没有形成绝对统一的看法，但是，我们还是能够找到其共同点，那就是管理是由管理者为了实现特定的目的，在一定的环境中通过调动一定的人力和物力资源而进行的社会实践活动。根据管理所涉及的领域不同，我们把管理分为公共领域的管理和私人领域的管理。公共领域是指涉及到公共生活，代表公共利益，承担着社会公共事务的领域。这一领域要遵循公共生活的规则和制度；私人领域则是相对于公共领域而言，不涉及公共利益，仅局限于私人利益或者某个组织利益问题。公共领域的管理就是公共管理。公共管理属于管理的一种类型，其特点在于公共性，即通过公共权力或者公共资源来对公共领域的事务进行管理或者服务的行为。公共管理作为一项活动或者过程，自有公共领域或者公共事务的时候就存在了。

就公共管理的视角来看，公共资源交易管理显然从属于公共管理，也是属于公共管理之下的分支，并包含在公共资源管理范畴中。为此，公共管理所具有的特征、理论、原则和逻辑体系都可以适用于公共资源交易管理。当然，作为一个特定的领域，公共资源交易管理也有其自身的特点，如交易性、程序性和政策性等等。公共资源交易管理的原则精神贯穿于交易的全过程、全流域和各方面。

公共资源交易活动的载体包括有形的市场和无形的市场两大类，或者说表现为公共资源交易有形平台，即公共资源集中交易的有形场所；还有无形的交易平台，即多个、多类交易的线上交易电子平台。这些平台共同构成的公共资源交易平台体系，它具有多平台层级、电子交易服务信息化系统、场所设施设备、统一的制度规则和完善的监管工具等公共资源交易活动的环境特征。公共资源交易管理则更多关注交易平台或交易市场的公共服务职能定位、电子化的发展方向，以及遵循的开放透明、信息共享、高效便民、守法诚信的运行原则，等等。

互联网时代背景下，公共资源交易管理要充分利用信息网络推进交易电子化，实现全流程透明公开、规范运行。具体说来，公共资源交易的信息化内容包括电子服务系统、电子交易系统、电子监管系统。这三大系统就是要确保公共资源交易项目按照全国或地方统一标准依法进场立项、公开信息、综合评标、专业评审、合同管理和履约验收等一系列活动，并充分利用已有的各类场所资源，为公共资源交易合法、有序、有效进行提供必要的现场服务设施。①

第二节 公共资源交易的产生与发展

一、西方公共资源交易的产生与发展

公共资源交易肇始于西方发达国家的政府集中采购制度的实施。我国学者多数认为英国是最早开展政府集中采购活动的国家。英国在 1782 年就成立了国家文具公用局，负责政府部门办公用品的采购。文具公用局后来发展成为物资供应部，专门负责政府各职能部门所需要的物资采购。美国的政府采购起源于自由市场经济时期，完善于现代市场经济时代。美国的政府集中采购最早开始于国防部门。1861 年，美国国会通过法案，要求每一项采购行为至少应该有 3 个投标人参加。1868 年，美国国会又通过了立法，确立了公开招标和公开授予合同额程序。1947 年，美国国会通过了《武装部队采购法》，确立了国防采购的程序和方法，并将军事采购的责任赋予国防部的后勤局，进而在美国的军事国防领域内实现了集中采购。1949 年，美国国会通过了《联邦财产和行政服务法》。正是通过该部法律，确立了联邦服务总署（General Services Administration，简称 GSA）为联邦政府进行集中采购的权力。法国的政府采购可以追溯到 19 世纪的运河、道路、铁路等重要工程建设。②

20 世纪中后期西方发达国家的新公共管理运动，则为公共资源交易进一步展开奠定了基础。在美国学者萨瓦斯看来，新公共管理运动的核心就是民营化，即将市场机制引入公共部门的改革中。而另一位美国学者马克·霍哲则总结到，当下的政府改革正沿着两条变革的路径进行：一是高举民营化的大旗，利用民间部门的高效率、低成本的治理方式来提供社会必需的公共服务；另一条是公共部门提出一系列创新方案，以改善政府提供的公共服务，并赢得民众的满意与信任。但是这两个途径都不约而同地指向了民营化的战略。民营化的核心内容就是

---

① 参考了江顺龙编著的《公共资源交易知识小问题》白皮书。
② 王丛虎：《我国政府采购制度研究》，中国戏剧出版社 2006 年版，第 6~17 页。

要建立公私合作伙伴关系（Public Private Partnerships，PPP）。所要建立的公私伙伴关系包括公共部门与社区伙伴（公民和志愿者）关系、公共部门与私营部门伙伴关系、公共部门与非营利组织的伙伴关系等。所以，作为新公共管理运动的主要标签之一的公私伙伴关系已经成为世界各国政府改革的主要策略。

基础设施领域的公私合作伙伴关系区别于传统的政府采购，又为政府采购注入了不同于以往的激励机制。这主要表现为，用一个包括设计、建造和运营维护的一揽子整体合同形式给予了私营部门一定的控制力，并有利于在基础设施采购活动中引入激励措施，以提高效率。同时，在公私伙伴合同的架构下，公共部门往往把项目超支的风险部分或者全部转移给了私营部门。正是基于公私伙伴关系的一些优势，一些处在公私伙伴关系前沿的国家，如英国、澳大利亚等，PPP模式的应用领域正在发生变化。PPP从最初的更多集中在经济基础设施，如道路、高速公路、铁路、桥梁、机场、电力、电信等，随后逐步推广应用于社会基础设施领域，如医院、学校、政府办公楼、住宅、供水、污水处理、监狱等；目前，公私合作伙伴关系已经在经济服务领域，如研究开发、技术转移、职业培训、囚犯改造和社会服务领域，如社区服务、社会福利、安全保障、环境规划、基础教育等所有领域得到了普遍运用。正是由于PPP、政府购买服务等多种形式的公共资源交易难以用政府采购来概括，为此西方学者也提出不同的称谓，如Public Procurement，Government Procurement，Public Purchasing，Public Acquisition，① 等等。

二、中国的公共资源交易产生与发展

"公共资源交易"一词来自中国本土，但不可否认，政府采购、招标投标制度则借鉴了西方发达国家。所以，要了解中国的公共资源交易的历史发展过程还需要从政府采购和建设工程招投标谈起。

（一）政府集中采购的产生与发展

1996年10月，财政部在广泛深入研究了西方国家公共财政支出管理以及各

---

① Jack T Pitzer, Khi V Thai. Introduction to Public Procurement, National Institue of Government Purchasing, Inc. 2009, P. 4.

国政府的采购规则之后，建议将推行政府采购制度作为我国财政支出改革的方向，并于 1997 年向国务院提出了制定政府采购条例的请示。与此同时，上海市、河北省、深圳市等地先后开展了政府采购试点活动，为推进改革提供了宝贵的实际操作经验。

1998 年国务院将"拟定和执行政府采购政策"的职能赋予财政部，迈出了政府采购制度改革的第一步。1999 年 4 月，财政部制定发布了《政府采购管理暂行办法》，这是我国有关政府采购的第一部部门规章，明确了我国政府采购试点的框架体系。自此后我国政府采购范围不断扩大，采购规模由 1998 年的 31 亿元扩大到 1999 年的约 130 亿元。2000 年 6 月，财政部在国库司内设立了政府采购管理处，负责全国政府采购的管理事务，继续扩大政府采购试点范围和规模，同时注意加强规范化管理建设；2001 年我国开始编制政府采购预算并制定政府采购计划，凡是列入政府采购预算的采购项目，都必须按照政府采购计划的要求实行政府采购。在一系列措施的推动下，2002 年全国政府采购规模突破了 1000 亿元，政府采购各项机制不断完善，为全面推行这一制度奠定了坚实基础。[①]

2003 年 1 月 1 日《政府采购法》正式实施，这标志着我国政府采购制度改革进入了全面实施阶段，政府采购制度开始步入法治化、规范化道路，而且政府采购制度体系也正日趋完善。全国政府采购规模和范围不断扩大，资金使用效益不断提高。2009 年为了抵御国际经济环境对我国的不利影响，我国出台了旨在扩大内需、促进经济增长的多项措施，这些措施都与政府采购密切相关。2010 年 1 月 8 日在中央纪委监察部召开的新闻通气会上，中央纪委副书记李玉赋表示政府采购规模不断扩大，政策功能逐步体现。[②] 随后，我国政府集中采购活动得以长足发展，政府采购规模不断扩大、政府采购的方式不断创新，政府集中采购的政策效果不断凸现，也得到了越来越多人的理解和支持。2015 年，国务院颁布了《政府采购法实施条例》，使得政府集中采购的法律体系更加完备。2015 年之后，PPP 项目成为我国经济发展的新引擎，也成为政府采购的新领域。而我国财政部门在不断强化政府购买服务、政府和社会资本合作等项目的同时，也客观地把我国的政府采购推向了发展的新阶段。

---

① 参见《政府采购改革历程回顾》，载于《中国政府采购》，2009 年第 10 期。
② 中央纪委监察部召开 2009 年反腐倡廉工作情况新闻通气会，中华人民共和国监察部网。

（二）招标投标的产生与发展

与政府采购制度并行的招标投标制度也是在 20 世纪末开始进入政府的政策议程的。1984 年国务院颁布暂行规定，提出了改变行政手段分配建设任务，实行招标投标，推行工程招标承包制。与此同时，原城乡建设环境保护部印发了建筑安装工程施工和设计招标投标的试行办法。根据这些规定，各地也相继制定了适合本地区的招标管理办法，开始探索我国的招标投标管理和操作程序；在实践层面，各地在 20 世纪 80 年代中期陆续成立了招标投标的相关机构。当时，招投标实践中基本以议标为主，在纳入招标管理项目当中约 90% 是采用议标方式发包的，工程交易活动比较分散，没有固定场所，这种招标方式很大程度上违背了招标投标的宗旨，不能充分体现竞争机制。

20 世纪 90 年代中后期，全国各地普遍加强了对招标投标的管理工作，也相继出台一系列法规和规章，招标方式已经从以议标为主转变到以邀请招标为主。这一阶段是我国招标投标发展史上最重要的阶段，招标投标制度得到了长足的发展，全国的招标投标管理体系基本形成，为完善我国的招标投标制度打下了坚实的基础。正是在这个基础上，1999 年 8 月 30 日，第九届全国人民代表大会常务委员会第十一次会议通过了《中华人民共和国招标投标法》（以下简称《招标投标法》）。《招标投标法》于 2000 年 1 月 1 日正式实施，它标志着我国招标投标的发展进入了全新的历史阶段。

2011 年 12 月 20 日，国务院颁布了《中华人民共和国招标投标法实施条例》，该条例于 2012 年 2 月 1 日起施行。2013 年 2 月 4 日，为了规范电子招标投标活动，促进电子招标投标健康发展，国家发展改革委、工业和信息化部、监察部、住房和城乡建设部、交通运输部、铁道部、水利部、商务部联合制定了《电子招标投标办法》及相关附件，并予以发布，同年 5 月 1 日起施行。

不同于《政府采购法》，《招标投标法》的适用对象为：中华人民共和国境内工程建设项目，即项目的勘察、设计、施工、监理以及与工程建设有关的重要设备、材料等采购；具体如大型基础设施、公用事业等关系社会公共利益、公众安全的项目；全部或者部分使用国有资金投资或者国家融资的项目；使用国际组织或者外国政府贷款、援助资金的项目等等。这样，从 20 世纪末至今，我国公共采购一直并行着两套法律法规体系：一个是以国家发展改革委为主导，以《招标投标法》为核心的工程建设项目法律法规体系；一个是以财政部为主导，以

《政府采购法》为核心的通用货物和服务采购的法律法规体系。

（三）公共资源交易的整合与发展

为了解决制度设计和两套法律法规体系中存在的一些冲突，解决多头分散监督管理、提高公共资源配置效率和效益、加强对权力运行的监督制约等一系列问题，各地积极探索，尝试着建立起综合统一的公共资源交易平台，成立综合的招投标中心。20 世纪 90 年代末，浙江省绍兴市率先建立了建设项目、土地出让、产权转让、政府采购四个交易中心。由于公共资源各个交易中心的裁判员、运动员混同，资源共享困难，监督乏力，市场隔离等问题日益暴露出来。在对现实运作状况进行深入分析之后，绍兴市决定改革公共资源配置的体制机制，积极探索创新之路。

2001 年底，绍兴市在建设市场管理领域进行了"管办分离"的试验，成立了绍兴市建设市场管理委员会及其办公室，并将市建设工程交易中心从市建筑业管理局剥离出来，划归建设市场管理委员会办公室管理。2002 年 11 月，绍兴市对市本级的招投标管理体制进行了改革，开始搭建"管办分离"、"统一交易与监管"的招投标新体制，成立市招投标市场管委会（现更名为公共资源交易管委会）、专门的监管机构——招投标市场管委会办公室（现更名为公共资源交易管委会办公室）及市招投标中心（现更名为公共资源交易中心），统一承担政府采购等四大类交易的具体操作和服务职能。

2002 年 11 月 30 日，绍兴市以"政府引导市场、市场公开交易、交易规范运作、运作统一监管"为基本思路，成立了市招投标市场管理委员会及其办公室，并成立了市招投标中心（后更名为公共资源交易中心），这是全国地市一级第一个集中统一的招投标平台，实现了政府采购以及工程建设项目、产权交易、土地公开出让四大类项目的集中交易与监管。[①] 2003 年 9 月，绍兴市招投标中心开始实体化运作，政府采购中心和建设项目交易中心、产权交易中心成建制划入公共资源交易中心（土地交易中心目前仍隶属于市国土局），实现了机构、操作服务职能、人员、财务与原主管部门的完全分离，下属五个县（市）也于 2003 年底相继建立了统一平台，并实现了市县联动。[②]

---

① 张美凤：《浙江省统一招投标平台建设的实践与思考》，载于《中国监察》，2005 年第 5 期。

② 《公共资源市场化配置的绍兴实践——写在绍兴市招投标统一平台建立五周年之际》，载于绍兴网：http://www.shaoxing.com.cn/.

随后，各地纷纷学习借鉴，全国的公共资源交易中心也如雨后春笋般纷纷成立起来。就地级市而言，从 2002 年到 2017 年的 15 年间，我国地市级公共资源交易中心多达 300 多个，具体情况见图 1-1。

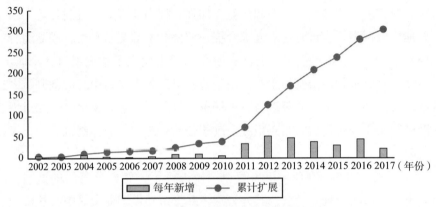

图 1-1　公共资源交易中心地市级扩散曲线

资料来源：本图由中国人民大学公共资源交易研究中心课题组整理。

公共资源交易平台整合与改革创新成为 2012 年全面深化改革的重要议题。2015 年是公共资源交易整合的具有里程碑意义的一年，因为这一年公共资源交易整合进入到中央的决策议程。2015 年国务院办公厅发布了 63 号文，即《国务院办公厅关于印发整合建立统一的公共资源交易平台工作方案的通知》。2016 年，由国家发展与改革委牵头的 14 部委组成联席会议，又出台了 14 部委的联合规章，即《公共资源交易平台管理暂行办法》。2017 年 1 月 10 日，中共中央办公厅、国务院办公厅又印发了《关于创新政府配置资源方式的指导意见》，这为我们公共资源交易的进一步改革奠定了理论基础（参见表 1-1）。

表 1-1　　　　　　　　　　　公共资源交易中心的建设情况

年份	建立公共资源交易中心的城市
2002	绍兴　宁波　上饶　宁德
2003	吉安
2004	湖州　嘉兴　金华　抚州　萍乡　莆田
2005	杭州　临沂　赣州

续表

年份	建立公共资源交易中心的城市
2006	宜春
2007	合肥　三明
2008	宿州　滁州　南昌　九江　漳州　长沙　资阳　眉山
2009	蚌埠　马鞍山　安庆　景德镇　新余　鹰潭　南平　益阳　阿坝
2010	乌海　淮北　焦作　衢州　宜昌
2011	鄂尔多斯　抚顺　丹东　铁岭　伊春　安阳　济源　滨州　福州　常德　郴州　怀化　襄阳　黄冈　佛山　阳江　玉林　昆明　曲靖　玉溪　昭通　保山　丽江　普洱　临沧　德宏　怒江　迪庆　大理　楚雄　红河　文山　西双版纳
2012	呼和浩特　乌兰察布　阜阳　洛阳　平顶山　新乡　三门峡　南阳　东营　盐城　宿迁　厦门　平潭　娄底　武汉　孝感　荆州　咸宁　茂名　惠州　柳州　桂林　百色　河池　来宾　贵阳　遵义　六盘水　安顺　毕节　铜仁　黔西南　黔东南　黔南　自贡　泸州　德阳　遂宁　乐山　宜宾　达州　雅安　凉山　广安　武威　酒泉　银川　吴忠　固原　中卫　阿克苏
2013	廊坊　沧州　包头　赤峰　巴彦淖尔　鞍山　朝阳　齐齐哈尔　周口　淄博　镇江　泰州　黄石　荆门　广州　深圳　珠海　汕头　韶关　肇庆　江门　汕尾　河源　清远　中山　潮州　云浮　防城港　钦州　成都　广元　南充　渭南　兰州　嘉峪关　金昌　白银　天水　张掖　平凉　庆阳　定西　陇南　林夏　甘南　吐鲁番　昌吉
2014	呼伦贝尔　沈阳　葫芦岛　大庆　芜湖　淮南　鹤壁　青岛　潍坊　泰安　莱芜　南京　苏州　淮安　永州　十堰　鄂州　随州　恩施　梅州　揭阳　梧州　北海　崇左　攀枝花　内江　甘孜　拉萨　日喀则　昌都　林芝　山南　那曲　石嘴山　博尔格拉　克孜勒苏
2015	张家口　通辽　大连　吉林　佳木斯　牡丹江　黑河　黄山　六安　无锡　连云港　扬州　泉州　龙岩　湘潭　衡阳　张家界　湛江　东莞　南宁　贵港　贺州　绵羊　巴中　安康　西宁　海北　海口　三亚
2016	天津　石家庄　承德　秦皇岛　唐山　保定　衡水　太原　大同　阳泉　朔州　晋中　忻州　吕梁　通化　延边　哈尔滨　双鸭山　铜陵　宣城　亳州　开封　濮阳　许昌　漯河　商丘　驻马店　信阳　烟台　威海　德州　聊城　株洲　岳阳　湘西　铜川　宝鸡　延安　榆林　海南　乌鲁木齐　儋州　重庆
2017	邢台　邯郸　长治　晋城　运城　临汾　锦州　盘锦　长春　辽源　白城　鸡西　池州　郑州　舟山　日照　邵阳　西安　咸阳　商洛　克拉玛依　阿勒泰

资料来源：本表格由中国人民大学公共资源交易研究中心课题组整理。

纵观我国公共资源交易发展的情况，我们可以将我国公共资源交易平台整合及公共资源交易中心建立的发展趋势归纳为四个阶段，具体内容，见表1-2。

表 1 – 2 公共资源交易平台发展的四个阶段

阶段	中央政府行动	地方政府行动
政策提出阶段 2002～2010 年		浙江绍兴市率先开展公共资源交易中心的改革工作,将招标投标、土地使用权出让、矿业权出让、国有产权交易和政府采购等纳入统一的交易平台进行交易。
快速发展阶段 2011～2015 年	1)2012 年,水利部、交通运输部先后发文将水利工程建设及交通运输工程项目纳入公共资源交易市场; 2)2014 年,财政部发文将政府采购活动纳入公共资源交易中心; 3)2015 年国办发文指导公共资源交易中心的改革及出台《公共资源交易平台管理暂行办法》。	1)各地市先后出台公共资源交易平台的管理办法; 2)安徽合肥及重庆探索出适合自己发展的独特的公共资源交易改革之路。
试点阶段 2016～2017 年	国家发改委于 2016 年开展公共资源交易平台整合的试点工作,在安徽、湖北、广东、贵州、宁夏回族自治区开展试点工作。	全国各地开展轰轰烈烈的公共资源交易平台整合工作。
创新发展阶段 2017 年之后	国家发改委办公厅等印发《公共资源交易信息共享备忘录》的通知	1)大多数城市在此前阶段完成创建工作; 2)各地积极探索,并进行管理和技术创新。

资料来源:本表由中国人民大学公共资源交易研究中心课题组整理。

第三节 公共资源交易的性质与意义

公共资源交易作为市场经济的产物,必然立基于成熟而完备的市场,同时它也是一个市场主体间的契约行为。

一、公共资源交易的性质

(1)公共资源交易是市场交易行为,具有一般市场交易的特征。作为连接公共部门与市场主体、供给侧和需求侧的重要桥梁,其具有市场交易的所有特征。公共资源交易作为一种普通交易行为要遵循市场规律、交易规律,并受制于市场变化的制约。

（2）公共资源交易有一方必须是公共部门，或交易对象涉及公共资源。不同于私有资源的交易，主要体现在交易本身都涉及到公共利益、公共安全、公共秩序等公共性的问题，这样，公共资源交易也就是具有公有性、公益性的资源交易活动。2016 年 6 月 24 日，由国家发展和改革委员会牵头的共计十四部委联合发布的规章——《公共资源交易平台管理暂行办法》对公共资源交易的性质做了明确界定，即"公共资源交易是指涉及公共利益、公众安全的具有公有性、公益性的资源交易活动。"

（3）公共资源交易具有很强的公共政策功能。与一般市场交易不同，公共资源交易要承载着公共政策实施的功能，即包含经济调节、促进经济社会发展和社会公平等等功能。具体说来，包括工程建设项目招投标、政府采购、国有土地使用权和矿业权出让、国有产权交易及其他涉及公众利益、公共安全领域的交易活动，由于其公有性、公益性的性质决定了其必须担负起应有的公共利益和社会责任。

二、公共资源交易的意义

我国公共资源交易尚处于初期阶段，公共资源交易的意义具体体现在公共资源交易整合过程中所具有的外在价值和内在价值上。

（一）公共资源交易的外在价值

公共资源的公共性、公益性决定了公共资源交易不同于私人财产之间的交易，正如 2015 年 10 月 30 日李克强总理在考察安徽合肥公共资源交易中心时所指出的那样：公共资源是人民的资产，政府要"让公共资源交易在阳光下操作，提高和优化资源配置效率，对人民资产负责"，要实现公共资源"网下无交易，网上全公开"。实际上，由国家发展和改革委牵头组织的这场全国"互联网 + 公共资源交易"平台整合行动正在朝着"对人民资产负责"的目标前进。这主要表现为公共资源交易平台整合成效已经初步显现。具体说来，"互联网 + 公共资源交易"的外在价值已经得以体现，这具体表现为：

（1）分散的有形和无形交易平台逐步汇聚一体，已形成了公共资源交易电子化的共同体。在 2016 年即将收尾之际，全国各类公共资源交易市场的整合也渐入佳境，从原来的 4103 个整合为 500 多个，使得全国公共资源交易市场的数量减少了近85%。同时，中央层面的交易整合已经开启，地方的以省级公共资源交易平台为中心的整合已经初步成形，而且一些省市还结合本地实际，不断拓展公共资源交易范围，将航班时刻、特许经营权、碳排放权、排污权、海域使用权、林权等公共资源也纳入了统一平台进行交易。不难看出，一个以互联网技术为载体的有形与无形交融的公共资源交易的共同体已经形成，并且正在茁壮成长。这个共同体正沿着国务院63号文所确立的"四统一"整合思路（即统一制度规则、统一信息共享、统一专家资源、统一服务平台）稳步前行。

（2）孤立的信息资源实现了初步的互联互通。"互联网＋"让世界信息流动起来，而"互联网＋公共资源交易"则让全国各地的公共资源交易信息串联起来，并成为一个整体。这些原本分散在全国各地不同载体和不同介质上的工程招投标信息、政府采购信息、购买服务的信息、土地招拍挂信息、产权交易信息等公共资源交易可公开的信息都将统一在全国一张网上，并能轻易检索到。而与此同时，正是"互联网＋"的作用，也让许多地方缺少评审专家的困局得以通过异地网上评审解决，把分散在不同地域的专家资源整合起来。公共资源交易信息资源的互联互通已率先引领了其他领域的"互联网＋政务服务"，并正在践行着李克强总理要破除政府间信息"孤岛"的指示。

（3）分散的平台运行规则逐步走向统一。国务院63号文，以及国家发展改革委等14部委联合颁布的《公共资源交易平台管理暂行办法》不仅给全国各地正在进行的公共资源交易平台整合与管理制定了统一的标准，更是为全国各地清理和规范地方规则提供了依据。同时，我们也欣喜地看到，全国有18个省（区、市）以政府令或政府文件的形式印发了《公共资源交易监督管理办法》，这不仅有利于落实国家层面的管理规定，更成为管理地方公共资源交易的规则体系。不难看出，一个以国务院文件、部委联合规章、地方规章等不同层次的公共资源交易规则组成的体系已经建立起来，公共资源交易管理规则也正在走向科学、合理与统一。

（4）整合后的公共资源交易平台服务能力明显提高。"1＋1"大于2，这种效果在公共资源交易平台整合中得到充分体现。国务院63号文确立了公共资源交易平台的公共服务职能定位，即为市场主体提供公开透明、优质高效的公共服务。正是通过"互联网＋"对分散平台的整合功能，使得整合后的公共资源交易平台发挥出更大的服务功能，也极大地提升了平台的公共服务能力和服务的效果。

（二）公共资源交易平台的内在功能

公共资源交易平台通过"互联网＋"技术的整合绝不仅仅停留在外在形式发挥的功能上，更要发挥其内在的作用，充分体现出其应有的丰富内涵。这主要体现为，公共资源交易平台整合必须把全面深化改革、"放管服"改革精神贯彻到具体行动上，着力体现整合平台的内在价值。

（1）发挥宏观调控的政策功能，服务于供给侧改革。"互联网＋公共资源交易"将更好地连接公共部门与市场主体、供给侧与需求侧，并力保它们之间信息充分共享、沟通绝无阻碍，以提高供给质量、传递合理科学需求，进而推进结构调整，矫正要素配置扭曲，提高供给结构对需求变化的适应性和灵活性，提高全要素生产率，更好满足广大人民群众的需要，促进经济社会持续健康发展。

（2）发挥市场配置决定性作用，加速政府职能转变。"互联网＋公共资源交易"所提供的公正、公平和公开透明的各种交易，将会更好地发挥市场配置资源的决定性作用，激活市场主体的活力和大众的创新能力。而市场的活力与创新将会减少政府的不必要的干预、推动事业单位和社会组织转型入市、吸引优秀人才进入市场创业。这样也会加速政府的职能转变、简政放权，进而形成政府－市场－创业的良性循环。

（3）发挥"互联网＋政务服务"功能，提供更加便民的公共服务。"互联网＋公共资源交易"所提供的"网下无交易，网上全公开"以及集中交易场所的便捷交易服务通道，不仅大大方便了交易各方主体，而且也减少了因为不同交易平台和多个交易场所所带来的交通成本和社会交通压力。除此之外，网上质疑投诉和及时应答渠道也大大便利了交易的利害相关人，保障了交易各方的合法权利。

（4）发挥"互联网＋制度"反腐功能，助推国家廉政建设提速。"互联网＋公共资源交易"将成为我国网络反腐、标本兼治的注解。这是因为，"互联网＋公共资源交易"所提供的全程监控公共资源交易，不仅能够很好地把各种交易数据串起来、用起来，还可以运用大数据、云计算进行预警预测，防范和惩戒各种腐败行为。

"互联网＋公共资源交易"正在展示它前所未有的外显与内在的作用，发挥着其不可替代、不可或缺的综合功能。我们有理由相信：随着"互联网＋公共资源交易"功能的不断被挖掘，公共资源交易平台在我国全面深化改革的环境下，尤其是在宏观经济调控、政务服务功能以及腐败治理中将会发挥更大更好的作用。

【材料阅读】

厘清基础概念关系　推进顶层设计完善

当下，政府采购、政府购买服务、招标投标、PPP、政府特许经营以及公共资源交易等已成为热门词语，备受社会各界关注。但是，想要系统梳理这几个概念的区别与联系，还有一定难度。

尽管这些热词在理论界和实操中都有不同领域的学者、不同部门的人员在不同场合下使用，表面上看差异很大，但它们有着诸多共同点。简单地说，第一，这几个概念都共同指向公共部门，或称公权力机关。即其主体之一都为政府部门。第二，其核心内容都是买或者卖，即交易行为。笔者认为，仅这两点，就足以引起理论界和实务工作者的高度关注：都有公共部门的参与，且都包含着公共资源（即要投入的权力、人力、财力或物力资源）的买或卖。主体和内容的同质性、涉及项目的公共性（或称公益性）决定了其共同的理论基础、价值取向和规制原则。这也成为我们将这些概念放到一起探讨，并达成共识，进而完善顶层设计的关键所在。

当然，这几个概念的差别是非常明显的。第一，它们凸显的特点不同。具体说来，公共资源交易、政府采购、政府购买服务、招标投标、政府特许经营更侧重其所包含的内容，而PPP更侧重各自的主体间的关系。第二，其内涵的外延也不同。在笔者看来，公共资源交易的外延最为广泛。这是公共资源丰富的内涵所决定的。一般而言，属于国家和社会公有公用的生产、生活资源都属于公共资源，它既包括可供商业性利用开发的矿藏、土地、森林、水域等有形资源，依附于公用事业或公共设施的冠名权、特许经营权、设置经营权、承包经营权等无形资源，还包括在公共管理和提供公共服务过程中所形成或衍生的其他各种形态的资源。而招标投标范围最为狭窄，从字面上看，仅指一种交易的方式，并不涉及实质内容，其交易方式又有许多种类。从这个角度讲，招标投标包含在公共资源交易、政府采购、政府购买服务、PPP及政府特许经营中。另外，不管从理论上，还是在实践中，政府采购都包含政府购买服务，或者说政府购买服务被涵盖于政府采购的范围之内。PPP相对较为复杂，有广义的PPP，也有我国各地、各级实践部门正在实施的狭义的 PPP。但是，不管从哪个意义上讲，PPP 也包含在公共资源交易之中。即使是一些民营化的项目，实际上也脱离不了公共资源交易的范畴。而 PPP 与政府特许经营的关系，不管是在英美国家，还是在欧盟国家，其实是非常清楚的，即政府特许经营从属于 PPP。这几个概念之间的关系，如下图所示。

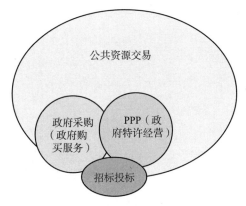

公共资源交易与 PPP、招标投标、政府采购关系图

假如我们对这几个概念的关系不能形成共识，必将影响各种改革实践的顺利进行。一方面，影响着相关制度的顶层设计，因为没有共识，制度建设根基不稳；另一方面，也影响着各部门、各单位的实际工作，因为理解不同，必然导致职能分工的差异。笔者期望这一话题能引起各界的关注和讨论，并逐步取得共识，共同推进制度设计进程。

（资料来源：《中国政府采购报》，2016 年 11 月 15 日）

【问题思考】

1. 试简单分析公共资源交易、政府采购、招投标、政府购买服务、PPP 等之间的区别与联系。

2. 公共资源交易中心、公共资源交易平台、政府集中采购中心之间是什么关系？

【参考文献】

1. 王丛虎：《我国政府采购问题研究》，中国戏剧出版社 2006 年版。

2. 孙波：《公共资源的关系治理研究》，经济科学出版社 2009 年版。

3. 雷晓明、赵成、王永杰：《中国公共资源问题：理论与政策研究》，西安交通大学出版社 2011 年版。

4. ［美］埃莉诺·奥斯特洛姆：《公共资源的未来：超越市场失灵和政府管制》，中国人民大学出版社 2015 年版。

5. 王丛虎：《政府购买公共服务理论研究——一个合同式治理的逻辑》，经济科学出版社 2015 年版。

第二章

公共资源交易管理的
基础理论与基本原则

【导读】

实践中，经常有人会说公共资源交易没有理论，公共资源交易理论研究滞后等。有时候，我会反问他：什么是理论？如何判定公共资源交易理论研究滞后呢？实际上，对"理论"这一学术概念我们并没有统一的认识。"理论"又往往和"事实"紧密相连，我们常说："摆事实、讲道理"。您会发现"理论"有些捉摸不定、若即若离。

我个人倾向于"理论"有广义和狭义之分，并同意西方学者费尔曼（Ferman）和里文（Levin）对"理论"概念的界定：即在社会科学文献中往往意味着三层含义：第一，理论首先是一个概念，被用来表述社会现实的属性；第二，理论也是一个概念体系，往往用来描述一个较为复杂的社会现象；第三，理论是解释和预测社会现实的最佳实践。当然，我们也可以更加简单地将理论理解为：理论就是一个或一组能够解释和预测社会现象的概念。所以，理论有宏观，也有微观。一般而言，每一个学科都有较为宏观且实用的理论。

公共资源交易管理作为公共管理的重要内容之一，同样秉承着公共管理的基本内容，是以优化公共资源交易为目的的，是公共部门运用管理学、政治学、经济学、法学、社会学以及其他学科的理论与方法对于公共资源交易进行有效管理的活动。与公共管理实践一样，公共资源交易管理需要借鉴管理学、经济学、法学等多学科理论和方法为自己所用，进而形成该领域自己独特的学科体系，成为一门交叉学科，也是用于解释和解决公共资源交易管理的应用性学科。

当我们从资源的配置，特别是公共资源的配置角度思考时，我们发现：公共资源交易制度实际上是伴随着我国社会主义特色的市场经济逐步建立而发展的。我国改革开放以来，随着市场化改革的不断深化，市场在资源配置中的作用日益增强，政府配置资源的范围和方式也在不断调整。2017 年 1 月 11 日，中共中央办公厅、国务院办公厅印发的《关于创新政府配置资源方式的指导意见》（2017年第 3 号）明确界定了政府所配置的资源范围，即"在社会主义市场经济条件下，政府配置的资源主要是政府代表国家和全民所拥有的自然资源、经济资源和社会事业资源等公共资源"。同时，该《指导意见》也确定了配置公共资源的方式，即"大幅度减少政府对资源的直接配置，创新配置方式，更多引入市场机制和市场化手段，提高资源配置的效率和效益。"正是这些定位和性质决定了公共资源交易所秉承的原理和原则。

本章，我们选取了一些和公共资源交易紧密相连，并为人所熟知，能够解释和预测公共资源交易实践的一些基础理论和基本原则。考虑到篇幅、解释能力、关系的密切度等因素，我们高度简化了这些基础理论和基本原则的数量和内涵。需要进一步强调的是：解释、分析、预测公共资源交易可以基于不同的立场、角度、方法和技术等，所以，公共资源交易绝不仅限于这些基础理论和基本原则。

第一节　公共资源交易的经济学理论依据

经济学的诸多理论很好地解释了各种社会现象，同时也为解决经济现象提供了政策基础。公共资源交易管理作为公共管理中的特殊问题，即公共管理中的具有经济特征的问题，诸多的经济学理论都能很好地被运用到公共资源交易管理的研究中。在这些众多的成熟理论中，和公共资源交易管理实践相关的理论有：制度变迁理论、交易费用理论、委托代理理论、寻租理论、公共物品理论等。以下简要介绍这些理论与公共资源交易管理之间的关系。

一、制度变迁理论与公共资源交易管理

制度变迁理论起源于 20 世纪的 70 年代之后，其代表人物就是美国著名经济学家道格拉斯·C·诺思（Douglass C. North）。道格拉斯·C·诺思在研究中重新

发现了制度因素的重要作用，他的新经济史论和制度变迁理论使其在经济学界声名鹊起，成为新制度经济学的代表人物之一，并因此获得了1993年度诺贝尔经济学奖。在其《西方世界的兴起》里，诺思认为制度因素是经济增长的关键，一种能够对个人提供有效激励的制度是保证经济增长的决定性因素，其中产权最重要。

同样属于制度变迁理论的代表人物，哈耶克提出了演进主义制度变迁观，这种变迁理论与诺思的建构主义制度变迁理论相对应，是一种自由主义的、一种客观的自然发展观。哈耶克认为：由于人类的知识和信息都是非常有限的，人类实际上不可能设计出任何有效的制度；只有保证个人自由，才可能有自然演进的制度。

另一个制度变迁理论的代表人物奥尔森提出了利益集团理论。这种制度变迁理论与诺思、哈耶克的制度变迁理论都不尽相同。奥尔森的理论和方法是从集体行动的内在矛盾和固有逻辑为出发点，分析利益集团的影响及其作用，并认为制度变迁的根源取决于利益集团的形成和发展。奥尔森的制度变迁理论既不认为制度完全是理性设计的产物，也不同意是一个自然演进过程，而认为不同利益集团的博弈才是决定一个制度优劣的根本原因；同时，他不认为制度完全是制度变迁起决定作用的，而利益集团才显然是一个具有明确利益目标的主体，并对制度变迁起决定性作用。

尽管制度变迁理论有不同流派，但它们还是有其共同之处，即制度的构成要素主要包括正式制约（例如法律）、非正式制约（例如习俗、宗教等）以及它们的实施，这三者共同界定了社会的，尤其是经济的激励结构。制度变迁是指制度的替代、转换与交易过程，或者是指一种制度框架的创新和被打破。新制度经济学在"需求——供给"框架下，展开对制度变迁的研究。从制度变迁的需求方面来说，当在现有制度框架下，由外部性、规模经济、风险和交易成本所引起的收入增加不能实现时，一种新制度的创新可能应运而生，并使这些潜在收入的增加成为可能，也就是只要制度变迁的预期收入超过预期成本，制度就会发生变迁。制度随着社会人口、资源、技术和人们主观意识即想象的变化会导致人们之间的相互关系发生变化，随之而来的就是制度的变迁。制度变迁理论可以分为功能性、权力、同构和学习演化模型。

不可否认，制度变迁理论经历几代人不懈努力已具有很强的解释力。同样，制度变迁理论能够很好地解释公共资源交易领域的制度变迁。就中国的公共资源交易的发展历程来看，从分散采购（或分散交易）到集中采购（或集中交易），再到借助电子技术的各种交易的集成（或称公共资源交易的整合），这一发展变迁的过程其实就是一个制度变迁的过程。我们可以从不同角度来分析在这一变迁的过程中是如何发生、为什么会发生、都有哪些影响因素、这些因素之间关系怎样等等。当然，研究制度变迁除了要解释和分析外，还要预测未来，并提出制度变革建议或政策意涵。

二、交易费用理论与公共资源交易管理

交易费用理论，也称交易成本理论是新制度经济学的基石，也是整个现代产权理论大厦的基础。更早时期，古希腊哲学家亚里士多德所使用过"交易"一词，后来的马克思主义也讲到"流通费用"，但真正发展交易费用理论的还是科斯。1937年他在其经典论文《企业的性质》提出了"使用价格机制是有代价的"和"在契约的签订和实施过程中，一些额外的支付是不可避免的"。阿罗1969年首次提出了"市场机制运行费用"。这为交易概念和交易费用理论奠定了基础。准确地说，20世纪70年代后交易费用理论才获得了极大发展。

交易费用理论学者认为：所谓交易费用是指企业用于寻找交易对象、订立合同、执行交易、洽谈交易、监督交易等方面的费用与支出，主要由搜索成本、谈判成本、签约成本与监督成本构成。正是交易费用决定了企业的存在，企业采取不同的组织方式，其最终目的也是为了节约交易费用。企业和市场是两种可以相互替代的资源配置机制。交易费用理论仔细区分了市场交易和企业内部交易。市场交易双方利益并不一致，但交易双方地位平等；企业内部交易一般是通过长期合约规定（如企业主和雇员），交易双方利益比较一致，但地位并不平等。企业运用收购、兼并、重组等资本运营方式，可以将市场内部化，消除由于市场的不确定性所带来的风险，从而降低交易费用。

罗纳德·科斯指出：市场和企业都是两种不同的组织劳动分工的方式（即两种不同的"交易"方式），企业产生的原因是企业组织劳动分工的交易费用低于市场组织劳动分工的费用。一方面，企业作为一种交易形式，可以把若干个生产要素的所有者和产品的所有者组成一个单位参加市场交易，从而减少了交易者的数目和交易中的摩擦，因而降低了交易成本；另一方面，在企业之内，市场交易被取消，伴随着市场交易的复杂结构被企业家所替代，企业家指挥生产，因此，

企业替代了市场。由此可见，无论是企业内部交易，还是市场交易，都存在着不同的交易费用；而企业替代市场，是因为通过企业交易而形成的交易费用比通过市场交易而形成的交易费用低。

经济学家们从不同的视角界定了交易费用的内涵：即交易分工说、交易合约说、交易维度说、制度成本说、交易行为说等。尽管不同视角下交易费用的构成各不相同，且交易费用的具体构成尚存争议，但学者们却普遍认知并达成共识的是：一旦有交易发生，则必然产生交易费用，并且交易费用是伴随着整个交易全过程的整个费用的总和。

交易费用理论的学者们在如何测量交易费用也存在着明显的分歧。不管是在宏观层面，还是在微观层面学者们并没有达成一致意见。但这并不影响交易费用理论的广泛应用。诺贝尔经济学获得者科斯则在微观层面的运用中指出：当市场交易成本高于企业内部的管理协调成本时，企业便产生了。企业的存在正是为了节约市场交易费用，往往采取收购、兼并、重组等资本运营方式，即用费用较低的企业内交易代替费用较高的市场交易。随后的新制度经济学家们则无一例外地把交易费用理论作为其分析工具，并把交易作为基本研究单位，将交易费用和治理结构模式相结合，交易费用理论很快被应用到产业理论中。而根据科斯的交易费用理论，分工必然带来交易费用，且分工越细，交易费用就越高。威廉姆斯进一步发展了交易费用理论，认为企业或其他组织作为一种参与市场交易的主体，其经济作用就在于把若干要素所有者组织成为一个单位参与市场交换，以减少市场的交易数量，并降低交易费用。这样，交易企业将寻求成本最小化的治理安排。

交易费用理论作为经典的经济学理论，其所具有的解释力已远远超出经济学本身。它不仅可以解释和指导产业理论和企业理论问题，同样还可以解释和说明一切和交易相关联的问题。如前所述，公共资源交易究其根本而言，是公共部门与企业通过市场手段的交易行为。同样，交易费用理论也完全可以解释和指导我国目前正在进行的公共资源交易组织整合的问题。尽管目前我国理论和实践上并没有就公共资源交易的内涵达成共识，但是人们对于公共资源交易组织整合的目的在于降低交易费用、节约财政资金的认识则是高度统一。单个交易成本高、难监管，而整合在一起的交易则把一些交易成本在公共资源组织内部消化，不仅可以降低交易费用，而且也便于监管。这已经在公共资源交易组织整合中得以体现。

三、公共物品理论与公共资源交易管理

公共物品理论或称公共产品理论是西方经济学中的重要理论，最早产生于1919 年的"林达尔均衡"。随后，萨缪尔逊在 20 世纪的 50 年代进一步提出了解决公共产品理论的一些核心问题：如生产公共产品所需公共资源的最佳配置特征等。20 世纪的 60 年代布坎南提出的"俱乐部经济理论"又使得公共产品的概念得以拓展。随后的 70 年代，对于公共产品理论的研究主要集中在研究混合产品，或称准公共产品，并集中讨论了如何设计机制来保证决策者提供公共产品的有效性问题。

公共物品理论历经众多学者研究的不断深入，已经具有强大的解释力。同时，公共物品理论作为西方公共财政理论的两大基石之一，在界定和分析资源配置的有效性方面具有很强的政策意涵。这主要表现在以下方面：第一，界定了公共物品概念。基于与私人物品的区别，从消费和竞争角度而言，认为私人物品具有消费的排他性和竞争性；而公共物品具有非竞争性和非排他性。具体而言，公共物品有三个特征，首先是效用的不可分性。公共物品是向全社会提供的，具有全社会共同收益或联合消费的特点。公共物品的效用为整个社会成员享有，不能被分割。其次是消费的非竞争性。对公共物品的消费，增加消费者不会减少任何其他消费者的消费量，或者说增加一个消费者，其边际成本为零。再次是收益的非排他性。这是指某人在消费一种公共物品时，不能排除其他人消费这一物品（不论他们是否付费），或者排除的成本很高。第二，界定公共物品的提供机制。私人物品的资源配置问题可以通过市场上的个人选择来解决；一般不能或不能有效通过市场机制由企业和个人来提供，而主要由政府来提供。因此，公共物品的生产和消费是资源配置的一个特殊问题，这个问题不能由市场的个人决策方法解决，必须通过某种非市场的选择，即政治决策来解决。

应该说，公共物品理论作为经济学的话语体系，很好地揭示了不同资源的有效配置方式的理论问题，或者说着重考察了公共物品提供什么、提供多少和如何提供等基本问题。这一基本理论可以用于解释我国公共资源交易的相关问题，如对于像道路、桥梁等公共基础设施类的公共物品由谁或如何提供更加有效是一个非常重要的问题。也正是有了这样的理论做基础，我们才可以尝试着改变传统的全能政府包打天下的局面。

第二节 公共资源交易管理的管理学理论

管理学虽然是一个年轻学科，但是其发展非常快，尤其作为其分支的公共管理学，吸取了商业管理学、政治学、法学和经济学理论，其发展更为迅猛。自20世纪30年代起，行政学从政治学中分离出来，伴随着20世纪40~50年代以来公共管理运动的兴起而获得了长足进展，这就为公共资源交易管理提供了丰富的理论基础。

一、公共组织理论与公共资源交易管理

（一）组织理论的演进与发展

组织理论经历一个漫长的过程，与公共组织理论紧密相关的可以追溯到有"科学管理之父"之称的泰罗。泰罗的《科学管理原理》主要关注的是如何提高企业作业层的效率问题，如强调组织的专业化和职业化、科学的工作方法等。随后的行政组织学派的代表人物法约尔、古利克强调上层组织的重要性，主张要重视自上而下的管理问题，如主张管理职能的重要性，提出了管理的五项基本职能、十四项原则、管理人员的素质等等。而以马科斯·韦伯为代表的古典官僚组织学派则提出了组织的整体体制及其运行的基础理论，如认为合法性官僚体制是适合现代社会的统治形式，组织必须进行分工和组织等级的划分等。巴纳德提出了组织平衡理论，认为组织的成功依赖于组织成员的合作，以及组织外部的关系，等等。管理经验主义学派的代表人物西蒙在批评了古典组织学派的"组织与协作""管理幅度""命令统一"等原则基础上，提出了有限理性学说，并认为"管理过程就是决策过程"。

现代组织理论的权变理论由墨尔斯提出，克斯特和罗森茨韦克对此又作了进一步发展，并认为组织处在一个开放的系统，与外在环境发生持续的关系，而且组织成员受外界影响很大，并强调工作环境、工作和员工之间的密切配合。彼得·圣吉提出了组织学习理论，并提出了组织学习的五项修炼。塞尔·林登则提出了无缝隙政府理论，认为打破传统的组织分割、注重提供快捷服务、顾客导向

才是组织流程再造的目的。

（二）公共组织及其结构理论①

组织理论的演进与发展为公共组织提供了丰富的营养，也为公共组织实践提供了直接的指导与最佳示范。具体而言，公共组织是指为了公共利益的人类团体，或者说为了管理社会公共事务、协调社会公共利益而设定的组织或人类团体。公共组织是相对于私人部门而言，指行使公共管理职权的组织。我国许多学者为了避免出现"管理"二字（因为"管理"带有明显的计划经济色彩，和服务性政府相对立），多数使用了公共组织，或者公共部门这一定义。我们认为，公共管理部门、公共组织和公共部门三个名词之间只是表达方式的不同，其实质内容是一样的。公共管理部门则更符合公共管理学，也和公共管理的实践更贴近，所以，我们倾向于用公共管理部门这一称谓。广义的公共管理部门是指对社会公共事务进行管理、对社会公共利益进行协调和保护的组织，所以它既包括行政机关，也包括行政机关以外的事业单位、社会中介组织、司法机关、自治组织和一些企业单位等。狭义的公共管理部门则仅指行使行政管理权的政府机关、事业单位等相关组织。

公共管理部门作为组织的一个类型，除具有组织的一般特征之外，还拥有其独有的特征，这主要表现为：第一，追求并维护公共利益为其价值目标；第二，合法而正当地行使公共权力为其生存之本；第三，提供高效率、高质量的公共服务是其基本职能；第四，不以营利为目的是其不变特性。当然，公共管理部门又因其公共职能的多样性、公共权力的强弱差异，可表现为不同类型。我国学者多数认为，就公共管理部门所拥有公共权力的属性不同可将其分为两类：第一类是强制性公共管理部门。这类公共管理部门主要是指行政机关，它们从成立之日起就具有法定的公共管理权，也称固有的职权。第二类是半强制性的公共管理部门。这类公共管理部门主要是指那些根据法律法规授予而获得行政管理权的事业单位、行业性公司，如高等学校、证券监督委员会、银行监督委员会、电力总公司等部门。这类公共管理部门从其成立的本身而言，并不是以进行强制管理为目的，而是具有其他职能。

尽管公共管理部门表现形态各异，但是它们的构成要素则具有相通性。而公

---

① 王丛虎：《公共管理导引与案例》，中国人民大学出版社 2012 年版。

共管理部门构成要素是公共管理部门的最小的单位，也是公共管理部门的基石。一般而言，这些要素包括：组织人员、组织目标、职能范围、组织结构、组织职位、组织职权、组织制度、组织硬件和团体意识等等。而与公共管理学所不同的是公法学并不关心公共管理部门的各个构成单位，而关心公共管理部门本身是否依法设立、是否具有合法的职权、是否具有权利能力和行为能力、是否能够独立承担法律责任等等，而在公法领域则将公共管理部门称为行政主体，也正是强调其法律责任问题。

公共管理部门的结构是实现目标的基本管理工具，也是构成公共管理部门的骨架。公共管理部门的结构是指公共管理部门各个要素的排列顺序、空间位置、表现形态、连接方式等以及各要素之间的相互关系。不同的结构形式对公共管理管理部门的过程和行为产生不同的影响。公共管理部门的结构可以分为管理层次和管理幅度两个基本范畴。所谓的管理层次是指组织内部纵向划分的等级数。一般而言有三个层次：高层（决策）、中层（联系）、基层（执行）；而管理幅度则是指上级管理者或组织有效管理的下级人员或单位、部门数目。公共管理部门的管理幅度与管理层次是影响组织结构功能的两个决定性因素。在组织其他条件不变的情况下，管理幅度与管理层次通常成反比关系，即管理层次少则管理幅度大，而管理层次多则管理幅度小。

公共管理部门的一般结构形式又可分为垂直结构和水平结构两种。垂直结构是依据组织的垂直面进行的分化，其标准是个人对组织活动所具有权利的大小、所负责任的程度以及所监督或者管辖的部署数目。这种组织结构的配置具有垂直分化性，容易建立起组织的层级体系，结构简单，传递信息快捷、领导隶属关系明确等优点；但也有途径单一，自主性小，容易僵化，相互孤立、彼此间容易冲突等负面影响。水平结构也就是组织结构的水平分化，它是按照一定标准进行的横向分割而形成的各个部门与单位。水平结构又可以分为按照功能进行的分化、按照程序进行的分化、按照人或物进行的分化以及按照地域进行的分化。这种组织结构的配置具有职责清楚、自主性较大、能够调动各个部门的积极性等优点，但也有层级繁多、信息不畅、彼此互相扯皮等不利方面。直接将公共管理部门的垂直结构和水平结构结合起来，则可以将公共管理部门的一般结构形式分为：直线型结构、职能型结构、直线－职能型结构、矩阵性结构等结构形式。而随着社会变革发展与对公共管理部门结构研究的深入，学者们也提出了新的组织结构形式，如网络型组织、学习性组织等。

（三）公共资源交易管理的借鉴

公共资源交易除了要节约交易成本和财政资金、源头预防腐败等基本功能外，还承载着支持调节宏观经济、技术创新、环境保护、扶持中小企业、保护民族产业等政策功能。而这些政策功能的实现既是公共资源交易的内在要求，也是其被规制的客观需要。公共资源交易组织架构作为政策执行的重要组成部分，不同类型的公共资源执行组织有利于满足不同的政策目标。而且不同体制下公共资源交易的执行组织并没有统一的最好的模型。[①] 公共组织的集权与分权，或者说集中与分散是一对矛盾体。过度集中化则无法实现分散下的灵活多样性，如分散的交易执行组织可以由政府部门根据各自的地理区域、人力资源和组织文化等情况而设立。这种情况也可能会产生较高效率，有利于满足采购人多样化的需求。[②] 过于庞大的交易执行机构，可能会使其失去灵活性，同时也可能会丧失一定的有效性和回应性。[③] 而以控制为目的的高度集中式执行组织试图压制自由裁量权，对于采购活动管理和遏制腐败来说是必需的。但也不可避免地导致了集中交易组织和其相关部门之间的紧张关系。而且在公共资源交易的实践中，基于购买人的利益需要，具有灵活性和较充分自由裁量权的分散式执行组织更有利于回应目标冲突，并能及时有效地处理不可预见的问题。[④]

如前所述，公共资源交易本身的高风险性又决定了过于集中可能加剧了这种风险发生的概率。尤其是在中国单一体制的行政首长负责制下，如果不能很好控制，则这种过于集中的公共资源交易组织模式则会造成更大浪费或者腐败交易[⑤]。所以，不管是所谓的"物理整合"，还是"化学整合"或其他形式的整合同样都存在着过于集中、过于教条、过于追求一体化的企图，当然也就隐藏僵化、低效

[①] National Association of State Procurement Officials（NASPO），State and local procurement：A practical guide. Lexington，KY：NASPO. 2008.

[②] National Institute of Governmental Purchasing, Inc.（NIGP）. January（1）. Resolution，centralized purchasing. Herndon，VA：NIGP. 1989.

[③] Jack T Pitzer and Khi V Thai. Introduction to Public Procurement. Third Edition. National Institute of Government Purchasing. Inc.（NIGP）. 2007. 24.

[④] McCue C P & Pitzer J T. Fundamental of Leadership and Management in Public Procurement. Herndon，VA：NIGP. 2005.

[⑤] Conghu Wang & Xiaoming Li. Centralizing Public Procurementin China：Task environment and organizational structure，Public Management Review，2014，16：6，900 –921.

率、腐败和浪费的风险。①

二、新公共管理、公共服务理论与公共资源交易管理

（一）新公共管理②

新公共管理与其说是一种理论，还不如说是一场实践运动或对传统政府管理的改革创新。20世纪的中后期，伴随着全球化、信息化、市场化以及知识经济时代的来临，西方各国进入了公共部门管理尤其是政府管理改革的时代。无论是英美、欧洲大陆国家，还是澳大利亚、新西兰和日本，都相继掀起了政府改革的浪潮。当然，除这些发达国家外，在发展中国家也同样出现了公共管理的改革趋势。尽管世界各国政府改革的起因、议程、战略以及改革的范围、规模、力度各不相同，但他们却有着一个共同的或相似的基本取向，这就是采用商业管理的理论、方法及技术，引入市场竞争机制，提高公共管理水平及公共服务质量，进而重构政府形象，重新界定行政权的性质及其运作。对此我们称之为"新公共管理"（New Public Management，NPM）模式。

这场以追求"三E"（Economy，Efficiency and Effectiveness，即经济、效率和效益）为目标的管理改革运动起源于英国、美国、澳大利亚和新西兰，并逐步扩展到其他国家乃至全世界。"代表这一股潮流、全面推进行政改革的既有君主立宪制国家，也有民主共和制国家；既有单一制国家，也有联邦制国家；在政府制度上，既有内阁制政府，也有总统制政府；在市场体制上，既有自由型市场经济，也有政府导向型经济；高举改革旗帜的，既有右翼政党，也有左翼政党。"③

英国是"新公共管理"运动的发源地之一。撒切尔夫人上台以后，英国保守党政府推行了西欧最激进的政府改革计划，开始了以注重商业管理技术，引入竞争机制和顾客导向为特征的新公共管理模式。1987年著名的《下一步》（Next

---

① 王丛虎：《公共资源交易整合的问题分析及模式选择》，载于《公共管理与政策评论》，2015年第1期。

② 此部分参阅了王丛虎：《行政主体问题研究》，北京大学出版社2007年版，第135～142页。

③ 国家行政学院国际合作交流部：《西方国家行政改革述评》，国家行政学院出版社1998年版，第4页。

Steps）报告提倡采用更多的商业管理手段来改善执行机构，提高公共服务的效率。"新公共管理"的顾客导向和改善服务的特征，特别明显地体现在 1991 年梅杰政府的"公民宪章"的白皮书上；而引入竞争机制则明显体现在 1979 年以来英国公司以及公共机构的私有化浪潮之中，也反映在 1992 年梅杰政府的"为质量而竞争"的政策文件上。① 这些措施促使提供公共物品和服务的部门接受市场检验；各公共部门之间、公共部门与私人部门之间为公共物品和服务的提供展开竞争，尤其是通过公开投标，赢得竞争并提供优质服务的单位才能生存与发展。美国的"新公共管理"改革尽管不像英国那样，有明确的起点和目标，但它开始得更早，并且也带有明显的管理主义或"新泰勒主义"倾向。里根政府大规模削减政府机构和收缩公共服务范围，当时负责推行改革的格鲁斯（Grace）委员会的基本职责就是将私人部门成功的管理方法引入公共部门管理领域之中，以提高政府效率。继布什政府全面推行质量管理之后，克林顿政府开展了大规模的政府改革运动——"重塑政府运动"（Reinventing Government Movement），其目标就是要创造一个少花钱多办事的政府，并坚持顾客导向、结果控制、简化程序和一削到底原则；改革的基本内容是精简政府机构、裁减政府雇员、放松管制、引入竞争机制以及推行绩效管理。这场改革的纲领性文件就是《从过程到结果：创造一个少花钱多办事的政府》（简称"戈尔报告"）；该报告指出，美国长期以来建立的从上至下的、集中化的官僚体制来处理公共事务，又加之严格的规章制度的约束，便形成了机构臃肿、反应迟钝、坚不可摧的官僚机构。鉴于此，该报告提出了政府改革的四项主要原则：第一，消除繁文缛节，由注重过程的系统转变为注重结果的系统；第二，把顾客放在首位；第三，授权雇员亦取得成果；第四，一削到底，并创造出一个少花钱多办事的政府。

纵观这场行政改革的运动，由于操作上的需要而表现出政府继续承担运动主体的角色，每项改革措施也不得不基于现实而表现出对管理行政模式的妥协，但就这场改革运动的发展趋势来看，无疑包含着这样的内涵：那就是对近代以来公共管理的行政管理化倾向进行全面的重新检讨。虽然这一检讨的结果依然是以"公共管理"命名，称作为"新公共管理"，但它与传统的公共管理已有很大的

---

① 陈振明：《走向一种"新公共管理"的实践模式——当代西方政府改革趋势透视》，载于《厦门大学学报》（哲社版），2000 年第 2 期。

不同。或者说"新公共管理"意味着一种新的管理模式，是整个近代社会公共管理化趋势的中止和对公共管理化模式的扬弃。因为，从目标、内容、性质、职能和效果等方面来看，新公共管理都超越了近代以来公共行政的管理化。在现实表现上，它是走向政府公共政策化和公共管理社会化的运动；在哲学的意义上，则是一场中心边缘化和边缘中心化的运动。①

（二）新公共服务理论②

面对风起云涌的"以企业家精神改造政府"的新公共管理运动，理论家在思考，政府的本质到底是什么？20 世纪 70～80 年代，在世界各国政府治理变革中，公共服务成为政府职能的重心。其间美国亚利桑那州州立大学公共事务学院教授登哈特夫妇对新公共管理提出批判，并提出了新公共服务理论。

新公共服务理论对公共管理者是企业家提出疑问，并认为在企业家精神的这种足智多谋之外，不应该忽视其暗含的其他意义，即公共行政应担负起捍卫民主与公平的政治责任；公共服务的消费者不仅仅是"顾客"，更重要的是"公民"等基本问题。为此，登哈特夫妇在民主社会的公民权理论、社区和市民社会的模型、组织人本主义和组织对话的基础上，提出了新公共服务的七大原则：一是服务而非掌舵。公共管理者的重要作用并不是体现在对社会的控制或驾驭，而是在于帮助公民表达和实现他们的共同利益；二是公共利益是目标而非副产品。建立社会远景目标的过程并不能只委托给民选的政治领袖或被任命的公共行政官员。政府的作用将更多地体现在把人们聚集到能无拘无束、真诚地进行对话的环境中，共商社会应该选择的发展方向；三是战略地思考，民主地行动。符合公共需要的政策和计划，只有通过集体努力和协作的过程，才能够最有效地、最负责任地得到贯彻执行；四是服务于公民而不是顾客。政府与公民之间的关系不同于工商企业与顾客之间的关系；五是责任并不是单一的。公务员不应当仅仅关注市场，他们也应该关注宪法和法令，关注社会价值、政治行为准则、职业标准和公民利益。新公共服务理论意识到了这些责任

---

①　张康之：《论政府非管理化——关于"新公共管理"的趋势预测》，载于《教学与研究》，2000 年第 7 期。

②　本部分参阅了罗伯特·B. 登哈特、珍妮·V. 登哈特：《新公共服务：服务，而不是掌舵》，丁煌译，中国人民大学出版社 2010 年版。

的现实性和复杂性；六是重视人而不只是生产率。如果要求公务员善待公民，那么公务员本身就必须受到公共机构管理者的善待；七是超越企业家身份，重视公民权和公共事务。公共行政官员并不是其机构和项目的业务所有者。政府为公民所有。

（三）公共资源交易管理的借鉴

综上，不管是新公共管理运动，还是新公共服务理论都围绕着政府的改革展开。公共资源交易整合与改革必然涉及或者主要是政府的改革。参与公共资源交易的主体主要是政府部门或公共部门，涉及的利益也主要是公共利益。这样以工具和技术革命为主导的新公共管理，以及以职能和服务为主导的新公共服务都为公共资源交易的变革提供了理论指导。不管是在任何方面的变革，公共资源交易都离不开这些理论基础。

同样，在日常的公共资源交易管理活动中也贯穿着新公共管理和公共服务理论的实质精神。这主要表现为：第一，公共资源交易本身就是新公共管理运动的结果。公共资源之所以能够被推向市场，并和各种市场主体进行交易，其理论基础来自于新公共管理的企业化政府理论，或者来自于新公共运动的推进。当然，这就要求公共资源交易要遵循新公共管理所提供的新技术、新手段和新方法；第二，公共资源交易受制于新公共服务理论的指导。新公共服务理论倡导政府的服务职能、聚焦公共利益、重视公民的权利等核心内容无不指引着公共资源交易的方向。为此，在以市场竞争的方法进行公共资源交易的过程中，绝不可以忽略其公益性、服务性的本质。

三、公共政策理论与公共资源交易管理

公共政策学自 20 世纪 80 年代在中国兴起之后，发展迅猛。公共政策学是一门综合地运用各种知识和方法来研究政策系统和政策过程，并探求公共政策的实质、原因和结果的学科。公共政策学发展至今已经比较完善，其中有很多成熟的理论已经为改善公共决策系统、提高公共政策质量提供着理论指导。我们选择与公共资源交易相关的成熟理论作相关介绍，以期能够为研究公共资源交易提供指导。

（一）多源流政策理论①

1. 多源流理论内容。

多源流理论是美国政策学家约翰·金登在1984年的著作《议程、备选方案与公共政策》中首先提出的理论，是在全面理性决策和渐进主义基础上，对科恩等人1972年提出的"垃圾桶模式"的修正。金登认为政策议程存在三个源流：问题流、政策流和政治流。问题流是指政府官员是如何将其注意力固定在某一问题上，是现实社会问题所形成的溪流；政策流是政策建议产生、讨论、重新设计以及受到重视的过程，又被形象地称作政策原汤；政治流包括了诸如国民情绪变化、选举结果、政府变更、意识形态在国会中的分布情况变化以及利益集团压力活动等因素。问题流、政策流和政治流都按照各自机制运行，当三大源流耦合时，就能打开政策之窗。政策之窗开启是短暂的，需要把握确切时机，也离不开系统中的政策企业家，在充满风险的政策创新过程中，政策企业家愿意投入时间、精力甚至金钱，致力于打破政策平衡，向其他人"兜售"自己中意的政策理念并力图让其变成新决策方案，促进政策成型。

多源流理论自诞生以来，就以其强大的解释力成为重要政策分析工具，被应用于不同国家各领域的政策分析过程。学者杜兰特和迪尔重点考察了政策流，发现备选方案并不仅是渐进式发展，也存在非渐进性特征。泰尔曼和柏克将其运用到澳大利亚房屋政策制定过程，分析了松散且复杂的政策议程元素。扎哈里迪斯和艾伦借助多源流理论，分析了英国和德国私有化过程，将政治流变量整合为执政党意识形态，还拓展了多源流理论适用范围。布莱曼和豪夫论证了多源流理论在政策变迁中的分析解释力。

2. 多源流理论在中国的运用。

国内的多源流理论研究集中于两大路径：一是理论介绍和评述；二是中国化研究和实际运用。理论介绍与评述方面，丁煌等翻译了《议程、备选方案与公共政策》，钱再见、陈潭等在著作中也介绍了多源流理论，曾令发全面评价了多源流理论，阐述其对中国政策制定启示；还有学者单独研究某源流要素及机制，如刘倩聚焦新媒体影响，陈戈关注网络舆论政治流，刘文关注政策参与等。理论中国化研究方面，何华兵介绍了理论的中国适用性；文宏、崔铁对多

---

① 本部分参阅了丁煌著：《西方公共行政管理思想理论精要》，中国人民大学出版社2005年版。

源流模型进行了优化与补充。数量最多的是理论实际应用：有构建模型者，如柏必成基于多源流模型构建了我国政策变迁动力模型；有分析政策者，如借助多源流框架龙笑梅解读了"单独二孩"政策、张建分析了异地高考机制；有预测政策者，如李秋容、李洁以多源流为视角，对我国农业转移人口政策进行分析等等。不难看出，公共政策多源流理论已经被运用到了许多方面，在中国也已成为成熟的理论。

3. 多源流理论与公共资源交易。

公共资源交易作为一个全新的政策议题，有关公共资源交易平台整合政策、全程电子化政策以及未来更新的政策问题，都会涉及到政策制定、政策执行、政策评估、政策终结等政策过程的全部问题。尤其是作为一项本土化的内容，公共资源交易新政策的出台都有一个从公众议程进入政策议程的问题。这样，在这个政策议程的设定中，同样要遵循成熟的多源流理论指导。为此，了解公共资源交易的政策议程，并以已有的理论指导和研究才会避免不必要的损失，也确保了公共资源交易政策的科学性、合法性和有效性。

（二）政策扩散创新理论

1. 政策扩散及其机制。

自20世纪60年代以来，政策扩散理论在美国兴起并取得重大进展，日益成为公共政策研究中的重要领域。一般认为，对政策扩散的研究源于美国政策学者Walker，他于1969年指出政策扩散是外来的政策知识、信息、经验被广泛纳入到本土的政策过程[1]。埃弗里特·罗杰斯指出，政策扩散是指随着时间的流逝在一个社会系统的成员之间通过某种渠道沟通的过程[2]。中国学者也认为公共政策扩散是一种政策活动从一个地区或部门扩散到另一个地区或部门，并被新的公共政策主体采纳并且施行的过程[3]。由此看来，对政策扩散的定义基本达成共识：即政策被不同地区和组织采纳的过程。

政策扩散机制是指政策扩散发挥功能的路径和作用的方式。自20世纪60年

---

① Walker J L. The Diffusion of Innovations among the American States. *The American Political Science Review*. 1969，63（3）：880–899.

② Everett M Rogers. Diffusion of Innovation，New York：The Free Press，1983.

③ 王浦劬、赖先进：《中国公共政策扩散的模式与机制分析》，载于《北京大学学报（哲学社会科学版）》，2013年第6期。

代以来，诸多学者针对扩散的机制做了大量的探索。海涅将政策扩散的机制划分为四类：效仿、社会化、学习、外部性。① 也有美国学者将政策扩散的机制概括为：学习、竞争、公众压力和上级命令四大机制。② 王浦劬等人结合中国政策实施的特点将政策扩散机制总结为：学习、竞争、模仿、行政指令推行和社会建构机制五个方面。③ 杨代福在分析了我国诸多实际的政策扩散的案例后提出了六大政策扩散的机制，即强制、诱致、学习、竞争、模仿和社会化。④ 结合上述学者对于政策扩散机制的描述，我们可以将政策扩散机制概括为主动和被动两个方面，即主动方面侧重于政策行动者自发的通过学习、竞争、模仿等方式促进政策传播；被动方面侧重于政策行动者通过上级命令、公众压力等方式被迫实施某种政策，进而促进了政策扩散。

2. 政策创新及创新扩散模型。

关于政策创新主要有三种观点：第一种观点认为创新即事物第一次出现并被加以应用，在政策创新研究中该观点因过于狭隘，很少使用；第二种观点认为创新代表着有计划的改变，认为只要对组织而言属于新的变化即为创新，此观点主要侧重于内部的变化；第三种观点将创新、模仿和创造进行了详细的区别，认为新的理念、产品或者成果在系统内的首次使用即为创新，该观点主要侧重外部的影响。由此可以看出，诸多学者对于创新的内涵尚未达成共识，但在学界，政策创新侧重于第三种观点，认为一个政府接受了新的经验、做法或者服务即为创新，而不论该行为是否是第一次出现或者别的政府有无采纳过。

基于学者们对于政策扩散与政策创新的界定，我们认为，政策扩散与政策创新是一体两面，不可分割，更难以割裂开来。政策创新也可以视为政策扩散的延续或变异，只是政策创新是从内容的角度描述政策的属性，而扩散更多地侧重于沟通和过程罢了。布朗（Lawrence A. Brown）和考克斯（Kevin R. Cox）提出了政策扩散中的创新三条规律：即在时间维度上呈现 S 形曲线；在空间维度上表现为"邻近效应"；在区域内出现"领导者—追随者"的层级效应。斯特朗的定义

---

① Heine, and Torben. "Mechanism – Based Thinking on Policy Diffusion", A Review of Current Approaches in Political Science, KFG Working Paper Series, No. 34, Dec. 2011.

② Shipan, Charles R and Craig Volden. The Mechanisms of Policy Diffusion, American Journal of Political Science. 2008 (4).

③ 王浦劬、赖先进：《中国公共政策扩散的模式与机制分析》，载于《北京大学学报（哲学社会科学版）》，2013 年第 6 期。

④ 杨代福：《西方政策创新扩散研究的最新进展》，载于《国家行政学院学报》，2016 年第 1 期。

则更是将扩散与创新叠加在一起，即"一个采纳某种创新政策的地区改变尚未采纳该政策地区的概率，侧重政策发展的过程"。另外，很多学者在描述政策扩散的过程时，更是不做严格区分，即将扩散严格定义为新观念自发的、无序的蔓延，或者强调扩散是人为引导、被严格操控的，等等。

基于政策扩散与政策创新的内涵梳理，可以直接将扩散与政策创新整合为一个词，即政策扩散创新或政策创新扩散，并可定义为：一个政府接受新的经验、做法以及政策的过程，不论该经验、做法以及政策是否久远抑或被其他政府采用过。有关政策创新扩散的大量案例研究中，已经形成了诸多政策创新扩散的典型模式：如"自上而下的政府创新扩散"、"自下而上的政府创新扩散"、"水平竞争或学习与政府创新扩散"三种模式。也有美国学者将政策创新扩散总结为四种模型：即"全国互动模型、区域扩散模型、领导—跟进模型、垂直影响模型"；也有提出三种模型的：即组织、地域以及内部扩散三种。还有一些中国学者将政策扩散的理论用于中国的政策研究，形成了中国独特的政策扩散的模型，如"试验—推广"的试点模型，自上而下层级扩散、自下而上吸纳辐射、同一层级的区域或部门间扩散以及不同发展水平区域间政策跟进扩散等模式，等等。

3. 政府创新扩散的影响因素。

政策创新与扩散受到多方面因素的影响，与社会、经济、媒体以及地理环境等息息相关。美国学者罗杰斯认为创新扩散取决于五大因素：即创新的相对优势、创新的复杂性、创新的相容性、创新的可试性以及创新的可观察性。中国学者杨代福则梳理了中国政策扩散的内外部因素，认为主要有动机、资源/障碍、政策企业家、政策网络、支持联盟力量、政治机会、外部因素、中央政府或上级政府、下级政府、邻近政府、观念领导地区、全国性或区域性交流网络、斜向影响等因素。除此之外，政治、社会、经济特征、采纳者的特质与社会网络因素、政策本身的属性、地理位置接近、政治制度、经济社会现代化的发展以及政府间网络也对政策创新的扩散起着重要的作用。

（三）公共资源交易管理的借鉴

公共资源交易管理的变革过程是一个政策过程。所以，从公共政策的基本理论出发能够很好解释公共资源交易中存在的各种问题，当然也能预测公共资源交易的发展与变迁。中国在改革创新的发展历程中积累了丰富的具有中国特色的改革经验，如渐进式改革、试点模式、上下互动模式，等等。这些政策扩散创新的经验都值得中国公共资源交易改革与创新认真吸取。具体说来，这些已经被证实的理论既可以解释中国公共资源交易的变革实践，也可以指引中国公共资源交易未来的发展方向。

第三节　公共资源交易管理的法学理论

法学是一个宽泛的概念，一般认为其是研究对象为法律的科学，也有学者更是把政治学也纳入大法学的学科。实际上，政治学和法学紧密联系，尤其是公法学的理论往往和政治学理论难以分开。考虑到公共资源交易的公共属性，以及规范公共资源交易的公法属性，本节选取了权力制衡、依法行政理论作进一步阐述。

一、权力制衡与公共资源交易管理

（一）权力制衡理论的演进

分权制衡理论是关于国家的立法机关、行政机关和司法机关之间，国家的整体和部分之间权力分工与制衡的学说。作为欧美国家三权分立的理论基础，在历史上起过一定的进步作用。其主要内容是：将国家权力分为三个部分，即立法权、行政权、司法权，它们分别由议会、政府、法院行使，各个权力系统之间不仅相互独立，而且相互牵制，当授予某一权力主体一定权力时，必须同时授予和它相对应的权力主体相应的权力，以使各项权力之间保持一定的平衡关系。

近代分权制衡理论从提出至今已有三百多年的历史了。在这个过程中，经历了从两权分立到三权分立再到双重分权三个主要阶段。1688年英国建立了资产阶级君主立宪制。洛克以他的分权论来为君主立宪制作论证。他认为每个国家都有三种权力：立法权、行政权和联盟权，每一种国家权力都要由相应的机关来掌握。三权必须分立，尤其在立法机关和行政机关之间，必须严格划分职责权限。但三权并非地位相等，立法权具有至高无上的地位，行政权和联盟权则居于次要和服从的地位。同时，立法权、行政权和联盟权又是相互制约、协同动作的。在洛克的分权理论中，行政权和联盟权实际上是同一种国家权力，即执行法律的权力，只不过行政权是对内的，联盟权是对外的。因此，洛克的分权实际上是两权分立。

在研究吸收英国洛克两权分立学说的基础上，法国启蒙思想家孟德斯鸠进一步深化了分权制衡理论。所谓分权制衡就是把国家权力按其性质和作用分为几个相对独立的部分，分别由不同的国家机关掌握，并使各种机关之间相互制约、相互平衡。孟德斯鸠主张立法权由议会行使，行政权由国王控制，司法权由法院掌握，但他同时认为三权不能绝对分立，而应相互制约，立法机关应根据行政机关的要求召集立法会议，行政首脑应保留对立法的否决权，司法权虽由法院掌握，但特别审判权则应由立法机关行使。他还指出，如果立法、行政、司法三权或其中的两权由同一个人或同一个机关行使，自由就会受到侵犯，就会导致专制政体的出现。

18 世纪 70 ~ 80 年代，美国以杰斐逊为代表的政治思想家提出了双重分权的学说。美国建国初期，对于中央如何管理好这样一个国土辽阔、人口众多的国家，意见分歧很大。当时主要有两派：以汉密尔顿为代表主张集权，以杰斐逊为代表主张分权，最后后者占了上风。他们认为，中央政府应当是强有力的，但不应当是一切事务的总管。应该把可以由地方管好，又不至于危及国家统一的那部分权力交给地方政府，即在从中央到地方各级政府都实行三权分立的基础上，同时实行中央和地方两个层次之间的分权，由此把分权制的国家政体形式与联邦制的国家结构形式结合起来，以便有效地防止中央政府走向专制。这种把中央和地方各自的三大权力系统之间的横向分权与中央和地方之间的纵向分权有机结合的分权，称为双重分权。双重分权的出现，标志着分权制衡理论趋于完备。

分权制衡的合理内核是这种理论及其在政治实践中所形成的符合权力运行规律的制约协调机制，这种机制蕴涵着人们基于对权力的基本特性及其双重效应的深刻认识而自觉确立起来的驾驭权力的民主政体和法治秩序，无疑有着普遍的借鉴意义。例如对国家机关进行必要的分工，依法规定不同国家机关的制约关系和沟通方式，规定不同国家机关各自的权限和运行轨道，以及各自的责任和内部关系；依法防止国家机关滥用权力，超越权限，侵犯另一权力的行为，依法授予每个机关都有抵制另一机关侵权行为的权力等等。

（二）我国权力制约与协调理论

我国实行的人民代表大会制度，即一切权力都属于人民，人民当家做主。人民代表大会是国家的权力机关，一切权力都由它产生，并对它负责；人民代表大会对人民负责。党的十六大报告指出："加强对权力的制约和监督。建立结构合理、配置科学、程序严密、制约有效的权力运行机制，从决策和执行等环节加强对权力的监督，保证把人民赋予的权力真正用来为人民谋利益。"不难看出，分权制衡理论和原则同样成为我国行政体制改革的指导原则和精神。分权制衡理论应用于我国实践，既符合我国政治体制和行政体制改革提出的要求，同时也是我们反对腐败和加强党风廉政建设所面临的一项重要任务。要确保党的十六大提出的要求和我们加强党风廉政建设、反对腐败的任务真正落到实处，切实加强对各级公共权力的有效制约和监督，就必须把分权制衡原则应用到公共组织变革与重构中。

党的十七大报告则在十六大的基础上明确提出要"建立健全决策权、执行权、监督权既相互制约又相互协调的权力结构和运行机制[①]"。党的十七大报告进一步指出："完善制约和监督机制，确保权力正确行使，必须让权力在阳光下运行。要坚持用制度管权、管事、管人，建立健全决策权、执行权、监督权既相互制约又相互协调的权力结构和运行机制。健全组织法制和程序规则，保证国家机关按照法定权限和程序行使权力、履行职责。"中国共产党第十七届中央纪律检察委员会第五次全体会议又进一步要求：加强监督制度，建立健全决策权、执行权、监督权既相互制约又相互协调的权力结构和运行机制。党的十七大在十六大提出的"在决策权和执行权等环节加强对权力的监督"的基础上，进一步提出了"建立健全决策权、执行权、监督权既相互制约又相互协调的权力结构和运行机制"。不难看出，党中央提出的"权力制约与协调机制"不仅充分结合国情吸收了"分权制衡"理论的合理内核，而且也超出了"分权制衡"所包含的内容，在创新地划定了"三权"（即"决策权、执行权、监督权"）的同时，又结合中国国情提出了"相互制约又相互协调"的新内容。这不仅是对"分权制衡"的创新，也丰富和完善了"分权制衡"的理论。

党的十八届三中全会对于中国的全面改革提出了明确的规划蓝图，不仅在政治层面进一步完善了"权力制约与协调机制"，同时又进一步创新地提出了在行政改革领域"行政权制约与协调机制"的建立与完善问题。党的十八届三中全会在要求"强化权力运行制约机制和监督体系"建立的同时，对如何构建权力制约

---

①　以下简称"权力制约与协调机制"。

机制提出具体目标，即"必须构建决策科学、执行坚决、监督有力的权力运行体系，健全惩治和预防腐败体系，建设廉洁政治、努力实现干部清正、政府清廉、政治清明。"而在具体到规范行政权的行政体制改革领域，十八届三中全会又创新地将"权力制约与协调机制"运用到了优化政府组织结构的具体层面。十八届三中全会就转变政府职能、优化政府组织结构的改革方向指出："转变政府职能必须深化机构改革。优化政府机构设置、职能配置、工作流程，完善决策权、执行权、监督权既相互制约又相互协调的行政运行机制，严格绩效管理、突出责任落实，确保权责一致。"不难看出，党的十八届三中全会把具有鲜明中国特色的权力制衡理论，即"权力制约与协调机制"推向了更高地位，不仅全面丰富其合理内容，更是要求在政治体制改革和行政体制改革两个层面都要推行，尤其是创新地赋予了"职能分离"更加丰富的内涵，同时也推动了其在更加广泛领域的运用。不难看出，这种三种"权力制约与协调机制"的具体运用正是"职能分离、权力下放和地方分权"的具体体现与创新，其目的就是要实现"合法用权、合理用权、决策为公、执法为民、监督优先"。党的十八大以来提出的权力制衡与协调的理论则进一步将分权制衡理论推向了深入。

（三）公共资源交易管理的借鉴

这些思想对于公共资源交易管理体制中机构和权责的设置具有重要借鉴意义。我国公共资源交易的权力设置具体体现为交易代理机构的代理权、交易部门的交易权、交易服务机构的执行权、交易监管部门的监督管理权。这些权利和权力之间如何实现制约与协调是确保公共资源交易合法有序进行的基础。具体说来，在公共资源交易的改革创新实践中，需要"管办分离"、"管采分离"、"代理服务和交易服务相互制约"等，才能真正发挥交易监督管理部门的监督作用，平衡交易人、交易中心和交易管理部门之间的权力与利益。比如美国联邦政府服务总署就有权为几乎所有的联邦政府机构进行采购，有权设立标准和规范等，职权范围相当广泛。联邦服务总署负责的是政府采购的实际操作工作，而将监管工作交由美国国会下属的联邦会计总署，采购的决策则由美国总统行政办公厅内设的联邦政府采购政策办公室负责，由此将执行、决策与监督工作分开。中国公共资源交易管理中不仅要遵循各项权力之间分离与制衡的理论，还要吸收发达国家的一些教训并大胆借鉴其成功经验。

二、依法行政理论与公共资源交易管理

（一）依法行政理论内涵

依法行政是行政法的核心理念，具体表现在行政法的基本原则中。这些原则包括行政合法原则、行政合理原则，比例原则，等等。依法行政是依法治国基本方略的重要内容，是指行政机关必须根据法律法规的规定设立，并依法取得和行使其行政权力，对其行政行为的后果承担相应的责任的原则。依法行政也是市场经济体制条件下对政府活动的要求，是政治、经济及法治建设本身发展到一定阶段的必然结果。具体而言，依法行政应该包括如下内容：一是行使行政权力的主体必须合法。依法行政首先就要求行使行政权力的机关和组织必须符合法律规定的主体地位、资格和组织条件，如果进行行政活动的主体不是依法成立的或者不具备行政主体资格，那么，其行为不具有法律效力；二是行政权力的取得和行使必须合法。依法行政要求行政权力的取得必须有法律依据，因为"行政机关的职权并不是行政机关所固有的，而是经人民授予，也即由法律法规授予的"。同时，行政权力的行使必须符合法律法规的规定，行政活动必须在法定的权限范围内活动，既不能不作为也不能越权；三是行政权力的行使必须依据法定程序。行政权的程序法定，具体说来就要按照法定步骤、顺序、时限等依法进行，否则行政权就会被滥用。所以，从这个意义上说，依法行政主要是程序法定。四是行使行政权力必须承担相应的责任，做到权责统一。依法行政要求行政主体在享有行政权力的同时，必须承当相应的义务和责任，如果放弃那就是失职，必须追究法律责任。

依法行政也常常体现为"法无授权不可为"，即指国家公权力的行使必须经过法律授权，没有经过法律授权不能乱作为，"法无授权不可为"同时意味着"法无授权即禁止"。各级党政机关的任何权力行为必须有法律根据，没有法律根据的事就不能做。"法无授权不可为"现已成为法治国家通行的法律原则，也应该成为全社会共同遵守的法则。"法无授权不可为"不但要求各级党政机关和司法机关要依法执政更要依法行政、依法办事；同时要求各级组织和国家机关出台的政策规定，都必须取得法律授权，于法有据，以保证权力在法律框架内运行。

　　依法行政在行政法治语境中蕴含行政合法化逻辑，其本质上是通过要求行政活动符合法律，使行政获得形式"合法律性"。但是，由于"法"的多样化和行政的政治化，依法行政逻辑所需要的前提条件已很难得到满足，这导致其在当代行政的现实情境中面临合法化能力的匮乏。因此，需要通过拓展依法行政的合法化逻辑，引入"通过理性的合法化"模式和"通过参与的合法化"模式，以构建一种"复合的行政合法化框架"，将依法行政、科学行政、民主行政相统一，从形式和实质维度拓展行政的合法化资源。①

　　纵观世界范围内依法行政演变的共同趋势可以概括为：一是依法行政的范围逐步扩大。法国在行政法的基本观念方面由公共权力理论而至公务理论、公共利益理论、新公共权力理论；德日两国特别权力关系范围逐步缩小，反射性利益理论被事实上的利益理论取代；美英司法审查范围逐步扩大等等，这些无一不说明依法行政的范围在日趋扩大。依法行政范围的扩大，一方面说明行政权日趋扩张，另一方面说明加强公民权的保障亦日益受到重视。二是依法行政的价值取向趋于权利保护和公益维护并重。在这方面，大陆法系与英美法系恰好从相反的方面走向同一共同点，体现了两大法系的融合。战前，以法德日为代表的大陆法系尤其是德日两国，强调行政权的优越，突出对"公共利益"的保护，而对公民权的保障有所忽视。而以英美为代表的普通法系深受以戴雪为代表的规范主义影响，强调对行政权的制约，对公民权的保护格外重视，控权论是其行政法的主导理论。"二战"以后，国民主权原则在德日被确立，人权保障思想在世界范围内兴起，社会集体权利亦被充分重视。在这种背景下，德日行政法接受了英美行政法的改造，英美行政法亦深受大陆行政法尤其是法国行政法的影响，开始注重对公共利益的保护，并有"绿灯"理论产生。公益与私权的平衡是西方依法行政的一大趋势。三是依法行政的程序逐步走向法治化。面对行政权的不断扩张，为了防止其被滥用，西方各国逐渐认识到以行政程序控制行政权的重要性，并逐步建立了行政程序法律制度。现代行政程序法渊源于英国，发展于美国，传播到世界各国。英美行政法的核心有两个，即司法审查和行政程序。大陆法系受英美的影响，亦开始注重行政程序法治化，德日均已制定行政程序法典，法国亦已制定几个单行的行政程序法。虽然两大法系行政程序制度不尽一致，如德国将行政契约、日本将行政指导纳入行政程序法调整范围，而英美则与此不同；但它们毕竟

---

① 王锡锌：《依法行政的合法化逻辑及其现实情境》，载于《中国法学》，2008年第5期。

同属行政程序制度，它们均规定了行政行为的法定程序，规定了听证制度，且有相互融合的趋势，都注重对行政权的制约和对公民权利的保护。行政程序法治化应是西方依法行政的共同发展趋势。四是依法行政的手段多样化。传统依法行政手段单一且多以强权作后盾，其模式是"命令—服从"。行政指导、行政契约的兴起，改变了单一的依法行政手段，且行政指导、行政契约等属于非权力行为，不实行强制。无论是大陆法系还是英美法系，行政指导与行政契约手段均被普遍采用，它体现了现代依法行政的民主精神，体现了对行政相对人的尊重。①

（二）公共资源交易管理的借鉴

公共资源交易管理实际上是行使公权力或者行政权力的过程。在这个过程中，行使行政权力的机关应该接受依法行政理论的指引，并按照依法行政的要求行使行政权力，以保证公共资源交易管理的过程就是依法行政的过程。具体说来，第一，所有参与到公共资源交易的公共管理部门都应该遵守依法行政的基本要求；第二，行使公共资源交易管理权的机关除要严格依法定程序外，还要结合国家行政改革的精神积极创新改革，提高行政效率。

第四节　公共资源交易管理的原则

一、基本原则界定

基本原则或称基础原则，是指贯穿于某个领域，或某类活动全过程的基本准则。而要谈公共资源交易的基本原则需要从公共资源交易所属的管理学科说起。

管理作为最为基本概念，对其内涵的界定，不同学派对其有不同的定义。"科学管理之父"、科学管理学派的代表人物弗雷德里克·泰罗（Frederick Winslow Taylor）在其《科学管理原理》中认为："管理就是确切地知道你要别人干什么，并使他用最好的方法去干"。在泰罗看来，管理就是指挥他人能用最好的

---

① 袁曙宏、赵永伟：《西方国家依法行政比较研究——简论对我国依法行政的启示》，载于《中国法学》，2000 年第 5 期。

办法去工作。决策理论学派代表人物西蒙（H. A. Simon），也是 1978 年诺贝尔经济学奖获得者认为：决策贯穿管理的全过程，管理就是决策，组织就是决策，组织是由作为决策者的个人所组成的系统。行为科学学派代表人物梅奥（E. Mayo）、马斯洛（A. H. Maslow）、麦格雷戈（D. McGregor）、卢因（K. Lewin）以及穆顿（J. S. Mouton）等则从人际关系角度出发，则更强调组织的动力学过程，并更看重以人为本的管理方法和方式。当然，更多的人则是从管理的职能出发，认为管理就是为了特定的目的而实现的计划、组织、指挥、协调和控制，等等。尽管人们对管理的含义并没有形成绝对统一的看法，但是，我们还是能够找到其共同的点，那就是管理是由管理者为了实现特定的目的，在一定的环境中通过调动一定的人力和物力资源而进行的社会实践活动。

不言而喻，管理是一种活动，也是一个过程。当然，在这个过程中就要遵循一定原则，否则管理就会失去方向。管理原则也就是从管理实践中总结出来的适用于所有管理活动的行为准则，也可以称之为对管理活动的科学总结。

公共管理作为管理的一个分支，也是一项公共部门的实践活动，同样要遵循管理的一般原理，但同时也应具有贯穿公共管理全过程的准则，这些准则就是基本原则。

公共资源交易则是公共管理的一个分支。所以，公共资源交易原则除应遵循公共管理的基本原则外，当然还应该包括贯穿于整个公共资源交易全过程且具有公共资源交易独特性的规则，即公共资源交易的基本原则。当然，公共资源交易的这些独有原则是由公共资源交易本身的性质和地位决定的。

二、基本原则内容

（一）一般管理的基本原则

管理的基本原则也有人称之为管理的基本原理，它是指对现实管理现象的抽象，并适用于所有管理活动，既适用于私人管理，也适用于公共管理的共通性原则。那么，这些管理的基本原则到底有哪些呢？

尽管许多管理学教材和著作回避了这个问题，但是从不同的管理学流派对此的总结看，我们还是能够归纳出些基本原则的。如在一般管理学中总结的原则有：第一，系统原则。简单地说，系统原则认为，任何社会组织都是由人、物和信息组成的系统，管理就是对系统的管理。为此，这就意味着管理就要从全局出发，强调系统内的各个要素作用发挥，科学分解，并强调综合组织，注重整体功能的发挥。人们往往用"蝴蝶效应"的案例来解释系统原则。

第二，人本原则。人本原则或称人本主义原则是基于人在管理中的主体地位出发，强调以人为本的管理思想，要求管理者在管理过程中注重激发人的能动性和创造性、重视人的需求，尊重人的价值。具体说来，在管理活动中，都要以人为中心，所有的管理活动的根本目的就是服务于人。

第三，效益原则。效益是指投入与有效产出的比例，既包括经济效益，也包括社会效益和行政效益。具体说来，效益是一切管理活动的根本目标，也是所有组织都追求的目标。当然，任何管理活动，既要考虑长远效益，也要兼顾短期效益；既要考虑全局效益，也要考虑局部效益。

第四，责任原则。责任原则就是责权利相当原则，即任何组织或个人所享有权力、利益和其承担的责任都应该是相匹配、相适应的。具体表现在一般管理活动中应该做到：每一个组织或个人职责明确、奖惩分明。

（二）公共管理的基本原则

公共管理是否有基本原则是一个仁者见仁、智者见智的问题。在众多的《公共管理学》教科书中，绝大部分并没有提到。但也有教材和百度搜索上[①]提到一些基本原则，如人本原则、服务原则、效能原则、均衡原则等。

公共管理作为一项实践活动，当然应该有其贯穿于整个公共管理全过程的指导性原则，尽管众多公共管理学的教材并没有单独列出，并不意味着客观的实践中不存在。实际上，公共管理学者们研究性论文中都谈及到了。张康之教授指出：公共性是公共行政的根本性质，它决定着政府的目标和行政行为的取向。当代公共行政需要在对维护公共利益、提高公共服务的品质、鼓励行政人员的创新意识和加强责任感之中来表现公共性。[②] 学者陈干全提出：公共管理包含传统公共管理（公共行政）和现代公共管理两个不同范式。其中，传统公共管理（公共行政）以效率原则为核心价值取向，现代公共管理则应该主要追求公平、正义等民主价值观。[③] 学者陈晓杰、曹政也认为：追求效率是传统公共

---

① http：//baike. baidu. com/link? ur.
② 张康之：《论"公共性"在公共行政中的实现》，载于《东南学术》，2015 年第 1 期。
③ 陈干全：《论公共管理原则取向》，载于《中山大学学报》，2003 年第 1 期。

行政理论的核心价值观，也一直是公共管理的基本原则之一。在对传统公共行政
的批判过程中，追求公共利益成为公共管理的核心价值观，也成为政府改革的目
标。但是效率这一价值观的地位却没有完全被抛弃，仍是政府核心价值观之一。[①]
也有学者指出：兴起于治理时代的公共价值管理理论是以公共价值为基础的公共
管理理念，它超越了传统公共行政和新公共管理理论，将成为未来公共管理的主
导理论之一。公共价值的概念是多元且抽象的，公共价值发展到公共价值管理是
质的飞跃，是公共管理途径的创新，公共价值管理的核心目标是创造公共价值。[②]

    因此，尽管学界对于公共管理的基本原则并没有达成共识，或称尚在争议
中，但我们认为有些原则还是可以确定的。第一，公共性原则或公共利益原
则。公共性、公共价值或称公共利益原则应该是公共管理的最为基本的原则，
也一直贯彻于公共管理全过程。第二，服务性原则。公共管理就是公共服务的
表达尽管有些极端，但却表达了公共管理的原则问题，即一切以服务为导向，
在管理过程中始终贯穿着服务。第三，效率原则。不管是传统的行政管理，还
是现代的公共管理，提高行政效率、效能、效果始终是公共行政和公共管理追
求的目标，也是公共管理永恒的原则。第四，参与原则。公共管理不同于私人
管理的一个重要区别在于尊重每个人的权利，鼓励每一个个体通过合法合理的
途径积极参与。只有个体的积极参与并自由表达意志，才能确保公共管理实践
体现其应有的价值。

（三）公共资源交易的基本原则

    公共资源交易来自于政府配置资源方式的创新，即市场化配置公共资源，同
时又属于公共管理的范畴。所以，公共资源交易既应该遵守市场化配置资源的原
则，又要遵守公共管理的基本原则，而这些两类原则的交叉或重叠部分就是公共
资源交易特有的原则。

    根据 2017 年 1 月中共中央办公厅、国务院办公厅颁布的《关于创新政府配
置资源方式的指导意见》，结合以上公共资源交易的特点，其基本原则为：第一，
平衡效率和公平原则。公共资源通过市场交易是对政府直接配置公共资源的改革

---

① 陈晓洁、曹政：《传统与现代公共管理核心价值观对比与分析》，载于《管理纵横》，2009 年第
10 期。
② 韩兆柱、翟文康：《公共价值管理理论及其在中国语境下的应用研究》，载于《公共管理与政策评
论》，2016 年第 4 期。

与创新，其目的就是要提高配置公共资源的效率，而公共资源的性质又决定了其
必须公平、公正。为此，在充分发挥市场机制作用、拓展竞争性配置的公共资源
范围，以资源配置方式创新推动实现公平配置、提高效率的同时，也要充分考虑
如何更好地实现全体人民公平分享公共资源。第二，遵循分类和渐进原则。公共
资源具有类别多、范围广、差异大等特点，而将这些公共资源推向市场，必须统
筹规划，要坚持从体制上改革突破，构建科学、合理、规范的公共资源配置长效
机制入手。为此，公共资源交易的全过程都要充分考虑不同类别公共资源的不同
情况和特点，并要科学分类、精准施策、循序渐进。第三，监管和自律相结合原
则。公共资源交易连接着政府和市场主体，蕴含着巨大的经济利益。因此，强化
监管是公共部门的法定责任。但是，公共资源交易本身又是一个市场主体的行
为，充分尊重市场主体的意志、发挥各个个体的自律和自觉行为则同等重要。从
监管角度看，要严格区分政府资源配置职能和监管职能，创新资源配置监管方
式，并要实现对公共资源配置的动态和全程的监管；从自律角度看，要积极发挥
市场主体的积极性、建立和健全行业协会和其他社会组织的行业自律作用，以确
保公共资源交易的廉洁公正。第四，线上和线下相结合原则。随着"互联网＋"
技术的日趋成熟，公共资源交易必然要积极回应这个技术变革。在进行公共资源
交易体制机制创新变革基础上，"要整合分散设立的各类公共资源交易平台，立
足公共服务职能定位，完善管理规则，优化市场环境，着力构建规则统一、公开
透明、服务高效、监督规范的公共资源交易平台体系"[①]，在强化大数据、云计
算、互联网等信息技术，着力推进公共资源交易全过程电子化，实现公共资源交
易全流程的公开透明和信息的互联互通、共有共享。

【材料阅读】

《理论的建立与发展》（节选）

理论的作用

我们从学术的角度，探讨理论的主要作用［参见古德（Goode）与哈特
（Hatt），1952：9－12］和理论的导向作用。每一门科学和专业都是对现实及客

---

① 中共中央办公厅、国务院办公厅：《关于创新政府配置资源方式的指导意见》（2017年1月
11日）。

观世界的抽象和提炼。一个理论体系的主要作用是对所要研究的事实范围进行压缩，突出研究与某一现象相关的几个重要方面，而不是所有方面。唯此，科学工作才能被减少到可以管理的程度。理论有助于决定什么事实是相关的。

理论的概念化和分类作用。我们知道，每一门科学都是由概念构建起来的，这些概念涉及主要过程与研究的客体，这些概念构成科学家使用的专门词汇。科学的变化伴随着重要概念的演变，在不同时期，不同的现象成为研究的主旋律。科学的一项主要任务是发展分类系统，对概念进行组合。每一学科的众多理论，作为学科发展的主线条，对于概念的组合、演变和分门别类起到了凝聚作用。

理论的总结作用。科学的一项重要任务是从纷繁复杂的现实世界中总结、提炼出带有规律性的关系，即理论。一是经验式总结，二是命题间关系体系的建立。随着经验式总结的不断积累，理论的整合会发展到一个更广泛的层次。牛顿的三大定律是其时代力学规律的高度总结和概括；而爱因斯坦的相对论则是20世纪时空观的一场革命。

理论预测事实。理论不仅有总结功能，同样有预测作用。如果我们通过研究发现在美国贫穷是导致青少年犯罪的主要原因，我们就预期美国的贫民区青少年犯罪率高于中产阶级居住的城镇。当然，这一贫穷导致犯罪率高的理论不一定能适用于别的国家和地区。内在的有效性不等于外在的有效性。在社会科学领域，将一定时期和地区发展起来的理论外延至其他时期和地点需要格外谨慎。

理论指出知识的空白之处。既然理论有总结事实和预测事实的功能，理论也就能指出我们现有知识的空白之处。验证现有的理论与事实相符是一项重要研究；如果通过经验式研究发现事实与公认的理论不符合，则有可能修补、完善现有理论，甚至发现和建立新的理论。

因果关系及其标准一个假说是指两个或多个变量之间未经测试或证实的相互关系［弗策斯（Forcese）和里奇尔（Richer），1973：40］。建立理论即是要建立自变量与因变量之间的必然联系，证实假说的正确性。检验因果关系的存在通常有四项标准（Babbie，1975；Labovitz and Hagedorn；1971）。第一，因果关系的存在要求在自变量与因变量之间从时间上看原因要先于结果。当然，现实世界总是纷繁复杂的。有时两个变量之间互为因果关系。在鸡生蛋还是蛋生鸡的逻辑关系中，如果我们考查具体的某一鸡蛋和母鸡，其关系是容易明朗的；如果任务是发现"鸡"与"蛋"孰先孰后的逻辑关系，则要上溯到鸡的起源。第二，因果关系的存在要求在自变量与因变量之间要有相关性，即用统计学中的回归分析技术得出较高的相关系数。第三，观察到的相关系数不能用其他变量解释。有的关节炎患者用他们的关节炎发作来预测下雨。尽管预测有一定的准确性，但关节炎发作与下雨之间没有因果关系（但两者之间有相关性）。较高的湿度导致关节炎发作。又比如，有人发现，穿裙子的人越多，冰棍卖得越多。用统计分析发现两者确有较高的相关系数。但这并不是说，穿裙子者造成冰棍的销售。其实，天气炎热才是穿裙子者众多与冰棍易销售的共同原因。第四，根本原因。就是说，不仅自变量在前，因变量在后，而且的确是自变量导致了因变量的发生。比如，如果说破裂的家庭容易产生青少年犯罪，这可能是由于破裂的家庭经济状况不佳，或对子女缺乏监督，或两者兼而有之，或别的原因（如心理的颓废、自暴自弃等）。

理论的建立

理论源于实践，源于对客观世界知识的认识和把握。那么，知识的源泉来自何方呢？简言之，知识源于观察、权威、传统和直觉（Fiske，1985）。观察即我们对每日发生的政治、经济、社会、文化等诸多领域的事件、现象等问题的观察。权威即来自专家、学者的意见、见解和理论思想等。传统是指人类文明的结晶，即过去知识的总和。而直觉是基于观察、权威、传统等基础上对问题的领悟和洞察。应该说，一些知识是真知灼见，而另一些知识可能是谬误和偏见。作为学者，对于源于观察、权威、传统和直觉的知识应该有质疑的勇气，应该有批判的精神。

理论的产生有两个途径，一是归纳推理，二是演绎推理。归纳推理是指从具体到抽象的积累和总结过程，就是从金字塔的底部开始具体的观察事实到代表金字塔顶点的高度抽象概念和命题。演绎推理与归纳推理正好相反，从金字塔顶部的高度抽象到其底部的具体事实、现象的预测（Fermin & Levin，1975）。西方社会科学中常用的归纳推理方法是"扎根理论"（Grounded Theory）。"扎根理论"是由戈拉瑟（Glaser）和斯特劳斯（Strauss）于1967年首次提出。该理论强调学者大脑中对某问题事先没有理论假说，而是通过收集和分析资料，建立理论模型（Glaser & Strauss，1967）。对于多数定量研究而言，其理论产生过程为：（1）建立理论假说；（2）收集相关数据；（3）用统计模型测试自变量与因变量之间的相关性；（4）得出自变量与因变量是否相关，在多大程度上相关的结论，并进而推之其因果关系，验证理论假说的正确性。有的理论家只提出理论，证实或证伪的工作留给他人或实践。爱因斯坦的相对论就留给了其他科学家证实。蒂伯特（Tiebout）在20世纪50年代提出的"用脚投票"的理论就有随后一千多项研究证明其适用范围和条件。不少学者也在纷纷证实或证伪以尼斯坎能（Niskanen，1971）为代表的公共选择学派所提出的"政府官员追求最大化预算"的理论。

有的理论，放之四海而皆准，不受时间和空间的局限。多数理论随着时间空间的变化而改变。自然科学如此，社会科学更是如此。在《科学革命的结构》一书中，奎恩（Kuhn，1996）准确的捕捉了自然科学理论的范式转变。在他看来，成为范式的理论可能优于其竞争者，但却不能指望它能解释所有事实。成为范式的理论往往是对前人理论的补充和完善，而不是推翻或完全替代。牛顿曾经说过，我之所以比别人看得远，是因为我站在了巨人的肩上。掌握和驾驭前人发展起来的理论是我们有所创新和发展新理论的前提。建立的理论并不是一成不变，而往往是随着时间和环境的变化而变化，建立新的理论以指导新的实践。这里以农村包围城市的理论为例。在20世纪20年代末的中国，"农村包围城市"理论的形成，经历了"上山"思想、"工农武装割据"概念、从"城市中心论"到向"农村为重点"的转变等10余年的争论和达成共识的过程（林虹，1998）。进入解放战争，国内形势发生巨大变化。毛泽东又适时提出工作重心应从农村转移至城市，并在党的七届二中全会上明确指出，"从1927年到现在，我们的工作重点是在农村，在乡村聚集力量，用乡村包围城市，然后取得城市。但从现在起，党的工作重心由乡村移到城市。"（林虹，1998：138）。在这一理论思想指导下，全党把工作重心逐渐转到城市，去管理和建设城市。实践表明，这种新的理论指导是必需的，也是成功的。

理论的评价

对一个理论如何评价呢？我们应当运用什么标准评价理论？我们怎样才能知道一个理论是有效的还是无效的？我们知道，实践是检验真理的唯一标准，但具体指标是什么呢？通常情况下，我们可以运用以下四个标准来作出上述评价：（1）理论的解释能力（和预测能力）；（2）理论的适用范围；（3）理论的简洁程度；（4）理论的成就（Ferman & Levin，1975）。理论的解释能力（和预测能力）。一个有效的社会科学理论应当能够解释社会或政治现象。与社会科学相关联，"解释"有两层内涵。首先，解释增加了我们对于所研究现象原因的理解。这意味着理论产生的结果被暂时接受。其次，解释是指对假说的经验式测试。如果一个假说受到研究结果的支持，则可以说理论能够解释部分资料。然而，如果一个假说被证明不成立或被否定，那么，该理论就不能被认为有效的解释了相关现象。社会科学家准确地预测事件发生的能力依赖于对假说的经验式测试。如果原因必然导致结果，那么自变量的存在必然导致因变量的发生。不过，社会科学理论的预测能力至今尚不能与自然科学理论的预测能力相比拟。

理论的适用范围。如果两个理论都能解释同一现象，就需要比较哪个理论能够解释更多的现象，能有更宽的适用范围。适用范围宽的理论更有效。鱼竿能钓鱼，渔网能捕鱼，显然渔网的适用范围更宽、更有效。理论的简洁程度。简洁的理论不需要太多的前提和命题去解释现象。

理论的成就。这里，理论的成就是指理论产生新的追问和发现的能力。前面提到蒂伯特的"用脚投票"的理论就有随后的一千多项研究，又产生许多新的发现和追问。铁博的原创理论就有很大的成就。

（资料来源：张梦中，［美］马克·霍哲（Marc Holzer）：《理论的建立与发展》，载于《中国行政管理》，2011 年第 12 期。）

【问题思考】

1. 什么是理论，理论的表达方式或表现形式是什么？

2. 中国的公共管理或公共资源交易管理有哪些理论？

【参考文献】

1. ［美］R. H. 科斯、阿尔钦、诺思：《财产权利与制度变迁：产权学派与新制度学派译文集》，刘守英译，上海人民出版社 1994 年版。

2. ［美］罗伯特·B. 登哈特：《公共组织理论》，扶茂松、丁力译，中国人民大学出版社 2003 年版。

3. 丁煌：《西方公共行政管理理论精要》，中国人民大学出版社 2005 年版。

4. ［美］埃里克·弗鲁博顿、鲁道夫·芮切特：《新制度经济学：一个交易费用分析范式》，陈昕译，上海人民出版社 2006 年版。

5. 王丛虎：《公共管理案例分析——法学和管理学双重视角》，中国人民大学出版社 2007 年版。

6. ［美］诺思：《制度变迁与经济绩效》，杭行译，格致出版社 2008 年版。

7. ［美］罗伯特·B. 登哈特、珍妮·V. 登哈特：《新公共服务：服务，而不是掌舵》，丁煌译，中国人民大学出版社 2010 年版。

8. ［美］托马斯·R. 戴伊：《理解公共政策》，谢明译，中国人民大学出版社 2011 年版。

第三章

公共资源交易的制度基础与组织运行

【导读】

任何事项的运行都需要制度约束，没有制度也就没有事项的运行；任何制度都是由组织执行的，而制度本身也都是由有关人和组织的规则体系构成。

每一个组织都有其自身的目标和任务，这是其赖以存在的基础。而每一个组织能够得以产生，也都有其合理性。对于公共组织而言，这种合理性和法律性则要求更加严格。这是因为，任何公共组织的产生都应该基于其公共目的、公共利益和合法程序。更为具体说，设立一个公共组织都需要公共的人员、公共的财政、公共的物力等的支持。

公共资源交易到底应该有哪些组织参与呢？其实这是一个很有意思的问题。经济学上称，卖家多买家少就是买方市场，反之就是卖方市场。而在公共资源交易领域则情况不尽相同。不同国家或者同一国家的公共资源交易的环境不同决定着公共资源交易的参与者不同。事实上，在市场经济发展的今天，参与到买卖（即交易）的主体非常复杂。公共资源交易管理更关心的是在公共部门这一方（不仅仅简单的指买方，也包括卖方）参与的组织应该有哪些？这些组织都应该有哪些职能和责任？它们之间的关系应该是什么样的？

第一节　公共资源交易的制度基础

战国·邹·孟轲《孟子·离娄上》："离娄之明，公输子之巧，不以规矩，不能成方圆。"字面意思是说，即使有离娄那样明亮的眼睛，公输子那样的巧匠，不凭规和矩，也画不成方圆。万事万物离开规则或制度做基础，都将不能运行。

一、公共资源交易的制度概论

何谓制度？我国《辞海》解释为：第一，要求成员共同遵守的、按一定程序办事的规程或行动准则，如：工作制度，学习制度。第二，在一定历史条件下形成的政治、经济、文化等各方面的体系。如：社会主义制度。第三，旧指政治上的规模法度。《汉书·元帝纪》："汉室自有制度，本以霸，王道杂之。"[1] 360 百科则从一般含义的角度，将制度解释为"要求大家共同遵守的办事规程或行动准则，是实现某种功能和特定目标的社会组织乃至整个社会的一系列规范体系。汉语中'制'有节制、限制的意思，'度'有尺度、标准的意思。这两个字结合起来，表明制度是节制人们行为的尺度。制度包括可辨别的正式制度和难以辨识的非正式制度。"

简单地说，制度就是一系列规则的总和，既包括通过一定程序产生的正式规范，也包括一些非正式的潜在规则和习惯。任何领域都离不开制度的约束。制度也是一种秩序，制度的制定也就是要确定一定的秩序内容。在经济学领域有专门的制度经济学，即把制度作为研究对象的一门经济学分支。它研究制度对于经济行为和经济发展的影响，以及经济发展如何影响制度的演变。制度经济学又发展出了不同流派。这些足以说明制度的重要性。当然，与经济学不同，公共管理学和公共政策学则是整个学科都以制度为中心展开，研究制度的形成、发展、执行和评估等有关制度的所有内容。从某种程度上说，公共管理学和公共政策学都是关于制度研究的学科。

公共资源交易同样应该建立在一系列制度的基础上。应该说，没有相应的制度规范，也就没有公共资源交易的运行。公共资源交易作为公共部门最为复杂的行为之一，没有相应的制度约束和规范，就无法进行有序交易，也谈不上正常的交易秩序。公共资源交易的制度也有广义和狭义之分。广义的公共资源交易制度包括所有的有关公共资源交易直接或间接的程序和规则；狭义的则是指直接规范公共资源交易行为的法律、法规、规章和政策。

---

[1] 《辞海》：上海辞书出版社 2002 年版，第 2197 页。

　　毫无疑问，制度都是特定时期和特定环境的产物。制度的产生或制定需要遵循相应的规律。我国公共资源交易整合的产生和推行有其内在逻辑，即是其本身所具有的共性的必然要求。尽管政府采购、医疗采购、建设工程招投标、产权交易、土地使用权买卖等公共资源交易特征、方式方法、程序等各有不同，但其本质上却存在诸多共性，即都属于公共部门和私人部门进行交易的公共市场行为，所涉及的交易对象都属于公共资源，交易双方的主体都必然有一方代表国家，都需要遵循公共市场交易的基本规律、原则和规范等。当然，至于如何找出特定时期和环境下公共资源交易所遵循的制度规律，则是一个需要探讨和深入挖掘的问题。

二、公共资源交易的法律制度基础

（一）公共资源交易法律概论

　　公共资源交易法律基础是一个大概念，是指调整公共资源交易所有的通过法定程序产生的规则及原理的总称。从理论上讲，理解公共资源交易法律可从三个层面展开，也被称之为分析公共资源交易法律的框架，即包括法律的理论基础、原则基础和规则基础。具体说来，理论基础是公共资源交易的出发点和立足点，即解决公共资源交易法植根于何种理论的问题；原则基础是公共资源交易法律的原则和方向问题，即解决法律的目的、原则、导向问题；而规则基础是公共资源交易法的实现问题，即表现为构建规则体系的完整性和衔接性，是解决公共资源交易法在当下的现实性、可行性和可操作性问题。[①]

　　第一，就公共资源交易法律的理论基础而言，以我国《宪法》第十五条规定的"国家实行社会主义市场经济。国家加强经济立法，完善宏观调控"为基础，实现市场配置资源起决定性作用的前提下，交易费用理论和公共性原则应成为其理论基础和逻辑起点。公共资源交易作为公共部门联系私人部门最为频繁的领域，也是政府与市场连接的桥梁，其市场属性、交易属性决定了理论基础为交易费用理论。[②] 交易费用理论代表人物威廉姆森基于"有限理性"的假设出发，提

---

　　① 王丛虎、吴鹏、马文娟：《我国公共资源交易统一立法问题分析》，载于《国家行政学院学报》，2017 年第 3 期。
　　② 王丛虎：《公共资源交易平台整合的问题分析及模式选择——基于交易费用和组织理论的视角》，载于《公共管理与政策评论》，2015 年第 1 期。

出了"市场和组织之间的选择随交易成本而变化"。具体说来，追逐交易成本最小化的效率规律决定了对经济活动的不同组织形式和行为的选择：即不同的交易成本可以导致不同的组织之间的关系，不同的交易成本可以导致不同的组织内部结构，不同的交易成本可以导致市场和组织之间，甚至不同组织之间的选择。[1]交易费用理论很好地解释了资源交易中普遍存在的规律，而将分散的公共资源交易集成到统一平台的做法也进一步验证了交易费用理论。然而，公共资源交易本身特有的公共属性则又注定其必须超越一般性交易，而被赋予要承载更多公共性的职能，即基于公共利益出发、满足国家宏观调控的需要，发挥治理工具的作用等。由此可见，这些特征是公共资源交易法律的逻辑起点。

第二，就公共资源交易法律的原则基础而言，我国行政法中的"依法行政、权力法定"以及《民法通则》第四条："民事活动应当遵循自愿、公平、等价有偿、诚实信用"等基本原则无疑是公共资源交易法律的基础。由碎片转向整合、由单一转向多元、由管理转向治理则应成为构建法律体系的原则和方向。不管交易方式是买还是卖，也不管交易的对象是实物还是服务，只要具有公共性特征则都应属于公共资源交易的范畴。我国当下涉及到建设工程招投标、政府采购、国有产权交易、国有土地出让、药品和医疗器械的购买等领域的交易显然都在这个范畴之内。不可否认，公共资源交易的整合从属于公共管理的范畴，公共资源交易的规范体系离不开公共管理变革的环境和治理的体系。[2] 由于具有公共属性、市场属性，在当下的整体政府、网络化和协同治理的大势下，由分散走向整合的趋势已不可阻挡。而我国公共资源监管所经历的不同时期的变化：即"征用"、"交换"、"交易"三个发展阶段，暴露出的权力监管体制不完善、交易管理过程不规范、社会监督渠道不通畅等问题也为重构我国公共资源交易的法律统一性提供了契机。[3] 然而，仅仅看到公共资源交易中的行政功能是远远不够的，从国际范围内看，公共资源交易还承载着更多元化的功能，如外交功能、社会文化功能和经济调控功能等。除此之外，公共资源交易的统一立法也不能停留在对交易的单纯政府管制上，而应该让更多主体或者利益团体参与其中，以形成社会共治的

---

① 周雪光：《组织社会学十讲》，社会科学文献出版社 2003 年版，第 27、63 页。

② Steven Kelman. Procurement and Public procurement：the fear of discretion and the quality of government performance. Washington D. C.，The American Enterprise Institute for Public Policy Research，1990（1）：29.

③ 邱安民、廖晓民：《论我国公共资源交易及其权力运行规范体系构建》，载于《求索》，2013 年第 5 期。

协同治理。

第三，就公共资源交易法律的规则基础而言，我国《物权法》第三条规定的"国家实行社会主义市场经济，保障一切市场主体的平等法律地位和发展权利"和《合同法》第四条规定的"当事人订立、履行合同，应当遵守法律、行政法规，尊重社会公德，不得扰乱社会经济秩序，损害社会公共利益"等无疑应成为其规则基础。但同时，也应该注意到我国行政法领域契约精神认同感的提升，以及 2015 年最高院司法解释将行政协议纳入行政诉讼的现实意义。为此，公共资源交易法律的规则基础既要考虑行政权的作用发挥，又要遵循平等主体间合同自由的规则要求。这样，以中央、综合立法为主、具有整体性的多层级和可操作性的规则体系，同时又能兼容行政法规则与民事法规则于一体则应成为公共资源交易法律的目标和愿景。

（二）公共资源交易法的法源与发展

公共资源交易法的法源是指规范公共资源交易行为的规则表现形式。从理论上讲，有关公共资源交易法的法源应该是完整体系。按照法律的效力等级及成文法的标准可以列举如下：

第一，宪法层面。公共资源交易涉及公共利益、宏观经济调控等重大问题，公共资源交易法律应该有宪法上的依据。目前我国有关国有土地的出让是依据《宪法》第十条所规定的"城市的土地属于国家所有。农村和城市郊区的土地，除由法律规定属于国家所有的以外，属于集体所有；宅基地和自留地、自留山，也属于集体所有。国家为了公共利益的需要，可以依照法律规定对土地实行征收或者征用并给予补偿。任何组织或者个人不得侵占、买卖或者以其他形式非法转让土地。土地的使用权可以依照法律的规定转让。一切使用土地的组织和个人必须合理地利用土地。"

第二，法律层面。结合公共资源交易的具体内容，其法律渊源主要表现为法律层面，即立法机关制定的法律。如全国人民代表大会于 1999 年通过的《中华人民共和国合同法》，以及全国人民代表大会常务委员会于 1986 年通过的《中华人民共和国土地管理法》，1996 年通过的《中华人民共和国拍卖法》，2000 年通过的《中华人民共和国招标投标法》，2002 年通过的《中华人民共和国政府采购法》都属于公共资源交易的法律层面的表现形式。与此相对应的，一些发达国家都有由立法机关通过的法律，如美国议会、韩国议会等都通过了相应法律来规范公共资源交易活动。

第三，行政法规层面。行政法规是指由国务院依照法定程序制定并颁布的规范性文件，如 2011 年国务院通过的《中华人民共和国招标投标法实施细则》，2015 年国务院颁发的《中华人民共和国政府采购法实施细则》等。

第四，地方性法规层面。地方性法规是指根据《中华人民共和国立法法》的规定，享有立法权的各级地方人民代表大会制定的有关公共资源交易的规范性文件。如湖北省人民代表大会常务委员会 2015 年通过并颁发的《湖北省公共资源招标投标监督管理条例》，2013 年安徽省合肥市人大常委会颁布的《合肥市公共资源交易管理条例》等。

第五，规章层面。规章包括部门规章、地方规章两类，其中部门规章是指中央各部委、国务院直属机构等依法颁布的规范性文件，如发改委等十四部委2016年联合颁布的《公共资源交易平台管理暂行办法》，财政部 2017 年颁发的《政府采购货物和服务招标投标管理办法》（也称财政部 87 号令），国家发展改革委 2013 年颁布的《电子招标投标办法》等等；而地方规章则是指地方有立法权的各级人民政府颁布的地方规章，如 2014 年安徽省人民政府颁布的《安徽省公共资源交易监督管理办法》等等。

第六，司法解释层面。司法解释是指最高人民法院在审判实践中为了指导审判工作所做的规范性文件。与审理公共资源交易案件有关的司法解释，如 2015 年颁布的《最高人民法院关于适用〈中华人民共和国行政诉讼法〉若干问题的解释》的第十一条规定："行政机关为实现公共利益或者行政管理目标，在法定职责范围内，与公民、法人或者其他组织协商订立的具有行政法上权利义务内容的协议，属于行政诉讼法第十二条第一款第 11 项规定的行政协议"。该条与公共资源交易的行政诉讼直接相关。

第七，国际条约与协定层面。我国加入或正在加入的国际条约和国际协定都可以成为公共资源交易的法源，如《承认与执行外国仲裁裁决公约》、世贸组织协定，以及正在加入的世贸组织的《政府采购协议》等等。

（三）公共资源交易法律内容与完善[①]

我国公共资源交易起步较晚，目前尚没有一部统一的公共资源交易的法典，

---

① 本部分主要参考了王丛虎、吴鹏、马文娟：《我国公共资源交易统一立法问题分析》，载于《国家行政学院学报》，2017 年第 3 期。

有关公共资源交易的各个类别的法律规范分散在不同的法律本文中。这与发达国家，如美国、韩国等有统一的法典不同。

从法律规范的角度，公共资源交易管理的法律应该包括如下内容：（1）公共资源交易总则。总则部分应该包括公共资源交易的目的、原则、概念、适用范围等基本内容。（2）公共资源交易组织体系。组织体系部分应该包括参与到公共资源交易各个不同组织，以及这些组织的职责范围、运行方式、相互关系等内容。（3）公共资源交易的运行过程。运行过程部分应该包括公共资源交易的各个具体环节，以及各个环节中各个组织的职能和责任等内容。（4）公共资源交易的类别和方法。该部分应该包括公共资源交易的不同类别界定和总的要求，以及不同交易的方式方法的具体规定等。（5）公共资源交易的监督管理。监督管理部分应该包括具体监督的对象、方法、程序以及处理结果等。（6）公共资源交易的法律责任。法律责任部分应该包括具体违法的不同情形及其相对应的罚则等内容。

不可否认，我国公共资源交易的法律问题还有待进一步完善。第一，应该启动公共资源交易的综合性立法，补充中央综合性立法空缺。依据宪法，基于市场经济和公共利益的需要，从公共资源交易规范的共性出发，可以考虑由全国人民代表大会制定一部基本法律，即《中华人民共和国公共资源交易法》。该法作为规范公共资源交易的总章程，主要对公共资源交易的概念、目的、原则、对象、组织、流程等内容进行统一规范，补充综合性立法的缺失，以起到对各个领域的公共资源交易法律法规的统领作用。第二，应该进行法律法规的清理工作，消除法律体系中的抵触与冲突现象。统一立法不仅表现为形式的完整统一，更为重要的是实质内容的完整统一。为此，针对现状，需要对现有的涉及公共资源交易的法律、法规、规章和其他规范性文件进行清理工作，确保相关法律法规、规章及其规范性文件等不同效力等级之间、同等效力等级之间的衔接，消除部门立法的偏见，确保法律系统的完整性、系统性和可操作性。

三、公共资源交易的政策基础

公共资源交易政策指的是狭义上的政策，即在公共资源交易法律法规和规章以下的其他规范性文件。法律法规和规章是公共资源交易的基础和保障，而规章以下的其他规范性文件则是执行法律法规和规章的基础与保障。

（一）公共资源交易政策理论

公共政策是由公共部门基于政策目标和客观现实出发而制定的，有其理论基础和公共价值。狭义上的政策①可以在政策成熟的基础上，由法定机关将其上升到法律法规层面，并用国家的强制力来保证和固化政策发展的成果。当然，并不是所有的政策都有必要上升到法律法规层面。

公共资源交易政策基础来源于其整合的客观要求。从经济学角度看，与各部门分散交易模式相比，公共资源交易整合最重要的优势在于降低交易成本、提高交易效率、便于监管和控制。由统一平台、统一场所来实施公共市场交易行为，既可能产生"范围经济性"，也可能产生"规模经济性"。也就是说，当原来分散的各种公共交易行为统一由一个交易平台（或场所）操作时，由于建设工程招投标、政府采购、医疗采购、产权交易等各种公共市场交易具有相似性和关联性，可以共同使用相同的交易场地、设备、设施，这样就产生了集聚效应。从长期来看，与分散的交易操作平台相比，统一平台或场所可以提高交易效率，降低交易成本。而同时，正是因为在统一平台或场所进行交易，监管部门能够更便于制定统一政策、进行统一监管、集中大宗交易，进而产生规模效益，实现公共交易的经济政策功能。

公共资源交易政策目标如果定位于预防和遏制腐败的政策要求，这种整合则更显得急迫。"建立统一规范的公共资源交易市场是完善社会主义市场经济体制的客观需要，是建立健全惩治和预防腐败体系的必然要求，是构建工程治理长效机制的重要任务。"② 具体说来，"建设廉洁政府，需要建立健全权力运行监控机制，形成从源头上防治腐败的体制机制。工程建设、政府采购、土地招拍挂、药品采购等公共资源交易一直是商业贿赂的主要活动领域，在这个领域建立健全防治腐败的体制机制十分必要和重要。公共资源交易中心的建立回应了这一要求，是从源头上防治腐败的积极创新"。③ 不仅如此，加快公共资源交易市场的机制和制度改革，将公共资源交易市场打造成一个公正开放、竞争有序、服务到位、监督有力、透明高效的招标全过程服务平台已成为各级政府贯彻落实中纪委"科

---

① 广义的政策包括法律、法规、规章和其他规范性文件，而狭义的政策仅指规章之下的规范性文件。
② 何勇在全国公共资源交易市场建设工作推进会上的讲话，载于《江西日报》，2012年6月7日。
③ 王丛虎、余华：《建立公共资源交易中心　从源头上防治腐败的积极创新》，载于《人民日报》，2011年3月17日。

技防腐、制度预防"精神的重要举措。①

公共资源交易政策目标的不同则决定了公共资源交易整合政策的导向不同。而公共资源交易整合的政策目标的多样性则决定了公共资源交易整合，尤其是组织整合的可选择性。这是因为，不同组织的集中和分散程度、组织内部架构、领导关系、组织间的关系所产生的效果各有不同。

（二）我国公共资源交易的政策实践与内容

公共资源交易肇始于实践领域，也是在中国语境下提出的概念。早在 2002 年，绍兴市设立公共资源交易中心，将招标投标、土地使用权及矿业权出让、国有产权交易和政府采购等纳入统一的交易平台进行交易②，改变了传统的分散交易模式并且简化了烦琐的交易形式，这大致可以称为公共资源交易的雏形。这一举措有助于降低交易成本，压缩公共资源交易的寻租空间，能够在更大程度上实现交易的廉洁、公平。

我国一直以来都非常重视公共资源交易相关制度和组织架构的建设。2009 年中共中央、国务院成立的中央工程治理领导小组及办公室指出：要积极推进统一规范的公共资源交易市场建设③。这一举措既契合市场机制的优势，也符合透明、廉洁政府的构建理念。2012 年党的十八大报告中提出经济体制改革的核心是正确处理好政府与市场的关系，并指出要建立公共资源出让收益合理共享机制④，充分利用市场规律，降低交易成本。同年，中共中央纪律检查委员会在十八届全国代表大会的工作报告中进一步指出要"规范政府投资管理，深化现代市场体系建设，建立和完善统一规范的公共资源交易市场"⑤，这一报告为各地开展公共资源交易的实践带来了巨大的促进作用，但是对于如何整合公共资源、公共资源交易平台如何建设和维护等问题并没有作出具体规定。

---

① 纪杰：《公共资源交易防腐机制新探索——以重庆市 J 区为例》，载于《中国行政管理》，2013 年第 7 期。

② 绍兴市公共资源交易中心简介 http：//www. sxztb. gov. cn/sxweb/infodetail/？ infoid = 54c2afbf − b6bc − 4e61 − 9503 − 2b66f02491ce&siteid = 1&categoryNum = 001001003.

③ 2009 年中共中央、国务院成立的中央工程治理领导小组及办公室积极推进统一规范的公共资源交易市场建设。

④ 新华网：十八大报告（全文）［EB/OL］．［2012 − 11 − 19］. http：//www. xj. xinhuanet. com/2012 − 11/19/c_113722546. htm.

⑤ 新华社：中共中央纪律检查委员会在十八届全国代表大会的工作报告［EB/OL］．［2012 − 11 − 19］. http：//news. xinhuanet. com/18cpcnc/2012 − 11/19/c_113727204_2. htm.

2015 年，国务院办公厅印发的《整合建立统一的公共资源交易平台工作方案的通知》（即国办发〔2015〕63 号）提出要依据党的十八大和十八届二中、三中、四中全会精神，全面落实《国务院机构改革和职能转变方案》的要求，在"2017 年底前，在全国范围内形成规则统一、公开透明、服务高效、监督规范的公共资源交易平台体系。并在此基础上，逐步推动其他公共资源进入统一平台进行交易，实现公共资源交易平台从依托有形场所向以电子化平台为主转变"①。2016 年，十四部委就公共资源交易平台的运行问题联合出台了《公共资源交易平台管理暂行办法》。2017 年国务院印发《关于创新政府配置资源方式的指导意见》对公共资源配置监管提出总体要求："全面履行政府监管职能，转变监管理念，坚持运用法治思维和法治方式，创新监管机制和监管方式，构建依法监管与信用激励约束、政府监管与社会监督相结合的新型监管格局。"② 公共资源交易监管体制建设自公共资源市场化改革以来一直处于探索期，实践中一直没有统一路径和文件作为参考，各地监管体制改革和发展也呈现多样化的特征。

第二节　公共资源交易的组织环境

公共资源交易组织作为一个相对独立的自系统，其运行的各个环节以及涉及到的相关组织系统是其内部环境。而作为社会系统的一部分，公共资源交易又与其系统以外社会大环境息息相关。所以，观察公共资源交易运行不能仅仅限于其内部的组织运行情况，还要关注其外部的政治、经济、社会环境，更要了解外部环境的组织体系。

一、公共资源交易组织环境概论

（一）公共资源交易组织环境的概念

环境是一个非常宽泛的概念，《辞海》解释为：一是环绕所辖的区域；如

---

① 国务院办公厅关于印发整合建立统一的公共资源交易平台工作方案的通知［EB/OL］.［2015－01－14］. http：//www. gov. cn/zhengce/content/2015－08/14/content_10085. htm.

② 关于创新政府配置资源方式的指导意见［DB/OL］. http：//www. gov. cn/zhengce/201701/11/content_5159007. htm.

《元史·余阙传》："环境筑堡寨，选精甲外捍，而耕稼与中。"二是围绕人类的外部世界，是人类赖以生存和发展的社会和物质条件的综合体。可分为自然环境和社会环境；自然环境中，按其组成要素，又可分为大气环境、水环境、土壤环境和生物环境等①。互动百科上则把环境解释为：既可以包括以大气、水、土壤、植物、动物、微生物等为内容的物质因素，也可以包括以观念、制度、行为准则等为内容的非物质因素；既包括自然因素，也包括社会因素；既包括非生命体形式，也包括生命体形式。环境是相对于某个主体而言的，主体不同，环境的大小、内容等也就不同。狭义的环境，如环境问题中的"环境"一词，往往指相对于人类这个主体而言的一切自然环境要素的总和。不难看出，环境一词既有包括自然和社会两大类别的广义环境的界定，也有仅仅指社会环境中狭义环境的概念界定。当然，具体到公共管理学领域，谈到环境一词一般都是在狭义层面。

公共资源交易组织环境，顾名思义，是指公共资源交易组织所处的内部和外部环境。本书所谈的公共资源交易组织环境，主要是指和公共资源交易直接相关联，或者直接和间接影响公共资源交易组织行为的各种因素的总和。

（二）公共资源交易组织环境理论

谈到公共资源交易组织环境的理论，其意在于通过对前人已有研究成果的回顾，以便用于指导现有的公共资源交易实践。当然，更为重要的也是为了进一步推进理论研究的创新。

谈到组织环境，我们首先回到 20 世纪 40 年代的行政系统理论。行政系统流派的代表人物巴纳德在其 1948 年发表的《组织与管理》中最早运用"系统"概念，并用系统来表述组织。他强调，组织是一套协助系统，整体性和各部分之间具有密切的相关性，并要求对行政系统作整体的观察和周密的分析，作宏观研究和微观研究，从而正确揭示行政这一主体生产和发展的规律，以从整体上把握行政过程与行政运行的规律。

谈到环境，还要回到 20 世纪 60 年代的行政生态学的理论流派中。生态学属于生物学的一个分支科学，其关注的重点在于生命有机体在其生产过程中相互之间、与周围物质环境之间所发生的相互关系。行政生态学流派的代表人物，美国著名行政学家里格斯在其 1961 年发表的《行政生态学》中借鉴了生

---

① 《辞海》：上海辞书出版社 2002 年版，第 705 页。

态学的思维方法，并将行政生态学定义为"自然以及人类文化环境与公共政策运行之间的相互影响情形"，从而使得行政生态学成为是一门行政学分支科学。里格斯认为，要了解一个国家的公共行政，不应仅仅局限于行政系统本身，而应该跳出行政系统，从社会大系统来考察行政，亦即考察一国的行政与该国的社会环境的关系。①

到了20世纪的70年代，美国的经验主义学派流行起来，并在此基础上逐渐发展成了一个被称之为权变理论的学派，其代表人物有弗雷德·卢桑斯、菲德勒、豪斯等人。权变理论学派是研究组织的各子系统内部和各子系统之间的相互联系，以及组织和它所处的环境之间的联系，并以此来确定各种变数的关系类型和结构类型的一门学派。它强调在管理中要根据组织所处的内外部条件随机应变，针对不同的具体条件寻求不同的最合适的管理模式、方案或方法。需要说明的是，权变理论流派虽然是研究企业管理，强调的是企业领导的方式方法，但其核心内容则被广泛应用于公共行政和公共管理中。而公共资源交易管理作为公共管理的一个分支，也当然要适用公共管理学的基本理论。

(三) 公共资源交易组织环境的特点

公共资源交易组织环境和公共组织环境一样，具有如下特点：

1. 环境复杂性。

正如公共组织环境具有复杂性一样，公共资源交易组织同样具有复杂性的特点。参与公共资源交易的各个组织不仅要受到本组织内部的组织架构、组织任务和目标、组织的领导和决策方式等影响，还要受制于国家的法律、法规以及政策的约束，当然还要考虑到市场交易各个主体的情况以及国际政治、经济的影响。而正是因为公共资源交易行为是连接公共部门和私人部门之间的一个桥梁，同时又涉及到巨大公共资金额，这就更增加了公共资源交易参与组织的复杂性。

2. 环境易变性。

从属性上看，公共资源交易既是一个政府的行政行为，又属于政府的经济行为。这样一个双重性质的行为就必然受到更多因素的影响。而行政行为的政策因素和经济行为的市场因素都是经常变化的，所以，这就决定了公共资源交易组织环境的易变性。

---

① 丁煌：《西方公共行政管理理论精要》，中国人民大学出版社2005年版，第221～223页。

3. 环境全球化。

随着经济全球化和技术全球化浪潮的加快，参与到一个国家的公共资源交易的主体不仅包括一个国家国内的市场主体，还包括其他国家的市场主体、跨国市场主体以及国际组织；而涉及到的交易内容不仅有一个国家的工程、货物、服务和产权，同时还涉及跨国性的或国际性的工程、货物、服务和产权的交易问题。几乎没有哪一个国家公共资源交易仅限于本国的产品和本国的市场主体。

二、公共资源交易组织的外部环境

公共资源交易组织的外部环境是指存在于与公共资源交易直接相关的组织之外的，但又对公共资源交易产生间接影响的因素。一般认为包括如下六个方面。

（一）政治环境

政治环境可以简单概括为一个国家的政治体制、政党制度以及其日常运行状况等内容。不同的政治体制，即不同的国体、政体对于一个国家的公共资源交易影响不同；同样，不同的政党制度对于一个国家的政治运行也有不同的影响，进而构成了不同的政治文化和政治环境。中国共产党领导的多党合作制，以及人民代表大会制度下的单一制国家是我国特有的政治环境。这既不同于美国多党制下的联邦制的政治环境，也不同于英国多党制下的单一制的政治环境。

中国共产党领导下的党政国家、议行合一体制对于我国的公共资源交易具有直接的影响力。不管是在中央层面，还是在各级地方层面，公共资源交易组织运行必须在党的统一领导下，政府主要领导负责下有序运行。同时，各地各级的公共资源交易组织运行必须服从于党和国家的大政方针，符合政府改革创新的精神和具体要求。

（二）法治环境

法治环境一般既包括法律的制度环境，也包括法律的执行环境；或者说既包括静态的制度规则，也包括动态的规则执行和人民的守法状况。法律就是秩序的维持者。不管是政治秩序、行政秩序、经济秩序、社会和文化秩序都需要法律规则。公共资源交易作为双重属性的秩序行为，当然更需要法律规则来予以维护。

我国的公共资源交易涉及诸多规则，已经初步形成了一个规则体系或者法律法规体系。正是这些法律规则体系直接或间接地规范着公共资源交易行为和组织的运行。当然，除了这些规则体系外，直接或间接参与到公共资源交易运行的组织和个人的法律意识和守法的行为也是公共资源交易法治环境的重要内容。

（三）经济环境

经济环境一般包括一个国家的经济发展状况、经济体制状况等内容。马克思主义者认为，经济基础决定上层建筑。公共资源交易实质上是一个体制、机制和法律的问题，这些都属于上层建筑的内容。所以，公共资源交易产生与发展都由其赖以存在的经济基础所决定。公共资源交易只能产生于市场经济条件下，没有市场，也就没有自由交易；而没有完善的市场交易环境，也不可能产生公共资源交易，或者说公共资源交易只能在较为成熟的市场经济体制下产生。同样，一个国家的市场经济发达程度决定着这个国家公共资源交易市场的完善程度。

我国从计划经济转型市场经济，并逐步形成了具有中国特色的社会主义市场经济体系。而公共资源交易市场的发展与完善也验证了我国社会主义市场经济的走向成熟。公共资源交易市场是否完善的一个重要标准就是公共资源交易的竞争程度，而竞争程度的高低标准之一就是参与公共资源交易市场主体的数量和质量，或者说是参与公共资源交易的组织的数量和质量。由此可知，经济环境是公共资源交易组织的重要环境，也是决定性环境之一。

（四）科学技术环境

在世界发展史上，任何一次科学技术的革命都必然引发一次重大的社会变革，进而影响行政组织体制和机制的变革。尤其是当下正在进行的以互联网技术为代表的信息技术革命，正在改变着科学技术的环境。这场"互联网＋"的行动计划将促进以云计算、物联网、大数据为代表的新一代信息技术与现代制造业、生产性服务业等的融合创新，推动并形成了各种新兴业态，打造出新的产业增长点，为大众创业、万众创新提供新的环境，为产业智能化提供支撑，增强新的经济发展动力，促进国家和社会的重大变革。

"互联网＋"正改变着我国的公共资源交易的环境和基础。2015年国务院办公厅颁发的《国务院办公厅关于印发整合建立统一的公共资源交易平台工作方案的通知》，以及随后的2016年国务院14部委联合出台的《公共资源交易平台管理暂行办法》都是依托"互联网＋"的技术革命展开。可以说，正是这些新的信息技术革命，改变了原有的科学技术环境，才使得我国公共资源交易平台的整合迎来机遇。而正是公共资源交易平台的整合又倒逼着参与公共资源交易的各种组织重新进行流程再造或进行组织的整合。

（五）社会文化环境

社会文化环境主要包括一个国家或地区的社会阶层的形成和变动、人口情况、居民交易状况和文化水平，社会权力结构、宗教信仰、风俗习惯、审美观念、价值观念等方面。所有国家的公共资源交易过程都是各个利益主体的博弈过程，并蕴藏着各种利益交换和腐败的风险。而一个国家的社会文化环境直接影响，甚至决定着一个国家公共资源交易的廉洁走向；反之，一个国家公共资源交易的秩序状况也是一个国家社会文化环境的重要内容和真实反映。

我国公共资源交易起步较晚，同时也受制于我国社会文化环境的影响较大。长期以来的"人情"观念和"熟人"文化直接影响着我国公共资源交易秩序的走向。党的十八大以来的高压反腐和一系列全面深化改革措施的出台，已经大大改变了"吃喝风、腐败风、人清风"，已经逐步竖起了风清气正、积极向上的良好社会文化氛围。

（六）国际环境

国际环境是一个宽泛的概念，它是指一个国家国内环境以外的各种影响因素，既包括国际政治环境、经济环境、外交环境，也包括更为具体的国际贸易、国际合作等直接与国际公共资源交易相关的内容。世界贸易组织（WTO）是一个国际经济组织，拥有 160 多个成员，成员贸易总额达到全球的 97％ 以上，有"经济联合国"之称。世贸组织的宗旨是建立一个完整的、更具有活力的和永久性的多边贸易体制。

与我国公共资源交易直接相关就是 2001 年加入的 WTO 以及承诺启动的WTO 项下的《政府采购协议》（GPA）。GPA 是 WTO 管辖下的诸边协议，其宗旨是实现政府采购市场的开放，消除各成员政府采购制度中存在的歧视进口产品和外国供应商的现象。由于 GPA 是一个诸边协议，因此并不是所有的 WTO 成员都受该协议规范。目前共有 45 个 WTO 成员签署了 GPA。准备加入 GPA 的国家或地区需要与 GPA 所有的成员以谈判的形式达成双边协议，方能加入 GPA。在加入 WTO 谈判中，我国承诺尽快启动加入 GPA 谈判。2007 年 12 月，我国政府正式递交了加入 GPA 的申请书，启动了加入 GPA 谈判。至今谈判已经进行了多年，我国已经提交了多份开放政府采购市场的出价清单，但谈判双方仍未就加入条件达成共识，并显示出短期内难以取得突破、将演变成又一场旷日持久谈判的迹象。

三、公共资源交易组织的内部环境

公共资源交易组织的内部环境是指直接参与公共资源交易的各个组织及其之间关系的总和。这里既包括代表国家参与交易的各方，也包括代表私人主体参与交易的各方，具体可以做以下分类。一般包括：

（一）公共采购人

公共采购人有广义和狭义之分，广义上公共采购人是指所有使用公共资金（包括直接或间接使用财政资金、国有企业资金），或者虽无资金支出却利用其他公共资源进行购买的组织。狭义上的公共采购人仅指直接使用财政资金用于购买产权、工程、货物和服务的组织，如使用财政资金进行购买的各级人民政府及其职能部门就是典型的公共采购人。

（二）公共卖售人

公共卖售人是指代表国家出售产权、工程、货物和服务等内容的组织，也可称之为代表国家持有并卖售的组织。它可以是管理国有土地或矿产的国土资源的行政管理部门、掌管林业产权的各级林业行政管理部门，也可以是农村集体土地的责任单位、持有国有文化产权的文化事业单位等等。

（三）购买人

购买人相对于公共卖售人，是指在公共资源交易中专门购买公共卖售人的产品的市场主体。它可以是公共卖售人以外的任何组织，如参与公车交易的私人买主、参与国有土地出让的开发商、参与国有产权拍卖的购买人等等。

（四）供应商

供应商是个宽泛的市场主体概念，主要是指参与招标、采购、谈判等交易方式并能够提供产品的市场主体。在我国的公共资源交易实践中，供应商可以出现在工程建设、政府采购、医疗采购、PPP项目采购、科技采购等交易项目中。

（五）代理机构

代理机构是指从事公共资源交易代理业务的中介机构，主要是指代理购买一方的购买需求的确定、购买文件的编制以及购买方所需的其他服务等。我国公共资源交易实践中，有公共部门的专门代理机构，如政府集中采购中心；也有社会代理机构，如某某招标代理公司等。

（六）交易机构

交易机构是指专门从事公共资源交易行为的组织，它可以和代理机构重合，并成为一个组织，如我国各级政府设立的政府集中采购中心；也可以是专门从事交易服务的组织，如许多地方设立的公共资源交易中心、拍卖行和国有土地出让中心等等。

（七）监管机构

监督机构是一个广义的概念，既包括国家设立的综合性监督机构，如人大监督、纪检监察部门、审计部门、法律监督部门、公共资源交易综合管理监督部门等，也包括行业或业务监督部门，如发展和改革委、财政部门、住建部门、交通部门、水利部门、市政部门等等。

第三节　公共资源交易的组织运行

一、公共资源交易组织运行概论

公共资源交易组织运行是指如何将参与到公共资源交易的各种类型的组织运行起来，或者说如何让直接参与公共资源交易的组织有效运行起来。公共资源交易涉及的组织类别不同，其在组织运行中的角色也就不同。这些担任不同角色的参与者各自扮演着自己的角色并参与到公共资源交易活动，就构成了公共资源交易组织运行。

公共资源交易组织作为政策执行的重要组成部分，不同类型的组织架构有利于满足不同的政策目标；而不同体制下公共资源交易的组织架构并没有一个统一的最好的模型①。过度集中化则无法实现分散下的灵活多样性特点，如分散的交易执行组织可以由政府部门根据各自的地理区域、人力资源和组织文化等情况而设立，这种情况也可能会产生较高效率，有利于满足采购人的多样化的需求②；过于庞大的交易执行机构，可能会使其失去灵活性，同时也可能会丧失一定的有效性和回应性③。以控制为目的的高度集中式执行组织试图压制自由裁量权，对于交易活动管理和遏制腐败来说是必需的；但也不可避免地导致了集中交易组织和其相关部门之间的紧张关系④。在公共资源交易实践中，基于购买人的利益需要，具有灵活性和较充分的自由裁量权的分散式组织架构更有利于回应目标冲突，并能及时有效地处理不可预见的问题。⑤ 除此之外，根据笔者的研究发现，在中国单一制体制下，存在条块关系或称央地关系，这对于政策执行产生明显影响。凡是中央自上而下的政策执行，有上下垂直领导关系组织架构的执行效果要比非垂直领导关系的组织架构执行效果好；而来自对地方政策执行的情况则相反，即非垂直领导关系组织要比垂直领导关系的政策执行效果好。这些已经被证明的组织理论可以为公共资源交易的组织架构设立或组织运行提供很好的借鉴。

我国公共资源交易整合既是一个复杂过程，也是一个利益和权力协调过程。原本隶属于不同行政部门、工作在不同场所和技术平台、遵循不同法律规则和流程、具有不同组织性质和地位的各个公共资源交易项目要集中到同一个场所、按照同样流程办公，或者还要整合为一个执行组织、遵循同样的法律规则、接受同样的监督检查。显然，这样必然要触动许多部门的利益和权力。尤其是要涉及公

① National Association of State Procurement Officials（NASPO），State and local procurement：A practical guide［C］. Lexington，KY：NASPO. 2008：234.

② National Institute of Governmental Purchasing, Inc.（NIGP）. Resolution, centralized purchasing［M］. Herndon，VA：NIGP. 1989. 256.

③ Jack T Pitzer, Khi V Thai. Introduction to Public Procurement［M］. National Institute of Government Purchasing. Inc.（NIGP）. 2007. 24.

④ McCue C P, Pitzer J T. Centralized vs. decentralized purchasing：Current trends in governmental procurement practices［J］. Journal of Public Budgeting, Accounting & Financial Management, 2000（3）：400 - 420.

⑤ McCue C P Pitzer J T. Fundamental of Leadership and Management in Public Procurement［M］. Herndon，VA：NIGP. 2005. 167.

共资源交易的组织整合时，这种部门利益矛盾和冲突甚至更加显现出来，也大大增加了组织整合的难度。组织整合之后的规模扩大及现行公共资源交易平台的制度设计，也可能带来更高的协调成本。如果整合不力，平台中不同交易的系统、技术之间的兼容性不仅无法很好解决，并直接影响到平台内部的整体运行效率，而且还可能带来更大的利益部门之间的冲突风险。同时，如果仅仅是技术平台的统一，保持先行的组织架构和管理体制，而不同的公共资源交易监管涉及不同的主管部门，且又实际上还要成立新一个监管层次，可能带来更高的协调成本。不难看出，这是个复杂的问题，既有组织运行管理的问题，也有政策目标的实现问题，还有各地不同的组织环境问题。

二、公共资源交易组织运行原则

组织管理是为了更加有效地组织运行。公共组织的运行是基于实现公共利益的需要和公共组织的目标而展开的。为此，公共资源交易的运行作为公共组织管理的一个重要分支，除要遵循公共组织管理的基本原则外，还有自己独特的运行原则。

（一）机构分设　职责明晰

公共资源交易是一个复杂的利益交易过程，同时更为重要的是，公共资源交易涉及公共利益、公共政策以及公共部门的目标实现。而公共资源交易又蕴含巨大的腐败风险。国际组织初步统计，仅公共采购领域而言，其涉及的交易金额在发达国家占到国民生产总值的 15% 以上，占财政总支出的 30% 以上。这巨大的资源交易也决定了商业风险，蕴藏着巨大的腐败机会。正如透明国际所言，目前还没有哪个领域的腐败风险高于公共采购，而且腐败的风险贯穿于整个交易的全过程和各个具体环节。[①] 为此，如何预防和遏制腐败在公共资源交易领域发生是世界各个国家共同面临的课题。而对公共资源交易领域进行"机构分设　职责明晰"也是世界各国同行的做法。

"机构分设　职责明晰"就要求参与公共资源交易的各个部门各自独立分设，各负其责，同时又相互制约。具体说来，参与到交易的各方，即买方、卖方、交

---

① 王丛虎：《公共采购腐败治理问题研究》，中国方正出版社 2013 年版，第 3 页。

易机构、代理机构、监督机构等要独立分设，明晰各自的职责范围。既要做到各履其职、各负其责，更应该做到责、权、利对等匹配。

（二）集中交易　市场运作

公共资源交易作为政府配置公共资源的一个重要途径，也是一个市场化的手段，已经被发达国家所证实是最为有效的途径。我国改革开放以来，随着市场化改革的不断深化，市场在资源配置中的作用日益增强，政府配置资源的范围和方式也在不断调整。在社会主义市场经济条件下，政府配置的资源主要是政府代表国家和全民所拥有的自然资源、经济资源和社会事业资源等公共资源。为解决当前政府配置资源中存在的市场价格扭曲、配置效率较低、公共服务供给不足等突出问题，需要从广度和深度上推进市场化改革，大幅度减少政府对资源的直接配置，创新配置方式，更多引入市场机制和市场化手段，提高资源配置的效率和效益。

在公共资源领域实现"集中交易　市场运作"正是各个市场经济国家进行交易所遵循的重要原则。"集中交易"就是要将涉及公共资源的买卖集中起来交由统一机构或在统一场所按照相同或相近的规则进行交易。这样既能体现出公共资源交易的规模经济和整体效应，也便于实施政策和监督检查。当然，需要说明的是：至于集中交易到何种程度、如何进行集中交易，如何集中监管、如何集中精准施策仍是一个巨大课题。不同国家和地区，甚至同一个国家的不同地方，环境不同集中交易的形式也可能不尽相同。"市场运作"就是要通过体现市场的决定性作用来实现公共资源交易的公平性、公正性和透明性。具体说来，就是要求将所有能够交易的公共资源都拿出来交给市场，由市场主体通过有序的竞争方式来获取。

（三）流程简约　运行高效

公共资源交易的复杂性和技术性决定了其交易过程的复杂性，而交易过程的复杂性又决定了复杂的交易环节，也决定了其不同环节的不同内容。与此同时，公共资源交易的利益交织过程也决定了其科学合理的运行机制设置的重要性。从理论上看，公共资源交易组织运行程序设计过于烦琐，不仅会影响公共资源交易的效率，更可能增加制度性交易成本；相反，如果公共资源交易程序设计过于简单，又可能会增大腐败交易的机会，进而损害公共利益。这样，公共资源交易的流程设计应该从公共利益的保护出发，并充分考虑科学技术的运用，做到"流程简约、运行高效"。

"流程简约"表现在程序的时限和具体环节上，其目的就是为了实现"程序正义"和"运行高效"。公共资源交易运行，尤其是在"互联网＋"技术环境下运行应该遵循"流程简约、运行高效"的原则。从法学视角看，运行程序设置首先是一个正义问题，即只有经过合理合法的程序才能满足实质和形式上的正义；其次是一个保证私权和规范公权的问题，即时限和环节的设定能够实现对私权的尊重和对公权的约束，合理和科学的程序设定则可以确保公权力规范运行，私权利得到应有的尊重和保障。

（四）公开透明　信息共享

"公开透明"是指公共资源交易管理部门在确保国家信息安全、商业秘密和个人隐私的前提下主动公开相关信息，或者使得交易各方，乃至全社会都有权获得公共资源交易的信息。"信息共享"是指有关公共资源交易的信息在全国范围共通共享，这些信息一般应该包括公共资源交易的项目类别、交易公告、交易双方、交易价格、交易合同等内容。"公开透明、信息共享"是确保公共资源交易内在的必然要求，也是"互联网＋"时代发展的必然趋势。因此，公共资源交易的组织运行应该遵循这一原则。

"公开透明"与"信息共享"相辅相成、相得益彰。"信息共享"是"公开透明"的基础和保障，而"公开透明"则是"信息共享"的内在要求和价值实现的需要。公共资源交易组织运行过程中，只有确保"公开透明"与"信息共享"并行不悖，才能确保公共资源交易有效运行和交易目的的实现。

三、公共资源交易组织架构

公共资源交易组织架构是公共资源交易组织运行的载体，不同的组织架构决定了组织运行的轨迹不同，效果也各异。公共资源交易组织架构是整个国家公共组织架构的一部分，除要隶属于中央和地方行政体制的制约外，也要充分体现出公共资源交易特有的要求。

在公共资源交易实践中，各级政府根据公共资源交易的决策权、执行权和监督权分开且相互制约的改革目标，对于参与公共资源交易的组织进行分工，形成了不同的组织架构。从具体组织架构整合的共同趋势上看，各地陆续将传统的产权交易中心、土地使用权和矿业权交易中心、工程建设招标投标中心、政府集中采购中心等交易场所整合至公共资源交易平台，进行统一交易和管理。公共资源交易平台整合涉及到发改委、住建、财政、土地以及国有资产等多个行政部门，为统一协调和管理，全国各地主要形成了三类组织架构：

一是"一委一办一中心①"架构。"一委"即公共资源交易管理委员会（公管委），为议事协调机构，负责公共资源交易工作的决策、指导和协调，研究解决公共资源交易工作中的重大问题和重要事项；"一办"，即公共资源交易管理委员会办公室，承担公共资源交易管理委员会的日常管理、综合协调工作；各地公共资源交易管理委员会办公室作为内设机构，隶属关系不尽相同，有的设在各级人民政府政务公开办公室下，有的设在各级发展改革委的政策法规部门，还有的设在其他行政机关内部；"一中心"，即公共资源交易中心，负责提供公共资源交易场所和交易平台的服务，具体执行公共资源交易的各类项目。

二是"一委一局一中心"架构。"一委"，即公共资源交易管理委员会，为议事协调机构，负责公共资源交易工作的决策、指导和协调，研究解决公共资源交易工作中的重大问题和重要事项；"一局"即公共资源交易监督管理局，承担综合监督管理职责。公共资源交易监督管理局在各地又有所不同：有些地方的监督管理局负责公共资源交易全面的监督管理职责，也承接了各地行业主管部门监督执法的职责；而有些地方的监督管理局只负责交易环节的综合监管职责，或者部分行业监管职责；"一中心"，即公共资源交易中心，负责提供公共资源交易场所和交易平台的服务，具体执行公共资源交易的各类项目。各地的交易中心有的为事业单位，即公益一类全额财政拨款单位；有的虽然为事业单位，但是是差额拨款单位；还有的属于企业单位，完全自收自支。

三是"一中心"，即整合各个交易类别成立了公共资源交易中心，负责提供公共资源交易场所和交易平台的服务，具体执行公共资源交易的各类项目。各地的交易中心有的为事业单位，即公益一类全额财政拨款单位；有的虽然为事业单位，但是是差额拨款单位；还有的属于企业单位，完全自收自支。公共资源交易的决策权、监督权仍由原有的部门进行。

---

① 成都市采用"一委两办一中心"的模式，两办为市公共资源交易工作管理委员会办公室和市公共资源交易工作监督办公室，广州采用的是"一委一中心"，各地机构设计略有差异，但职能基本类似。

公共资源交易组织架构的改革是一项系统工程，涉及到不同主体、不同领域、不同法律和制度的协调与统一问题，需要综合考虑，统筹推进。而有效的组织架构，对于实现社会公平交易，净化交易风气，减少官员寻租和腐败风险大有裨益。当然，不同的组织架构模式也各有其利弊。各地改革的目标不同，也就决定了其选择组织架构模式也就不同。

【材料阅读】

安徽公共资源交易集团及合肥代理介绍与分析

一、地方政府投资建立的采购代理公司

安徽公共资源交易集团（以下简称"交易集团"）经合肥市委市政府批准，于2015年11月28日挂牌成立。在《安徽省公共资源交易监督管理办法》、合肥市委市政府出台的《关于全面深化国资国企改革的若干意见》等会议及文件精神的推动下，合肥市委市政府在公共资源交易中心原有下属的"四所一公司"（诚信项目管理有限公司、农村综合产权交易所、联合技术产权交易所、文化产权技术交易所、环境能源交易所）的基础上，整合组建安徽公共资源交易集团有限公司。

安徽公共资源交易集团是合肥市国有资产监督管理委员会重点监管的国有企业，注册资本金2亿元。拥有近万平方米的现代化办公服务场所。集团内设10个职能部门，下设6个全资（控股）子公司。现有员工151人，其中本科学历人员占58%，硕士学历人员占33%，造价师、工程师、监理师、经济师等专业资格人员达75%以上，汇集了一大批具有丰富项目操作和管理实践经验的各类专业人员。

安徽公共资源交易集团的成立目的在于推进公共资源交易管理体制改革，进一步理顺综合监管、平台服务、项目操作等环节的职责划分，建立"监管、服务、操作"既相互分离又协调统一的管理体系。改革剥离交易中心代理服务职能，以标准化管理方式进一步加强交易中心的平台服务功能。将交易中心出资设立的代理机构整合组建安徽公共资源交易集团公司，承担合肥市政府投资项目招标（采购）的代理操作业务。

交易集团主营建设工程、政府采购、产权交易等传统公共资源交易领域的采购代理业务，还着力拓展了农村产权、环境能源、文化版权、技术产权、涉

诉资产交易等新型领域的代理工作。目前，已经完成了一大批重点、民生项目的招标工作，取得了良好的经济、政治、社会效益。未来，交易集团将立足自身优势特色，建立决策、执行、管理"三分离"的现代企业制度，利用一流的人才、精湛的技术、先进的管理和优质的服务赢得市场。在借鉴国家级服务业标准化建设成果基础上，用"合肥标准"要求、规范和提升服务水平和管理效率，进一步发挥规模化经营、集约化运作的成本和市场优势，创造公共资源交易领域金字服务招牌！为合肥"大湖名城 创新高地"建设做出新的更大贡献！

就代理业务而言，集团公司具体负责建设工程、政府采购、产权交易的进场交易工作，负责机电产品国际招标、项目管理咨询、农村产权、环境能源、文化版权、技术产权、涉诉资产交易等其他新型领域公共资源进场交易业务。

公司代理业务范围包括：拟定招标方案；拟定招标公告或者发出投标邀请书；编制招标文件；编制工程量清单及控制价（如项目需要）；组织答疑；组织开标、评标；发放中标通知书；协助签订工程合同等。

公司内部具体组织架构如下图所示：

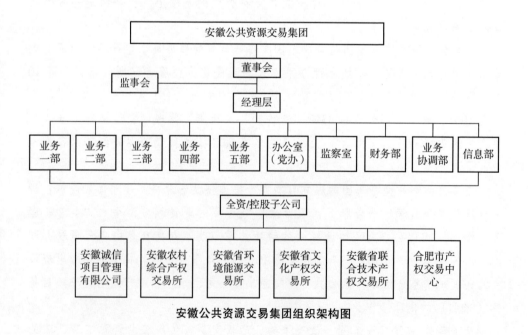

安徽公共资源交易集团组织架构图

二、综合性的公共资源交易监督管理局

整合公共资源交易职能，成立公共资源交易监督管理局、公共资源交易中心以及安徽公共资源交易集团三个机构，分别负责综合监管、平台建设和业务操作。交易中心侧重交易服务，集团公司侧重业务操作。在公共资源交易范畴内，实行权力的分散、流程化管理，防止由交易中心既当"裁判员"又当"运动员"，权力过度集中带来的廉政风险。

（一）部门职能

合肥市公共资源交易监督管理局（以下简称"市公管局"）是主管全市公共资源交易工作的市政府直属事业单位。主要职责为：

（1）根据国家有关法律法规，制定全市建设工程招标、土地出让、产权交易和政府采购等相关管理办法并组织实施。

（2）负责对建设工程招标、土地出让（含二级市场）、产权交易和政府采购等各类交易活动的监督；受理交易活动中产生的争议和纠纷，依法查处交易活动中违反《中华人民共和国招投标法》、《合肥市公共资源交易管理条例》等有关法律、法规的行为。

（3）建设并管理建设工程招标、土地出让、产权交易、政府采购等公共资源交易评委专家库；建立健全各类公共资源交易相关各方信息管理和披露制度。

（4）对全市的公共资源交易市场履行综合监管职责，指导县（市）区公共资源交易机构开展公共资源交易业务。

（5）负责对合肥公共资源交易中心的管理。

（6）承办市委、市政府、市公共资源交易市场管理委员会交办的其他事项。

（二）职能部门

（1）办公室：负责机关文秘、督查督办、机要、宣传、后勤接待、行政档案管理和应急事务处置工作；负责单位人事、财务管理工作；负责机关事务综合协调和联络工作；与局机关党委、机关工会合署办公。

（2）业务处：负责公共资源交易业务的管理、特殊交易方式的审核和综合协调工作；负责各类交易文件范本的制订；负责业务的统计、分析及业务培训工作；负责指导县（市）区公共资源交易机构开展公共资源交易业务。

（3）督查处：负责各项公共资源交易管理办法、制度执行情况的监督和检查；负责安徽合肥公共资源交易中心重大交易项目的现场监督和对特邀监督员的

管理工作；负责公共资源交易涉诉事项的受理和督办；负责公共资源交易市场信用信息的管理和应用。

（4）政策法规处：负责公共资源交易规范性文件的审查工作；负责公共资源交易评标专家的日常管理和评价；参与制订有关管理制度；负责人大建议和政协提案办理工作。

（5）监察室：负责局机关、执法监察支队、安徽合肥公共资源交易中心党风廉政建设和政风行风评议工作；负责办理涉及局机关、执法监察支队、安徽合肥公共资源交易中心工作人员违纪违规人民来信、来访事件；负责协助上级纪检部门做好公共资源交易重点环节的纪检监察，配合执法部门开展案件调查。

（6）市场管理处：负责对中直、省直国有资金项目和非国有投资项目交易的监管；负责市外项目进场交易的协调和服务工作。

（7）审查备案处：负责公共资源交易管理制度的监督检查、交易文件审查备案等工作。

（8）执法监察支队：负责实施建设工程、政府采购、产权交易、土地出让等公共资源交易领域的行政执法和监察工作；负责开展全市公共资源交易市场执法检查；负责公共资源交易过程中违法违纪案件的查处；负责实施法律法规赋予的其他行政执法监察工作。内设执法一科、执法二科和综合科。

三、服务性的安徽合肥公共资源交易中心

安徽合肥公共资源交易中心内设综合科、财务科、采购科、法规科、信息科、业务管理科、交易服务科、土地交易科等八部门。

（一）综合科

主要工作职责：负责中心组织、宣传、人事、文书、文印、档案、保密和行政后勤工作；负责中心工作计划、综合性文字材料的组织起草工作；负责中心信息宣传工作；负责中心员工培训和考核工作；负责交易档案保管及查询工作；负责中心重要会议和重大活动的组织及对外联络接待工作。

（二）财务科

主要工作职责：负责进场交易项目的资金管理工作；负责中心部门预算编制和执行工作；负责中心人员工资核算和费用支出等工作。

（三）信息科

主要工作职责：负责电子交易平台、综合服务平台的建设、运维和管理；负责市县区一体化系统建设的指导、协调与调度；负责网上商城等专项交易系统的建设与维护；负责交易信息发布接口的推送工作；负责大数据分析系统的建设工作；负责交易区域电子设备的建设和维护工作；负责机房和网络的管理与维护工作。

（四）采购科

主要工作职责：负责网上政府采购商城的运行管理工作。

（五）法规科

主要工作职责：负责交易政策、交易流程的研究与制定；负责发展规划的编制与实施；负责标准化建设与管理；负责评标专家抽取工作。

（六）业务管理科

主要工作职责：负责对中直、省直国有资金项目和非国有投资项目、外地项目等社会进场项目的业务协调、受理和综合服务工作；负责交易业务的统计分析，各类数据的梳理、分析与应用工作；负责政府集中采购业务；负责与发展改革、财政、国土、国有资产、交通、水利、卫生、教育等省级行业监管部门的业务协调；负责招标代理机构及造价咨询单位的管理与考核；配合综合管理部门和行业监督部门对投诉事项的调查处理工作；负责建设变更等标后协调工作。

（七）交易服务科

主要工作职责：负责服务大厅、开评标场所的管理与服务；负责开评标场所的安排与调试；负责开评标设备、设施的提供与维护；负责企业信息库的注册、管理与应用。

（八）土地交易科

主要工作职责：负责土地使用权和探矿权、矿业开采权的出让。

四、安徽公共资源交易集团模式的借鉴与分析

安徽公共资源交易集团实质上就是一个地方政府全额投资新建的招投标采购代理公司，即公共部门具有公益性的公共资源交易目录范围内的交易行为都由其代理。深圳罗湖区之前构建的代购代建一定程度符合这个思路。

这种模式的利弊可以简单归纳如下：

（一）有利方面

（1）集中专业代理能够规范需求管理。科学规范的需求管理是合理界定需求、精准采购的基础。正是利用代理公司的专业技术、专业人员真正满足专业的人做专业的事。

（2）集中专业代理有助于预防腐败。增加代理环节，能够有效缓解采购人（招标人）与供应商的不正当接触可能造成的为"目标客户"量身定做的招标文件，也有利于增加腐败的成本，提高了利益输送的难度。

（3）集中专业代理有助于减轻公共资源交易中心（集采中心）的负担。正是由于专业集中代理机构解决了传统下的由公共资源交易中心完成的代理业务，进而大大减轻了这个平台性机构的负担，以便其专心致力于平台服务性工作。

（4）集中专业代理与罗湖区目前的情况较接近。

（二）不利方面

（1）集中专业代理可能增加时间成本、降低行政效率。相比较直接由采购人（招标人）直接接触交易中心并提出需求、编制文件而言，由于增加专业代理机构，进而多了一个环节，也增加了沟通成本，可能会降低行政效率。

（2）集中专业代理需要法律法规或至少是区政府规范性文件的支持。虽然从理论上讲，所有财政资金或资源都属于区一级人民政府所有，当然都应该统一由区一级政府统一调配，但是凭什么必须由集中专业代理机构代为行使一部分权力尚值得讨论。

（3）集中专业代理的业务范围值得探讨。安徽公共资源交易公司只是负责编制文件、协助进场交易等部分业务，具体签订合同、履行合同、验收合同等重要环节仍然由采购人与中标人进行。即国有的代理机构和社会中介代理区别不大，只是承揽了所有国有的投资项目和采购业务。

（资料来源：笔者根据实地访谈、网站等内容整理编辑而成）

【问题思考】

1. 公共资源交易过程都涉及哪些部门，它们的责、权、利应该如何配置？
2. 公共资源交易的组织活动应该遵循什么样的原则？为什么？
3. 是否有一种最为理想的公共资源交易的组织架构？请简要描述。

【参考文献】

1. 黄达强、刘怡昌：《行政学》，中国人民大学出版社 1988 年版。
2. 张成福、党秀云：《公共管理学》，中国人民大学出版社 2001 年版。

3. 尹钢、梁丽芝：《行政组织学》，北京大学出版社 2005 年版。

4. 王丛虎：《我国政府采购问题分析》，中国戏剧出版社 2006 年版。

5. 王丛虎：《公共管理导引及案例》，中国人民大学出版社 2012 年版。

6. 皮纯协、张成福：《行政法学》，中国人民大学出版社 2013 年版。

第四章

公共资源交易的运行过程

【导读】

公共资源交易实际上是一个过程，那么这个过程是如何进行的呢？对于局外人来说，就像一个谜一样，更像一个"小黑屋"，当然也有人称它为"暗箱或黑箱（black box）"。我们都希望能看到里面的"世界"，希望能打开"黑箱"。其实公共资源交易过程这个"黑箱"真不简单，是一个复杂的过程，包含众多的环节和内容。从某种意义上说，打开"黑箱"并不太难，而要看得懂"黑箱"的内容并不容易。因为，它不仅仅由一个个环节构成，而在每一个环节还包含着诸多法律内容和政策目标。为此，非常有必要先了解公共资源交易的运行过程及相关内容后，才能更清楚地看透"黑箱"。

需要说明的是，不同的公共资源交易类别其程序和要求不尽相同。而考虑到本书的导论性质和原理性介绍，故把不同交易类别的具体流程交给其他教材，而更注重公共资源交易一般性流程的归纳和探讨。

第一节　公共资源交易的规划

"凡事预则立，不预则废"。规划是行动的前提，无规划则无行动。有效的公共资源交易运行都是以完备的规划为先决条件的。

一、公共资源交易的规划概论

（一）公共资源交易规划的概念

公共资源交易规划有广义和狭义之分，广义的公共资源交易规划包括公共资源交易前的准备阶段和交易中各个环节的行动规划，如除项目审批、预算编制和计划形成等事前准备外，还包括需求规划、评审规划、合同规划、履行规划等等。而实际上，规划往往是指未雨绸缪、做好准备并且尚未进入具体实施阶段。所以，从这个意义上讲，公共资源交易规划不包含公共资源交易的实施。这样，狭义上的公共资源规划指的是公共资源交易的准备阶段，是为了有效组织公共资源交易的实施而进行各种必要的准备或行动规划。

本书则是从狭义上界定公共资源交易规划，即指相关公共部门在公共资源进入市场交易之前，为公共资源进入市场交易所做的准备过程，是指到交易中心或其他交易机构之前的这段时间和过程。以政府采购为例，政府采购的预算环节、编制采购计划环节则属于公共资源交易的规划阶段；而建设工程的招投标的规划则更为复杂，它包括建设项目的可行性分析、项目前的各种许可证的办理、招投标文件的编制等等。

（二）公共资源交易规划特征

公共资源交易规划是公共资源交易的重要环节，更是公共资源交易的开端和基础。公共资源交易规划应该具备如下特征，即明确性、预测性、合法性、科学性。

1. 公共资源交易规划的明确性。

公共资源交易规划的性质决定了其明确的任务性，就是要强调规划的结果导向和可实施、可操作，即公共资源交易规划要有明确的目的和具体执行的方案。不管是哪一类别的公共资源交易在规划阶段都应该有明确的目标和任务，以便在进入公共资源交易实施阶段后能够切实可行。当然，这种明确性的特征也来自公共资源交易的需求管理的客观要求。公共资源的交易各方有了交易需求后，如何实现这种需求，就必须进行需求管理。

2. 公共资源交易规划的预测性。

公共资源交易面对的是复杂的市场环境，而市场要素的多变性决定了在进行公共资源交易规划时，必须充分预测到可能变化的市场，以及各个市场要素的变化趋势。这种规划的预测性也可称为适度的弹性。如在政府采购预算编制的价格预测时，应该考虑可能的市场价格变动；在进行技术标准的设置中也应充分预测到市场的变化和技术的进步等等。与此同时，规划的预测性还表现在工程、货物和服务等交易时要充分考虑到其整个生命周期，而不仅仅局限交易实现的时间点。

3. 公共资源交易规划的合法性。

公共资源交易本身涉及众多的法律法规，同时又是一个政策性非常强的公共行为。这就决定了在进行公共资源交易规划时要充分考虑法律法规和政策的要求。具体说来，在作具体规划和编制相关文件时，必须依据相关法律法规和政策要求。如《政府采购法》《招标投标法》《反不正当竞争法》以及《价格法》都对具体的交易行为有明确的规定；除此之外，我国的相关政策也应该在公共资源交易中体现出来，如环保清单、节能清单、鼓励科技创新、扶持小微企业、支持弱势群体等等都应该在具体需求管理阶段有所表现。

4. 公共资源交易规划的科学性。

公共资源交易本身是基于市场交易规律和公共管理规律结合而生，这就意味着公共资源交易的每一个环节的设置都应该建立在科学性基础上。公共资源交易规划实际上本身就是一个科学管理的过程。当然，这就要求交易规划的内容和形式更应该遵循科学规律。比如在规划时涉及到对某项科学技术的应用问题，既要预测到其可能带来的利益，更应该控制好科技应用过程的风险问题。还有，如在进行一些公共项目的融资规划时，必须进行充分的调研和科学分析研判，而不能想当然地行事。

二、公共资源交易规划的内容

（一）公共资源交易规划的任务

公共资源交易规划应该基于交易的目的，这个目的是由公共资源交易的公共性、公益性决定的。这不同于普通的市场交易行为，是为了满足交易双方的利益需求。公共资源交易的目的首先是为了满足公共利益或公共部门的利益，当公共利益和私人利益发生冲突时，应该优先考虑或满足公共利益。这就要求公共资源交易规划要基于明确的目标来设定任务。

1. 确定交易项目的环境条件。

公共资源交易规划要认清公共资源交易项目的环境条件。这个环境条件至少应该包括：第一，明确交易项目的定性或定位。公共资源交易项目类别多、类型多，涉及到的法律法规也多，而不同类别的项目使用的法律法规又不尽相同。所以，对项目类别进行定性或定位为首要任务。譬如，某行政机关的具体部门对其所在的办公楼提出了修缮需求，通过机关内部程序上报到具体负责修缮业务的机关事务管理局，那么具体负责的相关工作人员该如何定性这个项目呢？显然，这是一个要使用财政资金购买的项目，应该属于政府采购项目。但进行修缮的项目又属于建设工程，该适用什么样的法律法规呢？这就需要进一步确定适用的法律法规。其次，在具体定性之后，要看具体法律法规的要求。而《政府采购法》第二条规定："在中华人民共和国境内进行的政府采购适用本法。……，本法所称工程，是指建设工程，包括建筑物和构筑物的新建、改建、扩建、装修、拆除、修缮等。"显然，该机关办公楼的修缮应该适用《政府采购法》的相关规定。那么，关于修缮工程有哪些禁止性的规定？又具体包括什么步骤呢？还需要什么事前程序？这些问题，都需要工作人员做好规划，并以清单形式列出。除此之外，还有考虑一下法律以外相关政策的要求①，如我国的环保清单、节能清单、保护弱势群体等政策目标。

2. 确定交易项目的目标与任务。

公共资源交易规划在确定了交易项目的性质之后，接下来就要明确交易项目的具体目标和任务。环境条件是进行项目科学规划的基础，定性定位是前提，而具体的目标和任务才是整个交易项目的引领。具体说来，第一，达到的目的是根本。目的决定一切，公共资源交易项目的目的不同于一般交易项目的目的，它要制于多种政策目标的约束，甚至这些政策目标之间也有些冲突与矛盾。这就需要对交易需求和目的进行协调，如政府机构购买办公桌椅，目的似乎很清楚。但是，一旦把公共利益、采购政策目标等附加上，就不是那么简单了。在进行规划交易项目时，既要考虑编制需求和招标文件时的节约财政资金目的，还有考虑环保问题、舒适度问题、支持中小企业问题等等。第二，基于目标确定具体任务。

---

① 需要说明，中国现实下有些交易项目首先考虑领导的偏好和意向不属于此范围。笔者在交易实践中，也遇到过公共资源交易项目由领导的意志所左右的情况。笔者一直坚信，我国公共资源交易的改革与进步必将让这些不正常的现象无处遁形。

在将相应的环境条件和具体目标理清之后，就要确定具体任务，即有哪些事情要做，譬如确定交易项目的范围、配置交易项目的人力资源、确定风险管理计划、编制项目进度表、编制项目沟通计划等等。

3. 确定交易项目的具体方案。

在目标和任务确定之后，相关部门就要确定具体交易项目的初步实施方案。实施方案是任务的具体化、可操作化的过程。项目的具体方案，也可以被称为项目的计划书，譬如招投标项目的招标文件、PPP 项目的可行性报告和物有所值评价报告等。一般而言，交易项目计划书的内容包括：项目范围说明、项目工作分解图、项目风险管理计划、项目的进度表、项目的预算表、项目质量保证表、人员安排计划、项目沟通计划、项目交付执行计划以及项目变革管理计划等等。

（二）公共资源交易规划的过程

1. 交易项目方案的起草。

交易项目的方案或者项目计划书的起草是规划的最为重要的环节。方案的起草是一项专业性很强的工作，要求既要了解技术问题，还要掌握市场行情，同时还要熟知公共资源交易领域的相关政策法规等内容。专业的人干专业的事，说的就是这个道理。实践中，公共资源交易的项目单位或由其内部专业人员负责起草，也可直接交给专门从事公共资源交易代理的公司进行编写。从中国目前的公共资源交易代理行业市场看，由于行政审批制度改革取消了部分代理机构的门槛，代理主体比较活跃。事业单位性质的集中采购机构、传统的招投标采购国有企业、新生的中介代理的私有公司，以及混合制企业等都在从事各类交易项目的代理工作。这些主体核心业务将来主要集中在从事编制项目计划书，或者交易项目方案的起草工作上。

2. 交易项目方案的讨论与论证。

公共资源交易项目方案初步编制之后，讨论和论证是必要环节。这里的讨论和论证既包括相关负责部门内部的，也包括邀请部门外专业人员参与的外部讨论和论证。尤其是对于一项复杂的交易项目，或者虽不复杂但工作人员较为陌生的项目，进行充分的讨论和论证则更为重要。讨论与论证的目的在于查漏补缺、完善相关手续，以使方案更加合理合法，也更能满足项目单位要求，并符合公共资源交易市场的规律。

3. 交易项目方案的提交与审核。

公共资源交易项目在方案确定之后，接下来就要交付公共资源交易中心，并进入公共资源交易执行程序。但对于许多标的额较大或者较为复杂的交易项目而言，在正式提交交易中心之前，还应该进行事前的预公示阶段。为了保证交易项目的顺利进行，不少交易项目在正式发布公告前，都应该先期在公共资源交易信息发布平台上或者潜在的交易方都能看到的载体上预公示，以期获得进一步的意见和建议。交易项目方案的提交与审核是指在预公示和其他事前程序完成后，交由公共资源交易中心接收确认并审核的过程。

【材料阅读】

多起政务云低价中标事件引发市场关注

《中国经营报》记者在中国政府采购网看到，"上海市政府采购中心第2017－10075号信息——上海市电子政务云服务中标公告"显示，这个预算金额为1200万元（人民币，下同）的项目，由上海移动＋云赛智联、中国电信同时中标，总中标金额为"0万元"。

资料显示，云智赛联是1993年成立、专门做云计算和物联网技术的公司。上海移动和云智赛联综合单价为0.2340，中国电信的综合单价为0.3873。也就是说，虽为同时中标，实际上上海移动和云智赛联的报价更低。

几乎与此同时，中国政府采购网"厦门市信息中心厦门务实－2017－WS034厦门市政务外网云服务中标公告"显示，这一预算金额为495万元的项目，总中标金额为"0.000001万元"，中标单位为腾讯云计算（北京）有限责任公司。

值得注意的是，腾讯云一分钱竞标厦门政务云项目的消息在3月10日被曝光并引发舆论热议，但这并未妨碍腾讯云的最终中标。

如果往前追溯，在2016年4月温州市政府政务云平台项目招标中，中国移动温州分公司也曾经以1元的价格中标该项预算金额为100万元的政府采购项目。阿里云向原铁道部12306购票网站提供技术协助，事后也曾被阿里巴巴创始人马云披露为"不收一分钱"。

去年，"中国移动一元钱中标温州政务云项目"曾经饱受业内质疑，中国移动温州分公司政企客户部相关负责人当时回应称，报价1元投标百万项目，是基于公司的商业策略。

腾讯云方面近日也公开表示，"从云计算按需使用和弹性服务的特征看，腾讯云通过先入局，再寄望于通过更多增值服务模式获得长期合作价值的策略，不过是互联网公司惯用的玩法罢了。"

国内云计算厂商一位中层人士告诉记者，云计算项目招投标过程中，0元、0.01元、1元投标和中标的情况时常发生，因为云计算项目一般是分期建设，一期完成之后都会有扩建项目，还有服务项目和运维项目，这期不要钱不等于下期不要钱，建设项目不要钱不等于服务、运维不要钱。

世纪互联一位人士在接受《中国经营报》记者采访时表示，"我们不认为这种（0元、0.01元、1元）竞标行为会使云计算市场变成完全低价的市场。"

但0元、0.01元、1元中标事件频发，更多地还是引发了市场忧虑，认为这扰乱了市场公平竞争原则，认为这对中小云计算厂商不利，因为这无疑抬高了中小企业参与招投标、进入云市场的门槛。

0元、0.01元、1元中标政务云事件已引发各层面的讨论。有人发出"政务云招标就该免费？"的疑问。还有律师指出，这样的招标结果并不符合《中华人民共和国招标投标法》第三十三条"投标人不得以低于成本的报价竞标"等相关规定，属于无效招标。但也有人指出如果没有上一级部门的纠正，0元、0.01元、1元中标政务云项目也就只能照此执行了。

（资料来源：《中国经营报》，2017年3月21日）

【问题思考】
1. 如何看待政务云采购的性质与定位？
2. 应该如何对政务云交易项目进行规划？

第二节　公共资源交易项目的实施

规划贵在于实施，无实施的规划就是无规划，或还不如不规划。实施过程就是将规划具体落实的过程。为此，进行过程管理十分重要。

一、交易文件的发布

1. 项目受理。

项目受理是指项目交易单位向公共资源交易中心提出交易申请，并由公共资源交易中心登记并给出受理证明的过程。公共资源交易中心在受理交易项目时，不管是通过书面形式，还是通过网上提交，都应该遵循便民原则，并一次性提示所有提交的材料。这些材料一般都包括项目的批复文件、委托协议、交易公告、要约邀请文件、技术资料等。交易项目单位或其所委托的代理机构应该持相应文件的原件到交易中心办理进场登记或其他事项。

2. 会场预约。

会场预约是指在交易项目受理之后，由项目交易单位的负责人根据交易项目的实际需要来约定交易的场所，也可以由公共资源交易中心的项目主管根据情况来确定所需要的场地。不同交易项目对于场地、设备等要求不尽相同，原则上应该由项目交易单位和公共资源交易中心共同商议确定。当然，最好的方式是由公共资源交易中心将其所有的场所公开由项目交易单位通过网络终端来选择。实践中，各地都在借助互联网的技术，以便民快捷为原则进行改革。

3. 发布公告。

发布公告是由交易项目单位将项目交易信息交由公共资源交易中心或者自行在指定的媒体上公开发布的行为。不同类别的交易项目应该根据各自相关规定的要求，按照时间、期限和内容等做到"应公开、全公开"。公告内容应该根据不同类别的要求提供不同的标准模板，以确保公告内容的规范化。如2004年财政部颁布的《政府采购信息公告管理办法》第十条规定："公开招标公告应当包括下列内容：（1）采购人、采购代理机构的名称、地址和联系方式；（2）招标项目的名称、用途、数量、简要技术要求或者招标项目的性质；（3）供应商资格要求；（4）获取招标文件的时间、地点、方式及招标文件售价；（5）投标截止时间、开标时间及地点；（6）采购项目联系人姓名和电话。"其实发布公告不光是为了公开透明，更为重要的是要接受社会监督，尤其是来自交易人的监督。所以，从这个角度看，公告的内容还应该告知交易方的权利和义务，以保证参与交易各方的知情权和监督权的实现。

二、交易项目的评审

1. 异议的处理。

公共资源交易项目公告之后，如果收到交易方或其他组织和个人的异议，应该由交易中心受理后转交给项目交易单位负责回复，也可以由公共资源交易中心负责答复。提出异议的一方也可以直接向公共资源交易管理局或者行业主管的监督部门提出。目前，我国在政府采购、招标投标等领域对于质疑投诉制度有了规定，但是尚不够完善。参与项目交易的任何一方都应该有异议权，这种异议权的实现途径应该是多样化的，可以是质疑、投诉方式，也应该可以直接提交纪检监察机关。异议权应该通过相关部门的回复和处理得到保证。

2. 担保的确定。

担保是保证参加交易方在交易过程中诚实守信的法律手段，也是确保交易项目得以顺利进行的一个重要环节。担保的形式主要有保证、抵押、质押、留置和定金等等。在实践中，公共资源交易中比较常用的是定金担保，也就是我们常说的保证金。保证金可以分为投标保证金和履约保证金两种。我国《政府采购法实施条例》第四十八条规定："采购文件要求中标或者成交供应商提交履约保证金的，供应商应当以支票、汇票、本票或者金融机构、担保机构出具的保函等非现金形式提交。履约保证金的数额不得超过政府采购合同金额的10%。"而实践中，许多交易项目还是习惯保证金的形式。除了保证金外，还可以采取更加便捷、更加高效的保证担保形式，如现阶段最常用的保函形式，即包括投标保函、履约保函、支付保函、预付款保函等等。

3. 专家的获取。

专家的获取是一个关键环节，是指由公共项目交易负责单位从指定的公共资源交易专家库中抽取评审专家的行为。在我国公共资源交易实践中，专家的获取依托的是公共资源交易管理部门建立的专家库，并通过随机的方式匿名获取，以保证专家与本交易项目无利益冲突问题。当然，随着社会诚信制度的逐步完善和公共资源交易责权利配置的合理性加强，评审专家也可以由公共项目单位自行邀请，且只是作为专业技术和政策的顾问。

4. 评审与竞拍。

评审与竞拍是决定公共资源项目花落谁家的问题，也是不同类别的交易项目根据各自相应的法律法规和相关文件进行比较和对比之后初步确定最后的成交交易的问题。在实践中，不管是公开招标方式，还是其他竞争性方式，多都采取综合评审法来确定成交交易人。当然，除此之外，还可以通过最低价法、拍卖法等方式单纯通过价格来确定成交交易方。不管是通过评审、竞拍，还是其他的方法，一个最为基本的要求就是：方法必须和该类公共资源相匹配，方法能够很好地配置该类别的资源。

三、成交通知书的发放

1. 交易结果公示。

交易结果公示是指经过交易项目的评审环节后，形成了初步的成交结果，经项目单位确认并在指定的媒体上发布的行为。交易结果公示的目的就是为了让利益相关人或其他组织和个人对评审的结果进行监督，以保证其合理合法和公正。任何类别的公共资源交易项目的成交都应该设置结果公示环节，至于公示的期限一般为 7 个工作日，当然也可以根据项目性质不同规定不同期限。但是，我国《政府采购法》、《政府采购法实施条例》并没有明确设置交易结果公示制度；而《招标投标法实施条例》第五十四条规定："依法必须进行招标的项目，招标人应当自收到评标报告之日起 3 日内公示中标候选人，公示期不得少于 3 日。投标人或者其他利害关系人对依法必须进行招标的项目的评标结果有异议的，应当在中标候选人公示期间提出。招标人应当自收到异议之日起 3 日内作出答复；作出答复前，应当暂停招标投标活动。"从性质上讲，交易结果公示期内尚不产生中标的法律效果，而且任何类别的公共资源交易项目都应该设置交易结果公示制度。

2. 质疑投诉的回复。

质疑和投诉是指在公共资源交易的过程中，任何一方对于公共资源项目的所有相关问题所表达的不满和疑问，并请求给予答复和处理的行为。一般而言，质疑是指向购买人或代理机构提出的，投诉是向主管的行政部门提出的。概括地说，质疑投诉都是参与方向交易项目的负责单位、公共资源交易中心或公共资源交易的主管行政部门提出，并由有权处理的单位给予答复和处理。质疑是否应该设定为投诉的前置事项以及应该遵循什么样的程序在理论和实践上有些争议，在制度设计上也有些不同。我国有关政府采购、工程建设、土地招拍挂、产权交易等相关领域的法律法规对于质疑和投诉都有相应的规范，但都尚不够完善。质疑投诉既是公共资源交易过程中必不可少的环节，更是保护交易项目参与人的合法权利和对交易项目进行监督的制度设计。为此，我们可以考虑借助正在进行的公共资源交易整合与改革的契机，对公共资源交易领域的质疑投诉等问题进行规范和创新。

3. 成交通知发布。

公共资源交易项目在经过了交易结果公示期并处理相关纠纷之后，应在指定的媒体上发布成交通知。根据公共资源交易整合改革的精神，成交通知应该统一发布在公共资源交易服务平台上。至于成交通知发布的内容，原则上应该包括所有不涉及国家机密、商业机密和个人隐私的内容，同时还可以考虑将未中标或未成交的项目参与方的评审情况在一定范围内发布，或依据项目参与方的申请公开。以政府采购领域为例，《政府采购法实施条例》第四十三条规定："……采购人或者采购代理机构应当自中标、成交供应商确定之日起 2 个工作日内，发出中标、成交通知书，并在省级以上人民政府财政部门指定的媒体上公告中标、成交结果，招标文件、竞争性谈判文件、询价通知书随中标、成交结果同时公告。中标、成交结果公告内容应当包括采购人和采购代理机构的名称、地址、联系方式，项目名称和项目编号，中标或者成交供应商名称、地址和中标或者成交金额，主要中标或者成交标的的名称、规格型号、数量、单价、服务要求以及评审专家名单。"显然，2015 年颁布的该条例内容已经比较全面，但还应该进一步考虑到未中标或未成交供应商的知情权和监督权的问题。公共资源领域其他类别的交易项目也应该逐步规范和完善成交结果的发布制度。

四、交易资料的归档

1. 费用收取与退还。

在成交结果发布之后，就应该进入与公共资源交易平台相关费用的结算阶段。这里包括的费用可能有两部分：一是使用公共资源交易平台的费用。根据公共资源交易平台建设和维护的情况不同，是否收费和如何收费情况也不尽相同。非财政资金投入建设和维护的，原则上可以依法向使用者收取适当费用，但要接受价格行政主管部门的监督；而由财政资金投资建设和维护的，原则上对于交易目录范围内的项目不应该收取平台使用费，对于交易目录范围之外的则可以依法收取适当费用，但要接受价格行政主管部门的监督。二是项目交易保证金，又可分为参与项目保证金和履约保证金。在实践中，许多地方公共资源中心是依据项目来收取项目参与保证金的，或称投保保证金。当成交结果公布后，未中标的供应商保证金予以退还；中标成交商的保证金则自动转为履约保证金。从项目交易保证金的运行情况看，蕴藏着腐败风险，而且也增加了交易项目参与方的经济负担。在公共资源交易运行中，应该考虑以保函的形式替代保证金。

2. 资料归档。

资料归档属于公共资源交易中档案管理的重要环节，也是确保公共资源交易有据可查的制度保障。它是指将与公共资源交易项目相关的资料，根据其所属主体分别归档的过程。我国《政府采购法》第四十二条规定："采购人、采购代理机构对政府采购项目每项采购活动的采购文件应当妥善保存，不得伪造、变造、隐匿或者销毁。采购文件的保存期限为从采购结束之日起至少保存十五年。采购文件包括采购活动记录、采购预算、招标文件、投标文件、评标标准、评估报告、定标文件、合同文本、验收证明、质疑答复、投诉处理决定及其他有关文件、资料。采购活动记录至少应当包括下列内容：（1）采购项目类别、名称；（2）采购项目预算、资金构成和合同价格；（3）采购方式，采用公开招标以外的采购方式的，应当载明原因；（4）邀请和选择供应商的条件及原因；（5）评标标准及确定中标人的原因；（6）废标的原因；（7）采用招标以外采购方式的相应记载。"但是，随着我国公共资源交易改革的逐步完成，应该重新规范公共资源交易的相关资料归档问题。理论上，应该由项目交易单位、公共资源交易中心负责公共资源交易项目的各种档案的归档与管理，而且文本档案和电子档案应该同时保存。

3. 信用记录。

信用记录是指对公共资源交易过程中已经发生并得到确认的违背诚信和违反法律法规行为的组织和个人记录在案的行为。公共资源交易中的组织信用既包括公共部门的，也包括参与资源交易项目的私人部门的信用；而个人信用主要包括评审专家、见证专家、代理机构的工作人员等的诚信问题。有权进行记录的机关，一般包括公共资源交易的综合监管部门、行业主管部门以及司法部门等。这些机关有权基于其已经生效的文书将公共资源交易项目的参与方的征信情况记录在案，并根据相关法律法规政策让该信用记录与其他领域的信用体系互联互通。实践中，我国公共资源交易的信用记录制度尚不够完善，尤其需要在全国公共资源交易范围内开展信用情况的互联互通，并和全国的征信体系无缝对接。

【材料阅读】

宁波公共资源交易初步实现"最多跑一次"

中国宁波网讯（记者殷聪　实习生孙佳丽）"以往招标需要来回跑两三次，

现在只要开标时到场即可,其他已实现网上流转,方便多了。"昨日刚从开标室出来的宁波德威工程造价咨询有限公司副总经理任纪亮,道出了招投标各方主体对"最多跑一次"改革满满的获得感。记者昨日从市公共资源交管办获悉,宁波市公共资源交易已初步实现"最多跑一次"改革目标。除了开标环节,近十个招投标环节已实现网上办理。

据了解,自"最多跑一次"改革以来,绍兴市公共资源交易环节不断优化,信息化水平不断提高。目前,市公共资源网上交易系统一期项目已开发完毕并投入使用。通过该系统,招标信息网上发布、招标文件网上备案、交易证及 CA 锁网上办理、开评标会场网上预约、投标保证金网上缴退、评标委员会组建、预中标公示等近十个环节实现网上办理。该系统还可实现远程异地网上开标、评标、国有产权网上投标等交易竞价功能。

"'最多跑一次'改革反映了群众的呼声,既是我们改革的初衷,也是努力的方向。"市公共资源交管办公共交易管理处处长曹剑波告诉记者,下一步宁波市将积极推进公共资源交易市级电子招投标行政监督平台建设及应用,进一步创新和规范监管方式,让"数据网上跑"代替"人员资料跑",实现网上监管(办事)流程的常态化。同时,宁波市将加快公共资源网上交易系统建设营运步伐,进一步推进电子招投标建设。"除了让招标人、招标代理机构、投标人等招投标主体少跑腿,市公共资源交易中心自去年起免去了市场主体一半的进场交易服务费、信息服务费及场地租赁费,切实降低企业负担。"曹剑波说,据初步统计,宁波市已有 1359 个项目享受该优惠政策,累计减收服务费用 708 万元。同时,市公共资源交易中心推进的工程建设项目投标保证保险制度,允许投标人用保证保险替代投标保证金,释放投标保证金 4.01 亿元。

(资料来源:中国宁波网,宁波公共资源交易初步实现"最多跑一次",具体参见:http://www.cnnb.com.cn/nbzfxwfbh/system/2017/08/31/008674263.shtml)

【问题思考】

1. 如何评价宁波市公共资源交易过程中的新举措?

2. 公共资源交易过程中还有哪些可以进一步改革与完善的地方?

第三节　公共资源交易的合同履行

公共资源交易规划的实施结果就是订立交易合同，并且希望交易双方能够严格履行合同。为此，合同履行就是公共资源交易的最终结果，也是政府通过市场来配置公共资源的最后环节。

一、公共资源交易的合同订立

1. 公共资源交易合同概念。

公共资源交易在公布了成交结果之后，必须在合理时间内签订交易合同。公共资源交易的实施过程实际就是一个合同要约与承诺过程，这期间交易项目的双方的权利和义务逐步形成。但此时项目交易合同还没有完全成立，还要经过一个程序，这就是我国《政府采购法》第四十四条的规定："政府采购合同应当采用书面形式。"政府采购合同、工程建设合同、土地使用权出让合同、产权交易合同等都是一种要约合同，应该采取书面的形式。理论上讲，公共资源交易在经过了特定的程序之后，除非出现了法定的情形外，任何一方都不得随意撤销，应该尽快与中标人、成交供应商签订公共资源交易的书面合同。我国《政府采购法》规定采购人应该在成交通知书发出之日起三十日内，按照采购文件确定的事项签订政府采购合同。中标、成交通知书发出后，采购人改变中标、成交结果的，或者中标、成交供应商放弃中标、成交项目的，应当依法承担法律责任。《招标投标法》第四十六条也规定：招标人和中标人应当自中标通知书发出之日起三十日内，按照招标文件和中标人的投标文件订立书面合同。招标人和中标人不得再行订立背离合同实质性内容的其他协议。除此之外的其他公共资源交易类别也同样应该签订书面合同形式。当然，随着"互联网＋"技术应用的日益成熟，再加之电子签章技术的逐步完善，电子合同已经被越来越多的组织所接受和采用。而基于可持续发展的理念，绿色交易和环保发展也决定了电子合同已经或正在成为公共资源交易的主流。

2. 公共资源交易合同的内容。

公共资源交易合同内容的详略适中是确保合同得以实际履行的基础。为此，尽管不同的交易项目内容不同，但是合同内容清楚、全面是则是共同的标准。公共资源交易合同一般条款应符合我国《合同法》第十二条的规定，即"合同的内容由当事人约定，一般包括以下条款：（1）当事人的名称或者姓名和住所；（2）标的；（3）数量；（4）质量；（5）价款或者报酬；（6）履行期限、地点和方式；（7）违约责任；（8）解决争议的方法。当事人可以参照各类合同的示范文本订立合同。"当然，由于公共资源交易的类别多、品种广、形式多样，合同内容的详略程度也就不尽相同。不同类别的公共资源交易项目的合同也就无法要求遵循统一的格式要求，而是要进行分门别类的类型化管理。对于技术比较复杂，标准要求高的交易项目，应该强调合同内容的准确性和详细程度；而对于技术标准统一、内容简单的合同则可简略。原则上，不管何种类型的交易项目的合同都应确保双方权利义务清晰、责任明确。不可否认，随着公共资源交易标准化、精细化程度提高，交易合同也将会更加规范。

3. 公共资源交易合同的性质。

公共资源交易合同的性质决定着公共资源交易合同纠纷的解决机制。因此，我国公共资源交易理论和实践部门都特别关注公共资源交易合同性质。在我国现有的法律体系中，尚无明确的行政合同的法律界定；而公共资源交易中的政府采购合同、工程建设合同、产权交易合同、医疗采购合同等从法律上都被界定为民事合同。而实际上，这些有一方必然为公共部门，且合同内容又都是关于公共政策、公共资金、公共利益的公共资源交易项目，和普通民事主体之间的项目有着很大区别。又加之"但同时，也应该注意到我国行政法领域契约精神认同感的提升，以及2015年最高院司法解释将行政协议纳入行政诉讼的现实意义"[1] 的规定，这就成为实践中对于合同性质争论不休的重要原因之一。这其中学界对于政府采购合同的性质争论和研究最为热闹。[2] 其实，笔者认为，简单的回答公共资源交易合同是行政合同还是民事合同实际意义不大，应该回到公共资源交易的具体救济途径中才有意义。本书将会在第八章的"公共资源交易冲突化解与合作发展"中具体论述。

---

[1] 王丛虎、吴鹏、马文娟：《我国公共资源交易统一立法问题分析》，载于《国家行政学院学报》，2017年第3期。

[2] 具体参见王丛虎所著《我国政府采购问题研究》（中国戏剧出版社2006年版）、肖北庚所著《政府采购法原理》（世界图书出版公司2016年版）以及学界发表的有关政府采购合同性质的学术论文。

二、公共资源交易的合同履行

1. 合同履行概论。

合同履行是合同双方当事人的履约行为，也是合同双方权利与义务得到实现、合同内容得以完成的过程。从合同成立的目的来看，任何当事人订立合同，都是为了能够实现合同的内容。而合同内容的实现，有赖于合同义务的执行。当合同规定的全部义务都被执行完毕时，当事人订立合同的目的也就得以实现，合同也就因目的实现而消灭。因此，合同的履行是合同目的实现的根本条件，也是合同关系消灭的最正常的原因。由此可见，合同的履行是合同制度的中心内容，是《合同法》及其他一切制度的最终归宿或延伸。

2. 公共资源交易合同的履行原则。

公共资源交易合同的履行就是指合同当事人按照合同的约定，全面完成各自承担的合同义务，使合同关系得以全部终止的行为。具体说来，公共资源交易合同的履行包括两方面的含义：一方面是双方当事人按照合同履行约定内容的过程；另一方面是双方当事人按照合同享有权利和承担义务的行为。正确、全面、及时履行合同是所有类型合同的基本原则，也是合同权利的实现和合同义务解除的必然要求。不管是任何类别的公共资源交易合同，在合同履行过程中都应该遵循这几个基本原则。公共资源交易合同的履行除遵循普通民事合同履行的一般原则外，还带有自身的特殊性。以公共采购合同为例，公共采购毕竟是作为公共部门的采购人与供应商之间关于货物、工程和服务的交易行为，这就决定了公共采购必然带着浓厚的公共性。公共性首先表现为公共采购合同的当事人中必须有一方是公共部门，例如公车采购合同，合同一方必须是行政部门，合同签订之后应该在合同规定的时间内交付行政主管部门所有及使用和管理；公共性其次表现为公共采购合同的目的是执行公务，且不得有任何损害公共利益的行为。具体说来又包括两种情况：即合同的当事人参加公务的执行，合同本身构成公务的一种方式。当事人参加执行公务的合同，如公务特许合同和公共工程承包合同就属于此类；合同本身就是执行公务的行为，如某政府机关为了实现城市规划与某些单位签订的合同，等等。

3. 公共资源交易合同的验收。

公共资源交易合同的验收是指项目交易合同签订之后进入履行阶段，由特定机关查验合同双方是否真实履行的过程。由于公共资源交易涉及的国家利益，公共部门只是代表国家代行合同权利，这就决定了公共资源交易合同的履行验收尤为重要。一般而言，合同的验收应该是公共资源交易的监督管理部门，或者是无利害关系的第三方。实践中，考虑到有些公共资源交易合同内容涉及专业性、技术性强等原因，应由合同监管部门委托专业技术机构进行合同验收更为合适。公共资源交易合同的履约验收最为重要的目的是为了防止合同一方欺诈，或双方串通与共谋等损害公共利益的行为。为此，交易合同的履行验收不仅需要合同内容与货物相印证，还需要运送货单和实物相印证、货物编码与货物实体相印证，等等。总之，公共资源交易合同的履行验收就是要确保合同内容得到全面而真实的履行。

三、公共资源交易合同的变化

1. 公共资源交易合同的撤销。

合同撤销是指合同生效后，由于法定情形出现，合同当事人向有关机关提出申请，而有权机关依法宣布合同终止的过程。民事合同的有权机关是指人民法院和仲裁机关。就合同撤销的法定情形而言，我国《合同法》第五十四条的规定，可撤销的事由有：（1）因重大误解订立合同的；（2）在订立合同时有失公平的；（3）一方以欺诈、胁迫手段或者乘人之危使对方违背真实意思签订合同的。不难看出，《合同法》规定的撤销情形主要是针对合同双方当事人意思表示不真实的情形。如前所述，由于我国没有"行政合同"这个法律概念（仅有法学概念），公共资源交易合同的撤销问题有些复杂，如《政府采购法》规定的合同撤销主要表现在第七十一条、第七十二条中。从规定的情形上看，只要有政府采购参加人违法的行为存在，就可以成为撤销合同的法定情节[①]。对比两部法律，即《合同法》和《政府采购法》，关于合同撤销情形相差甚远。就撤销的主体而言，《合同法》中规定的为人民法院和仲裁机构；而《政府采购法》中规定的撤销主体则可以是各级财政部门，也可以是人民法院。就合同撤销发起者而言，《合同法》规定提起合同撤销的可以是合同当事人；而《政府采购法》则规定是政府采购的

---

① 《政府采购法》中规定的合同无效和合同撤销情形是同一个问题，即如果认定合同无效，则就应该被撤销。所以，撤销的法定情形和无效的法定情形完全相同。

主管部门，即各级财政部门或其他相关主管机关。由此，不难看出关于合同的撤销制度两部法律存在巨大差异和冲突，甚至两部法律之间对于撤销制度的基本概念就完全不同。当然，除此之外，关于合同撤销的期限和法律后果也完全不同。我国《政府采购法》中关于政府采购合同的撤销制度完全按照行政法律制度来设计，而《合同法》中的撤销制度则完全按照民法精神来设计。

2. 公共资源交易合同的解除。

按照民事合同的精神，合同解除是指合同有效成立之后，当解除的条件出现时，合同当事人一方或者双方合意，提前解除合同权利与义务的一种制度。当然，合同解除与撤销不同，主要表现在：（1）合同的撤销涉及合同的效力问题；而合同的解除是提前终止权利义务关系，不涉及合同的效力问题；（2）引起的原因不同。合同的撤销原因是意思表示不真实，一方或双方有过错。而合同解除可以有多种原因，如双方协商、发生不可抗力、约定解除条件等；（3）行使权利的方式不同。撤销合同只能由人民法院或者仲裁机构决定。而合同解除可以由双方当事人决定，不需要人民法院或者仲裁机构。（4）效力终止的时间不同。被撤销的合同自始无效；而被解除的合同可以是自被解除之日起无效；（5）行使权利的时间限制不同。行使撤销权必须在法律规定的 1 年内行使；而解除合同没有时间的限制。

基于对于民事合同解除和撤销的分析，我们来看看公共资源交易合同解除问题。我国《政府采购法》、《招标投标法》都没有关于合同解除的规定。如前所述，是否意味着可以适用《合同法》呢？答案应该是肯定的。因为，我国《政府采购法》第四十三条明确规定了政府采购合同适用《合同法》。既然，《政府采购法》、《招标投标法》都没有规定，而采购实践中有可能出现解除合同的情形，当然应该适用《合同法》的规定了。而基于国家有关公共资源交易性质和相关立法精神，经过了法定程序之后公共资源交易合同是不应该允许交易当事人双方协商或者当事人某一方随意解除的，否则不仅造成公共资源的浪费，还可能滋生腐败行为。但是，由于我国还没有行政合同立法，以及公共资源交易合同被定性为民事合同，这就必然会出现这样的尴尬情况。基于此，笔者主张应该逐步完善有关公共资源交易的相关制度，尤其是要回应这些现实情况，尽早为公共资源交易合同设计一套适合我国国情的冲突解决机制。

3. 公共资源交易合同的无效。

按照我国《合同法》的规定，有权宣布并撤销无效合同的主体只有两个，即人民法院和仲裁机构。这就意味着除这两类主体以外任何机构都无权宣布或者认定民事合同是否有效。当然，民事合同在被宣布或者认定无效前，合同自成立之日是具有法律效力的。但是，公共资源交易合同则不同。除了依据当事人的申请，人民法院、仲裁机构可以认定或宣布政府采购合同无效外，公共资源交易的相关主管机关可以依职权认定或者宣布合同无效。而且，在公共资源交易实践中，如政府采购合同中，由其主管行政机关认定或者宣布合同无效的情况显然要比通过人民法院、仲裁机构要多，占据了政府采购合同的绝大部分。

当然，我国有学者提出这种由政府采购主管部门认定政府采购合同无效的情况有悖法律制度的统一。"根据《政府采购法》第八章法律责任所规定的内容，能够对政府采购合同有效还是无效进行认定的非常确定的权力主体，我们在所有的条款中都没有查找到。但从《政府采购法》的相关规定来看，政府采购活动的监督管理部门和相关的行政机关是可以认定政府采购合同是有效还是无效的。同样，根据我国《招标投标法》第五章法律责任的相关内容，这部法律对招标合同是否有效的处理机关也是没有明确界定，但是从整部法律的相关规定来看，有关的行政机关还是可以认定招标采购合同有效还是无效的。但笔者认为，在《政府采购法》、《招标投标法》没有明确规定的情况下，必须根据我国《合同法》的规定，将无效政府合同的认定权力归还于仲裁机构或者人民法院。否则，有悖于我国法律制度的统一。"① 但笔者并不这么看。第一，政府采购合同适用《合同法》并不意味着政府采购合同全部依附于《合同法》的规定。《合同法》是由全国人民代表大会通过的，是法律范畴；而《政府采购法》是全国人民代表大会常务委员会通过的，同样也属于法律范畴，我国并没有法律明确规定人大和人大常委会制定的法律有不同的效力。所以，这就意味着这两部法律具有同等法律效力。《政府采购法》规定政府采购合同适用民事合同，应该理解为《政府采购法》中没有规定的，可以依据《合同法》的规定，而《政府采购法》已经明确规定的，则应该适用《政府采购法》的规定。所以，《政府采购法》和《招标投标法》中规定的合同无效认定的主体并不能视为对《合同法》的冲突。第二，尽管政府采购合同可以适用民事合同，但并没有否认政府采购法律规范的行政法属性。行政法的基本原理和救济制度中，行政主体或者称行政主管部门可以行使监

---

① 谷辽海：《法治下的政府采购》，群众出版社 2005 年版，第 105 页。

督检查权，并基于不同的情况作出行政处理决定。同时，《政府采购法》和《招标投标法》的相关条款也都明确规定了主管行政机关的监督检查权，行使对政府采购合同的监督处理权，及时认定或者撤销无效政府采购合同是合乎情理的，也是行政法律规范的应有之义。

【案例阅读】

甘肃创成实业集团有限公司与兰州市城关区人民政府、兰州九州经济开发区管理委员会经贸其他审判监督行政判决书

（中华人民共和国最高人民法院行政判决书）

（2014）行提字第 24 号

申请再审人（一审第三人、二审上诉人）甘肃创成实业集团有限公司。

法定代表人江创成，该公司董事长。

委托代理人赵利东，甘肃方域西涛律师事务所律师。

委托代理人邱星美，北京中凯律师事务所律师。

被申请人（一审原告、二审被上诉人）兰州金士豪贸易公司。

法定代表人魏玉龙，该公司经理。

委托代理人魏立桦，该公司副经理。

委托代理人马明德，北京市齐致律师事务所律师。

原审上诉人（一审被告）兰州市城关区人民政府。

法定代表人张永财，该区区长。

委托代理人刘浩，甘肃吉庆律师事务所律师。

委托代理人王家聪，该区政府法制办公室工作人员。

原审上诉人（一审被告）兰州九州经济开发区管理委员会。

法定代表人邓海燕，该单位主任。

委托代理人王春梅，甘肃兴正天律师事务所律师。

申请再审人甘肃创成实业集团有限公司（以下简称创成公司）因兰州金士豪贸易公司（以下简称金士豪公司）诉兰州市城关区人民政府（以下简称城关区政府）、兰州九州经济开发区管理委员会（曾用名：兰州市城关区九州经济开发小区管理委员会办公室，以下简称九州管委办）土地行政管理一案，不服甘肃省高级人民法院（2007）甘行终字第107号行政判决，向本院申请再审。本院依法

组成合议庭进行了听证审查，并于 2014 年 4 月 23 日以（2013）行监字第 691 号裁定提审本案。本案现已审理终结。

金士豪公司于 2006 年向甘肃省兰州市中级人民法院提起行政诉讼，请求撤销城关区政府城政地字（2002）8 号《关于给甘肃创成实业集团有限公司出让土地使用权的通知》，请求撤销城关区政府给创成公司颁发的《国有土地使用证》，请求依法确认其与九州管委办签订的《关于收回九州开发区 17 号地 43.205 市亩土地的协议书》无效，请求撤销城关区政府城政地字（2006）5 号《关于收回兰州金士豪贸易公司 17 号土地 43.205 市亩土地使用权的通知》。

甘肃省兰州市中级人民法院（2007）兰行初字第 12 号一审行政判决认定：1994 年 8 月 25 日金士豪公司与兰州市城关区城乡规划土地管理局（以下简称城关区国土局）、九州管委办签订了《国有土地使用权出让合同书》（以下简称《1994 年出让合同》），约定：九州管委办出让位于兰州市城关区九州经济开发区 17 号地块（以下简称"17 号地块"）内的 87.64 市亩土地给金士豪公司。1995 年 1 月 9 日，九州管委办以城九州管委办（1995）003 号《关于有偿出让九州经济开发小区 17 号地块内 5.842 公顷（合 87.64 市亩）土地使用权的报告》请求城关区政府批复有偿出让给金士豪公司 87.64 市亩土地使用权。1995 年 1 月 24 日，城关区政府作出城政地字（1995）1 号《关于给兰州金士豪贸易公司出让土地使用权的通知》，批准将 17 号地块内 87.64 市亩土地使用权有偿出让给金士豪公司。1996 年 10 月 30 日，九州管委办因金士豪公司未付土地出让金而下发九州管委办（1996）066 号《关于解除〈国有土地使用权合同书〉的通知》，通知与金士豪公司解除合同。1996 年 11 月 20 日，金士豪公司给城关区政府回复不同意解除合同的书面意见。1999 年 1 月 4 日，九州管委办与金士豪公司又签订了《协议书》（以下简称《1999 年补充协议》）约定：金士豪公司尚欠付九州管委办土地出让金 8264000 元，九州管委办考虑到金士豪公司一次性支付有困难，同意分期支付，余款于 1999 年 12 月 25 日前全部付清等。2002 年 6 月 7 日，城关区政府作出的城政地字（2002）8 号《关于给甘肃创成实业集团有限公司出让土地使用权的通知》，将 17 号地块内的 43.205 市亩土地使用权有偿出让给创成公司。2005 年 4 月，城关区国土局在《兰州日报》发布《土地确权发证公告》。2005 年 6 月 3 日，城关区政府给创成公司颁发了《国有土地使用证》。2005 年 9 月 1 日，九州管委办与金士豪公司签订了《关于收回九州开发区 17 号地 43.205 市亩土地的协议书》（以下简称《2005 年收回部分土地协议》）。双方同意九州管委办收回金士豪公司有偿使用的 17 号地块 87.64 市亩土地内的 43.205 市亩土地。2006 年 6 月 14 日城关区政府作出城政地字（2006）5 号《关于收回兰州金士豪贸易公司 17 号土地 43.205 市亩土地使用权的通知》，收回了金士豪公司土地内的 43.205 市亩土地使用权。

甘肃省兰州市中级人民法院认为：该案争议的焦点是城关区政府将出让给金士豪公司的部分土地，又重复出让给创成公司并为其颁发《国有土地使用证》后，以通知方式收回金士豪公司土地的具体行政行为是否合法。经审查，1994 年 8 月 25 日金士豪公司与城关区国土局、九州管委办三方签订了《国有土地使用权出让合同书》；1995 年 1 月 24 日城关区政府作出城政地字第（1995）1 号《关于给兰州金士豪贸易公司出让土地使用权的通知》，金士豪公司由此合法取得 17 号地块内 87.64 市亩土地使用权。城关区政府要收回给金士豪公司出让的部分土地使用权，必须依照《中华人民共和国土地管理法》第五十八条的相关规定对土地使用权人给予适当补偿，经城关区政府的土地行政主管部门报经原批准用地的人民政府批准，才可以收回国有土地使用权。本案中，城关区政府在没有按照法律规定先收回已给金士豪公司有偿出让的部分土地的情况下，就于 2002 年 6 月 7 日作出城政地字（2002）8 号《关于给甘肃创成实业集团有限公司出让土地使用权的通知》，将有偿出让给金士豪公司的部分土地，重复出让给第三人创成公司并给其颁发《国有土地使用证》，该具体行政行为事实不清，程序违法。由于城关区政府给第三人创成公司有偿出让土地使用权时未书面告知金士豪公司，故城关区政府有关金士豪公司的起诉超过法定期限的理由，无事实和法律依据。

关于 2005 年 9 月 1 日九州管委办与金士豪公司补签《2005 年收回部分土地协议》的效力问题，因城关区国土局未在该协议上签章，故九州管委办无权单方与金士豪公司签订该协议，此行政合同应确认为无效。

对于城关区政府给第三人创成公司颁发《国有土地使用证》是否合法，城关区政府于 2005 年 6 月 3 日给第三人创成公司颁发了《国有土地使用证》，而于 2006 年 6 月 14 日才下发城政地字（2006）5 号《关于收回兰州金士豪贸易公司 17 号地 43.205 市亩土地使用权的通知》。显然城关区政府给第三人创成公司颁证在先，收回金士豪公司出让的国有土地使用权在后，且城关区政府在该通知中未适用法律法规的规定，故其作出的行政行为程序违法。

甘肃省兰州市中级人民法院根据《中华人民共和国行政诉讼法》第五十四

条第二项 3 目的规定，判决：一、撤销城关区政府 2002 年 6 月 7 日作出的城政地字（2002）8 号《关于给甘肃创成实业集团有限公司出让土地使用权的通知》；二、撤销城关区政府城政地字（2006）5 号《关于收回兰州金士豪贸易公司 17 号土地 43.205 市亩土地使用权的通知》；三、撤销城关区政府向第三人创成公司颁发的兰国用（2005）第 j126 号《国有土地使用证》；四、金士豪公司与九州管委办签订的《关于收回九州开发区 17 号地 43.205 市亩土地的协议书》无效。

城关区政府、九州管委办和创成公司不服该一审判决，均向甘肃省高级人民法院上诉。

城关区政府上诉请求依法撤销一审判决并依法改判。主要理由：（1）一审判决认定金士豪公司已经合法取得了 17 号地块内 87.64 市亩土地使用权错误，违背了法律规定的土地有偿使用制度和登记发证制度。（2）一审判决认定向创成公司出让土地属于重复出让并适用《土地管理法》第五十八条规定错误。（3）一审判决以城关区国土局未盖章认定《2005 年收回部分土地协议》无效错误。九州管委办是兰州市城关区委、区政府主管九州经济开发小区全面工作的直属单位，有关九州经济开发小区的具体土地管理工作由九州管委办行使。（4）一审判决撤销城政地字（2006）5 号文件及兰国用（2005）第 j126 号《国有土地使用证》错误。事实是至 2005 年 8 月，金士豪公司始终没有缴纳 87.64 市亩土地使用权出让金，更未办理土地使用权登记。同时，城关区政府按照法律法规的规定，在创成公司缴纳全部土地使用权出让金，城关区土地管理部门在报纸上刊登公告且一个月内无人提出异议后，为创成公司办理了兰国用（2005）第 j126 号《国有土地使用证》，颁证行为的事实及程序完全合理合法。（5）金士豪公司起诉已超过法定起诉期限。（6）一审法院在判决中出现重大错误。《土地管理法》第五十八条规定的是可以收回国有土地使用权的情形，一审法院却表述为可以收回国有土地所有权。创成公司土地使用证号为兰国用（2005）第 j126 号，但判决撤销的土地证为兰国用（2005）第 j120 号。

九州管委办上诉请求：（1）依法撤销一审判决第四项内容；（2）依法改判《2005 年收回部分土地协议》有效；（3）依法驳回金士豪公司起诉或诉讼请求；（4）一、二审诉讼费用由金士豪公司承担。主要理由：①一审判决对《2005 年收回部分土地协议》认定无效没有法律依据，完全错误。②金士豪公司未取得 87.64 市亩土地使用权，也未取得 43.205 市亩土地使用权，其以原告身份起诉有悖法律规定，其起诉应予驳回。③本案金士豪公司将数个不同的具体行政行为，以及确认合同无效列入诉讼请求中要求一并处理违背法律规定，属滥用诉权，请求予以驳回。④金士豪公司的主张已超过起诉期限，应依法驳回。

创成公司上诉请求依法撤销兰州中院（2007）兰行初字第12号行政判决，并依法改判，由金士豪公司承担一、二审诉讼费用。主要理由：（1）金士豪公司仅取得了用地的批准文件，因其未按规定办理土地使用权登记，领取《国有土地使用证》，一审判决认定其取得87.64市亩土地使用权是完全错误的。（2）一审判决认定城关区政府将出让给金士豪公司的部分土地重复出让给创成公司错误。因金士豪公司未按照合同约定支付全部土地出让金，所以依照法律规定金士豪公司并未取得43.205市亩土地的使用权，城关区政府给创成公司出让该土地并未侵害金士豪公司的任何利益，不属于重复出让土地。（3）一审判决认定《2005年收回部分土地协议》无效错误。城关区国土局依据该协议为金士豪公司办理了44.435市亩《国有土地使用证》就是对该协议效力的认可。另土地使用权出让合同属于民事案件受理范围，那么基于该合同作出的变更应当属于民事诉讼范畴。且收回土地的协议签约主体是九州管委办，与本案所诉行政行为是不同的主体。（4）一审判决撤销创成公司土地使用证错误。创成公司取得《国有土地使用证》的一系列行为和程序都是依法进行的，其依法登记的土地使用权应当受到法律保护。（5）一审判决出现严重错误。《土地管理法》第五十八条规定的是可以收回国有土地使用权的几种情形，一审法院却将"使用权"错误引用为"所有权"。创成公司土地使用证为兰国用（2005）第j126号《国有土地使用证》，而一审判决撤销的证号为兰国用（2005）第j120号。

金士豪公司请求驳回上诉，维持原判。主要理由：（1）九州管委办认为金士豪公司无诉讼主体资格，且已超过起诉期限理由错误。2002年城关区政府给创成公司有偿出让土地使用权时并未书面告知金士豪公司，且金士豪公司与被诉行政行为有直接的利害关系，有诉讼主体资格。（2）九州管委办认为金士豪公司将数个不同的行政行为，以及确认合同无效均列入本案诉讼请求，违背行政诉讼法理由错误。因这些诉讼请求基于同一事实，就是城关区政府、九州管委办对金士豪公司43.205市亩土地作出的三项具体行政行为提出的。且九州管委办是行政机关的派出机构，《2005年收回部分土地协议》属于行政合同范畴，是行政诉讼的受案范围。（3）《2005年收回部分土地协议》是对原土地出让合同的变更，应由原合同全部当事人签订认可，但收回土地协议中无城关区国土局签章认可。九州管委办无权作为土地出让方与金士豪公司签订上述协议，一审判决确认该协议无效正确。(4)《1994年出让合同》是行政合同，已发生法律效力，一审判决认定金士豪公司取得了87.64市亩土地使用权正确。

甘肃省高级人民法院（2007）甘行终字第107号二审判决查明的事实与一审基本一致。

甘肃省高级人民法院另查明，在最高人民法院《关于执行〈中华人民共和国行政诉讼法〉若干问题的解释》第二十六条第二款规定的举证期限内，城关区政府向一审法院提交了《兰州市城关区人民政府就兰州金士豪贸易有限公司诉讼一案的证据目录及说明》，其共向法院提交了两组证据，并做书面说明：第一组证据用以证明"金士豪未按法律强制性规定缴纳土地出让金，九州管委办依法解除了《土地出让合同》"；第二组证据用以证明"面对金士豪公司自认无力支付土地出让金的事实，金士豪公司按照协议对折算后的土地进行了登记，区政府依法规收回了43市亩土地"。但对被诉的城关区政府作出的城政地字（2002）8号《关于给甘肃创成实业集团有限公司出让土地使用权的通知》和城关区政府给创成公司颁发的兰国用（2005）第j126号《国有土地使用证》的证据和所依据的规范性文件均未向法院提交。还查明，2006年6月14日城关区政府作出城政地字（2006）5号《兰州市城关区人民政府关于收回兰州金士豪贸易公司17号地块43.205市亩土地使用权的通知》，内容是："兰州金士豪贸易公司：根据城关区人民政府城政地字（1995）1号'关于给兰州金士豪贸易公司出让土地使用权的通知'，兰州金士豪贸易公司于1995年4月24日取得了九州开发区17号地块内87.64市亩土地使用权，但由于金士豪公司未按区政府拨地文件的要求支付土地出让金，也没有在该块土地上进行任何形式的建设开发，经双方协商同意，经九州管委会会议研究决定，现收回该宗地内43.205市亩土地使用权，废止区政府城政地字（1995）1号文件"。

甘肃省高级人民法院认为，1994年8月25日金士豪公司与城关区国土局、九州管委办签订了《国有土地使用权出让合同书》，约定将位于兰州市城关区17号地块内的87.64市亩土地出让给金士豪公司。1995年城关区政府作出城政地字（1995）1号《关于给兰州金士豪贸易公司出让土地使用权的通知》，批准将17号地块内5.842公顷（合87.64市亩）土地使用权有偿出让给金士豪公司。2006年6月14日城关区政府才作出城政地字（2006）5号《关于收回兰州金士豪贸易公司17号地43.205市亩土地使用权的通知》，却于2002年6月7日作出城政地字（2002）8 号《关于给甘肃创成实业集团有限公司出让土地使用权的通知》，将 17 号地块内的 43.205 市亩的土地使用权有偿出让给了创成公司，并于 2005 年 6 月为创成公司颁发了兰国用（2005）第 j126 号《国有土地使用证》。故城关区政府作出的城政地字（2002）8 号通知和颁发兰国用（2005）第 j126 号《国有土地使用证》的行政行为认定事实不清，程序违法。且城关区政府在提交给法院的证据材料中对上述两个被诉行政行为的证据和所依据的规范性文件均未向法院提交。依据最高人民法院《关于执行〈中华人民共和国行政诉讼法〉若干问题的解释》第二十六条第二款之规定，应当认定上述两个被诉具体行政行为没有证据、依据。城关区政府在将这 43.205 市亩土地使用权于 2002 年 6 月有偿出让给创成公司，并于 2005 年 6 月为其颁发国有土地使用证后，又于 2006 年 6 月 14 日作出城政地字（2006）5 号《关于收回兰州金士豪贸易公司 17 号地 43.205 市亩土地使用权的通知》，才将原出让给金士豪公司、又重复出让给创成公司的国有土地使用权以政府通知的名义正式收回。且该通知中未适用收回土地使用权的法律、法规依据，故该具体行政行为程序违法，应予撤销，该通知的内容与城关区政府的上诉理由也是相悖的。综上，一审法院判决撤销城关区政府城政地字（2002）8 号通知，撤销城关区政府城政地字（2006）5 号通知，撤销兰国用（2005）第 j126 号《国有土地使用证》是正确的。城关区政府、创成公司的上诉理由不能成立。

关于金士豪公司与九州管委办于 2005 年 9 月 1 日签订的《2005 年收回部分土地协议》的效力问题，依据《中华人民共和国城镇国有土地使用权出让和转让暂行条例》第十一条规定"土地使用权出让合同应当按照平等、自愿、有偿的原则，由市、县人民政府土地管理部门与土地使用者签订"。1994 年 8 月 25 日金士豪公司与城关区国土局、九州管委办三方签订了《1994 年出让合同》，约定九州管委办出让位于兰州市城关区 17 号地块内的 87.64 市亩土地使用权给金士豪公司。依据《中华人民共和国城市房地产管理法》第十五条规定和《中华人民共和国土地管理法》第五十八条第一款的规定，解除土地出让合同的主体是政府的土地管理部门，收回国有土地使用权由有关人民政府土地行政主管部门报经原批准用地的人民政府或者有批准权的人民政府批准。现九州管委办无权单方与金士豪公司签订收回土地的协议。一审法院认定该协议无效正确。九州管委办的上诉理由不能成立。综上，上诉人城关区政府、九州管委办及创成公司的上诉理由均不能成立，依法应予驳回。依据《中华人民共和国行政诉讼法》第六十一条

（一）项之规定，判决驳回上诉，维持原判。

申请再审人创成公司向本院申请再审及听证中称：金士豪公司从未取得争议土地使用权，不具有本案原告主体资格且起诉已超过法定期限，原审法院应驳回起诉。《2005年收回部分土地协议》是政府主管机构无法一再容忍金士豪公司无力按照合约约定交纳土地出让金，行使法定的及合同约定的合同解除权，及合同双方自愿协商变更原出让合同的真实意思表示。一、二审法院判决认定该协议无效，既违背事实，又违背法律。一、二审法院将《2005年收回部分土地协议》性质认定为收回国有土地使用权的行为，本质上是错误的。一、二审法院撤销相关行政行为，是建立在认定事实及适用法律错误的基础上。请求撤销一、二审判决，并驳回金士豪公司诉讼请求。

被申请人金士豪公司在听证和书面答辩中称：创成公司申请再审超过法定期限，不应支持。一、二审判决认定事实清楚，适用法律准确，应予维持。金士豪公司具有原告主体资格且起诉未超过起诉期限；不服《2005年收回部分土地协议》属于行政诉讼受案范围；原审阶段增加诉讼请求符合法律规定；土地使用权转让规定不能用于规范出让合同；二审判决对程序违法的认定正确无误；城政地字（2002）8号文件是已生效的违法许可；申请人提交的新证据不成立。请求判决驳回创成公司的再审申请。

原审上诉人城关区政府在听证和书面答辩中称：对本案的基本事实及过程不持异议。但创成公司申请再审是否超出法定期限，请予以审查。城关区政府本着维护司法权威，已经按照原生效判决进行了执行。如二审判决被推翻，城关区政府依照原生效判决作出的相关具体行政行为将丧失法律依据，后果由谁来承担？

原审上诉人九州管委办在听证和书面答辩中称：对本案的基本事实及过程不持异议；并认为金士豪公司不是本案适格原告，《2005年收回部分土地协议》效力问题属于民事诉讼调整的范畴，请求驳回金士豪公司的诉讼请求。

各方当事人对原一、二审判决认定与争议土地有关的数次出让合同、协议以及相关行政机关处理的过程等基本事实，均无异议，本院依法予以确认。

本院审理中，各方当事人未能就案件的协调和解达成一致。

本院认为，本案争议焦点主要涉及下列问题：

（一）金士豪公司是否曾取得争议土地使用权

《中华人民共和国土地管理法》第十一条第三款规定，单位和个人依法使用的国有土地，由县级以上人民政府登记造册，核发证书，确认使用权。《中华人民共和国土地管理法实施条例》第三条第一款规定，国家依法实行土地登记发证制度。依法登记的土地所有权和土地使用权受法律保护，任何单位和个人不得侵犯。《中华人民共和国城镇国有土地使用权出让和转让暂行条例》第十六条规定，土地使用者在支付全部土地使用权出让金后，应当依照规定办理登记，领取土地使用证，取得土地使用权。这些法律规范确立了我国国有土地实行有偿使用和登记发证制度。

《1994 年出让合同》约定将包括争议的 43.205 市亩土地在内的全部 87.64 市亩土地出让给金士豪公司，土地出让金每亩 10 万元，总计 876.4 万元。金士豪公司于 1995 年支付其中的 51.8540 万元。1996 年 10 月 30 日，九州管委办曾作出九州管委办（1996）066 号《关于解除〈国有土地使用权合同书〉的通知》，要求金士豪公司支付滞纳金等并办理解除合同手续，逾期按自动解除合同办理。金士豪公司 1996 年 11 月 20 日致函反对单方解除合同。1999 年 1 月 4 日，九州管委办与金士豪公司在《1994 年出让合同》的基础上又签订《1999 年补充协议》，约定全部土地出让金在 1999 年 12 月 25 日前付清，并约定相应的违约赔偿责任。但至 2005 年 9 月 1 日九州管委办与金士豪公司签订《2005 年收回部分土地协议》前，金士豪公司并未支付任何剩余土地出让金。城关区政府 1995 年 1 月 24 日作出的城政地字（1995）1 号《关于给兰州金士豪贸易公司出让土地使用权的通知》也明确载明："同意将九州开发区 17 号地内 5.842 公顷（合 87.64 市亩）土地使用权有偿出让给你公司，……请按《土地管理法》和省、市政府的有关规定，经区规划土地局实地放线定界后，办理土地使用权出让手续"。至本案争议发生时，金士豪公司并未依法办理土地使用权出让手续，也未曾实际占有、使用争议土地，更未取得国有土地使用证。一、二审判决认定金士豪公司已取得包括争议土地在内的全部 87.64 市亩国有土地使用权不符合事实，亦无法律依据。金士豪公司在《2005 年收回部分土地协议》签订后，按照《1994 年出让合同》约定的价款交付了 17 号地块内无争议的 44.435 市亩土地出让金，并于 2005 年 11 月 30 日取得该 44.435 市亩土地的国有土地使用证。

（二）创成公司取得争议的 43.205 市亩土地使用权是否侵犯金士豪公司合法权益

金士豪公司长期未交纳土地出让金，争议土地因暴雨被冲刷成大坑；创成公司受九州管委办的邀请垫资填充大坑，并开始实际施工。2002 年 3 月 6 日创成公司与九州管委办签订 43.205 市亩土地的《土地使用权出让合同》，同年 6 月 7 日城关区政府作出城政地字（2002）8 号《关于给甘肃创成实业集团有限公司出让土地使用权的通知》，批准将争议土地使用权有偿出让给创成公司。2003 年 12 月 8 日，九州管委办又与创成公司签订《关于 17 号地（大坑）土方平整夯填协议》，约定创成公司以土方平整夯填工程款抵偿争议土地出让金。2005 年 5 月 1 日，城关区国土局在《兰州日报》发布《土地确权发证公告》。公告期满无异议后，城关区政府于 2005 年 6 月为创成公司颁发兰国用（2005）第 j126 号《国有土地使用证》。创成公司取得上述土地使用权并不存在违反法律规定情形，也不存在侵犯金士豪公司土地使用权问题，其依法取得的土地使用权应当受到保护。

（三）金士豪公司与九州管委办签订的《2005 年收回部分土地协议》的法律效力

国有土地使用权出让合同及相应的解除合同，其性质不属于平等主体之间签署的民事合同，一、二审法院在审理涉案土地的批准出让行为与颁证行为引发的行政案件时，根据金士豪公司的诉讼请求，将确认《2005 年收回部分土地协议》效力的诉讼作为行政案件受理并合并审理，并不违反法律规定。该合同载明："甲、乙双方同意将乙方已有偿使用的九州开发区 17 号地 87.64 市亩土地内 44.435 市亩土地继续归乙方使用，剩余 43.205 市亩土地由甲方收回"。从本案实际情况看，该协议中的"收回"土地，与《中华人民共和国土地管理法》第五十八条规定的收回国有土地使用权情形不同，应属于对《1994 年出让合同》、《1999 年补充协议》中有关出让土地面积的变更和对原出让合同的部分解除。一、二审法院认为应当按照《中华人民共和国土地管理法》第五十八条规定的程序和步骤办理收回国有土地使用权手续，属认定事实不清，适用法律错误。

《1994 年出让合同》中载明的出让方（甲方）为九州管委办，受让方（乙方）为金士豪公司，城关区国土局虽非合同相对方，但也在合同尾部加盖了公章。2005 年 9 月 1 日签订《2005 年收回部分土地协议》中仅有甲方九州管委办和乙方金士豪公司的法定代表人签字并加盖公章，城关区国土局没有加盖公章。但城关区政府作出的城政地字（2002）8 号《关于给甘肃创成实业集团有限公司出让土地使用权的通知》、城关区政府给创成公司颁发的兰国用（2005）第 j126 号《国有土地使用证》以及城政地字（2006）5 号《兰州市城关区人民政府关于收回兰州金士豪贸易公司 17 号地 43.205 市亩土地使用权的通知》等一系列行为表明，城关区政府及相关土地管理部门，均认可九州管委办对开发区内土地的管理权，也同意并认可将争议土地重新出让给创成公司。一、二审法院审理过程中，城关区政府及相关土地管理部门均主张由九州管委办出面签订相关合同，符合当地对开发区土地管理的文件规定，也符合当地实际，并认可《2005 年收回部分土地协议》的效力。一、二审法院仅以城关区国土局未在该协议上签章，即认定九州管委办无权单方与金士豪公司签订《2005 年收回部分土地协议》，并确认《2005 年收回部分土地协议》无效的理由不能成立。此既不符合当地政府及相关土地管理部门授权九州管委办管理土地的实际情况，也未考虑创成公司已经依法取得土地使用权的情形，原审判决有关《2005 年收回部分土地协议》无效的认定，应当予以纠正。

上述事实表明，金士豪公司并未依法取得争议土地使用权。创成公司在没有过错的情况下，签订相应的出让合同并经城关区政府批准，履行了交纳土地出让金的义务，领取了国有土地使用证，其依法取得的土地使用权应当受到保护。九州管委办及相关政府部门在未书面解除《1994 年出让合同》前，将争议土地重新出让给创成公司并作出相应的行政行为，存在程序上的瑕疵。但不能因此而否定创成公司基于善意而依法取得的土地使用权。

《1994 年出让合同》曾约定将争议土地出让给金士豪公司，且被告在一审中未依法提供金士豪公司起诉已经超过法定期限的证据，一、二审法院已对本案作出实体判决，申请再审人创成公司关于金士豪公司不具有原告主体资格及其起诉超过法定期限的主张，本院不予支持。被申请人金士豪公司等关于创成公司向本院申请再审超过法定期限的主张，不符合《中华人民共和国行政诉讼法》第六十二条和第六十三条第二款的规定，本院亦不予支持。

综上，一、二审判决认定事实错误，适用法律不当，应当依法予以撤销。金士豪公司的诉讼请求不能成立，依法应予驳回。依据《中华人民共和国行政诉讼法》第六十一条第三项和最高人民法院《关于执行〈中华人民共和国行政诉讼法〉若干问题的解释》第五十六条第（二）项、第七十八条的规定，判决如下：

一、撤销甘肃省高级人民法院（2007）甘行终字第107号行政判决；

二、撤销甘肃省兰州市中级人民法院（2007）兰行初字第12号行政判决；

三、驳回原审原告兰州金士豪贸易公司的诉讼请求。

一、二审案件受理费共计人民币 150 元，由兰州金士豪贸易公司、兰州市城关区人民政府、兰州九州经济开发区管理委员会各负担 50 元。

本判决为终审判决。

审　判　长　郭修江
代理审判员　耿宝建
代理审判员　沈小平
二〇一四年八月十四日
书　记　员　刘　漱

附：本判决所适用和参考的法律规范

1. 《中华人民共和国行政诉讼法》第六十一条人民法院审理上诉案件，按照下列情形，分别处理：

（三）原判决认定事实不清，证据不足，或者由于违反法定程序可能影响案件正确判决的，裁定撤销原判，发回原审人民法院重审，也可以查清事实后改判。当事人对重审案件的判决、裁定，可以上诉。

第六十二条当事人对已经发生法律效力的判决、裁定，认为确有错误的，可以向原审人民法院或者上一级人民法院提出申诉，但判决、裁定不停止执行。

第六十三条第二款上级人民法院对下级人民法院已经发生法律效力的判决、裁定，发现违反法律、法规规定的，有权提出或者指令下级人民法院再审。

2. 最高人民法院《关于执行〈中华人民共和国行政诉讼法〉若干问题的解释》第五十六条有下列情形之一的，人民法院应当判决驳回原告的诉讼请求：

（二）被诉具体行政行为合法但存在合理性问题的；

第七十八条人民法院审理再审案件，认为原生效判决、裁定确有错误，在撤销原生效判决或者裁定的同时，可以对生效判决、裁定的内容作出相应裁判，也可以裁定撤销生效判决或者裁定，发回作出生效判决、裁定的人民法院重新审判。

3. 本案适用的《中华人民共和国土地管理法》第十一条第三款单位和个人依法使用的国有土地，由县级以上人民政府登记造册，核发证书，确认使用权；其中，中央国家机关使用的国有土地的具体登记发证机关，由国务院确定。

第十三条依法登记的土地的所有权和使用权受法律保护，任何单位和个人不得侵犯。

4. 本案适用的《中华人民共和国土地管理法实施条例》

第三条第一款国家依法实行土地登记发证制度。依法登记的土地所有权和土地使用权受法律保护，任何单位和个人不得侵犯。

5. 《中华人民共和国城镇国有土地使用权出让和转让暂行条例》

第十四条土地使用者应当在签订土地使用权出让合同后六十日内，支付全部土地使用权出让金。逾期未全部支付的，出让方有权解除合同，并可请求违约赔偿。

第十六条土地使用者在支付全部土地使用权出让金后，应当依照规定办理登记，领取土地使用证，取得土地使用权。

（材料来源：最高人民法院官网：http：//www. court. gov. cn/wenshu. html）

【问题思考】

1. 如何看待本案中 90 年代的国有土地使用权出让问题？试对比分析当下国有土地使用权出让制度的变化。

2. 如何看待兰州中级人民法院、甘肃高级人民法院、最高人民法院三级法院的判决？

【参考文献】

1. ［美］马克·G. 波波维奇：《创建高绩效政府组织：公共管理实用指南》，孔宪遂、耿洪敏译，中国人民大学出版社 2002 年版。

2. ［美］E. S. 萨瓦斯：《民营化与公私部门的伙伴关系》，周志忍等译，中国人民大学出版社 2002 年版。

3. 何红锋：《政府采购法详解》，知识出版社 2002 年版。

4. 王丛虎：《我国政府采购问题研究——法学和管理双重视角》，中国戏剧出版社 2006 年版。

5. 全国人大常委会法制工作委员会编写：《中华人民共和国合同法释义》，法律出版社 2009 年版。

6. 王丛虎：《公共采购腐败治理问题研究》，中国方正出版社 2013 年版。

7. 王丛虎：《政府购买公共服务理论研究》，经济科学出版社 2015 年版。

第五章

公共资源交易的
类别与特征

【导读】

　　为了研究的需要，我们必须要对公共资源交易进行分类。而公共资源交易到底该如何进行分类？其实并不容易。众所周知，国际组织如联合国，或区域性组织如经合组织等都普遍使用"公共采购（Public Procurement）"，"政府采购（Government Procurement）"这一名称，并按照内容将其分为工程、货物和服务三大类。而国际上并没有和我们中国"公共资源交易"相对应的一个专有名词，当然也没有像我们"公共资源交易"这样丰富的内容。

　　"公共资源交易"作为中国特有名词，有特定内涵。依据我国公共资源交易实践和国务院办公厅2015年颁布的《国务院办公厅关于印发整合建立统一的公共资源交易平台工作方案的通知》，我国公共资源交易的类别包括工程建设项目招标投标、土地使用权和矿业权出让、国有产权交易、政府采购（应该包括医疗采购）等。尽管这些类别之间存在交叉重叠的情况，但相比较而言，这种分类是符合我国国情的，也为业界较为熟悉。考虑到这些因素，笔者在本章基本沿用这个分类。

　　需要说明的是，公共资源是一个宽泛的概念，也是一个不断变化着的名词。公共资源交易的类别也必将随着公共资源外延的变化而变化。本章所列举的五个类别只是目前各地公共资源交易实践正在使用的，并不意味着穷尽了所有。

第一节　政 府 采 购

一、政府采购的概论

政府采购有广义和狭义之分。广义上的政府采购是指所有公共组织的全部购买行为。在该种定义下，政府采购的主体既包括国家行政机关、权力机关、司法机关，也包括社会团体、事业单位，甚至包括国有企业。而采购的内容既包括一些大额的动用财政拨款的购买行为，也包括一些小额的使用自筹资金的购买行为。狭义的政府采购是指我国《政府采购法》中的定义，即"本法所称政府采购，是指各级国家机关、事业单位和团体组织，使用财政性资金采购依法制定的集中采购目录以内的或者采购限额标准以上的货物、工程和服务的行为。"① 不难看出，我们日常所说的政府采购主要是指政府采购目录范围内或者采购限额以上的购买行为，而没有包括目录范围以外和限额以下的采购行为。

我国政府集中采购实践开始于20世纪末，而2002年全国人大常委会颁布的《中华人民共和国政府采购法》标志着我国政府集中采购进入法治化轨道。随后，我国主管政府采购的各级财政部门进行了积极探索，财政部也陆续出台了部门规章，如《政府采购货物和服务招标投标管理办法》《政府采购信息公告管理办法》《政府采购供应商投诉处理办法》，会同监察部联合制定并颁布了《政府采购评审专家管理办法》《集中采购机构监督考核管理办法》，等等。2015年，国务院又颁布了《中华人民共和国政府采购法实施条例》；2017年，财政部又修订并颁布了《政府采购货物和服务招标投标管理办法》（87号令），等等。从而我国政府采购的法律政策体系正在逐步完善。

二、政府采购的性质与功能

政府采购既是一个公共管理制度问题，同时也是一个公共政策问题。之所以

---

① 《中华人民共和国政府采购法》第二条。

这样定性，是因为政府采购作为一项公共部门运用资金通过市场与私营部门建立商业关系的复杂过程，其中既包含着公共权力，即公权力，同样也包含着要遵从市场规律、享有市场主体的权利，即私权力；而且更为重要的是政府采购动用的是公共财政资金，采购的目的是实现其公共职能。显然，政府采购作为一个重要的公共政策工具是要解决政府支出管理中所涉及的需求和目标。

　　政府采购政策的需求和目标在我国《政府采购法》中已经有了清楚的界定。《政府采购法》第一条明确规定："为了规范政府采购行为，提高政府采购资金的使用效益，维护国家利益和社会公共利益，保护政府采购当事人的合法权益，促进廉政建设，制定本法。"当然，本条也是《政府采购法》的立法目的。从本条具体内涵看，包括了政治、经济和行政三个方面。第一是政治目标，也就是本条中所规定的保护采购当事人的合法权益和促进廉政建设。保护当事人的合法权益是每一部法律最为基本的目的，也是最低的价值目标，同样是法治社会的基本要求。当然，这种价值目标是否能够实现，需要具体的法律的实施和落实。我国政府集中采购制度尚处于发展阶段，法治化的进程中还存在诸多问题。正是要通过政府采购规范化、法治化，真正实现保证各方当事人的权利和制约政府采购中公权力滥用的各种腐败现象，进而实现党和国家对廉政建设的要求。第二是行政管理目标，即通过政府采购的规范化和法治化，进一步加强行政管理体制的改革。现行的集中采购和分散采购相结合的采购管理体制是对过去分散采购体制的一个改革，也就是要通过这种改革来进一步推动我国的行政体制的革新。第三是经济目标，即提高政府采购资金的使用效益。即在有限的采购资金范围内，能够通过规范的采购形式和程序真正发挥财政资金的经济效益、社会效益等。这三个方面都属于《政府采购法》的立法目的，也是政府采购要实现的最终目标。

　　除上述的采购目标外，我国《政府采购法》还规定了更为具体的采购政策，如《政府采购法》第九条："政府采购应当有助于实现国家的经济和社会发展政策目标，包括保护环境，扶持不发达地区和少数民族地区，促进中小企业发展等。"第十条："政府采购应当采购本国货物、工程和服务。但有下列情形之一的除外：……"。这两条的规定不同于《政府采购法》第一条的立法目的，而是一个具体政府采购政策的取向，这种政策取向需要具体政策和措施来实现，如果没有相应的政策和措施，这种法律的规定或者说是采购政策的价值取向将会落空。《政府采购法》的这两条规定，可以总结为四个方面的政策取向：第一，保护环境的政策，即绿色采购政策；第二，扶持不发达地区和少数民族地区政策；第三，促进中小企业发展政策；第四，采购本国货物政策，或者说是促进本国企业技术创新政策。

三、政府采购变革趋势

我国政府采购工作仍处于发展和完善的过程中，但其优越性已逐渐显示出来。首先，政府集中采购制度实施以来，已经改变了各个公共部门的购买习惯、规范了公共部门的购买行为。与分散采购时代相比，集中采购实施以来，各地各级公共部门逐步习惯了通过集中采购中心或社会代理机构进行集中购买，也逐步习惯了编制购买预算、制定购买需要，并依法依规进行购买。应该说，到目前为止，政府集中采购的理念已经深入人心，集中采购的法律制度也基本得以落实。其次，政府集中采购制度实施以来，集中采购规模不断扩大，节约了财政资金，也提高了财政资金的使用效益。这主要表现在历年的政府采购工作会议上的数据，如在 2015 年的政府采购工作会议上，财政部刘昆副部长（时任）指出：采购规模不断增加，2014 年全国采购规模达到 1.7 万亿元，占全国财政支出和 GDP 的比重分别为 11.4% 和 2.7%；采购结构不断优化，政府购买服务有序推进，2014 年服务采购实现 1934 亿元，连续四年保持 25% 以上增长。[①] 政府集中采购制度实施以来，政府采购的政策目标得以实现。这些政策目标包括促进廉政建设、支持绿色节能功能的环保政策、扶持国内中小企业和民族产业，除此之外，政府采购促进自主创新和扶持弱势群体等政策也得到了一定体现。

我国政府采购工作还处于发展阶段，仍有许多需要进一步完善的地方。主要体现在以下几个方面：第一，集中采购范围和规模尚有待进一步扩大，分散采购也同样需要规范。相比较发达国家，政府采购规模不够大、范围不过宽，分散采购存在的问题很多。根据国际经验，一个国家政府采购规模一般占 GDP 的 15% 以上，或占财政支出的 30% 以上。虽然近年来，我国政府采购规模实现了大幅增长，但与发达国家相比还有不小距离。与此同时，我国政府采购集中采购目录以外或目录限额以下的分散采购尚未纳入集中采购之列，监管力度也明

---

　　① 刘昆：《创新改革理念　强化结果导向，努力做好政府采购工作》，中国政府采购网，2015 年 12 月 3 日。

显不够。政府采购对财政支出的控制作用还不明显、资金节约率有待提高；对经济的宏观调控功能也远未体现出来；第二，政府采购预算编制不够科学，采购需求管理仍需加强。这具体表现为：我国许多地方的政府采购预算编制与部门预算脱节，没有同步编制；政府采购预算编制简单粗糙，公共支出项目还未细化到政府集中采购目录；政府采购工作缺乏全局规划和长期目标，一定程度上存在着随意性、临时性、盲目性；有的部门政府采购资金没有实行财政集中支付，而是将纳入政府采购预算中的项目进行了变更，或要求将采购资金划拨采购单位，或要求只进行集中支付，不进行政府采购，影响了政府采购预算的严肃性。有的地方政府由于采购金额较少等原因，尚未编制政府采购预算。政府采购计划性不强、采购计划难以收集，不仅增加了政府采购机构的成本和工作量，而且难以发挥政府采购的规模效益；第三，政府采购运作程序仍需规范，"互联网＋政府采购"仍需完善。当下我国政府采购运行机制，尤其是招投标机制、竞争性谈判机制尚不完善，这些突出表现在政府购买公共服务和分散采购项目上；政府采购的透明度尽管近年来已有明显进展，但尚不够充分，这表现为电子采购普及程度不高，信息公布不够。尽管有的已经在网站、刊物和报纸上公布政府采购信息，但信息公布与实际采购活动需要相差甚远，还有的地方在采购信息发布上存在不规范的做法。由于招投标、信息公布、专家库等方面存在问题，致使政府采购透明度不高。

鉴于此，我国政府采购在制度和实践层面应该在以下几个方面逐步完善：第一，切实加强政府采购和公共资源交易相关领域的法律法规的统一性和兼容性。一是要重视和处理好不同法律效力层级规范性文件的关系。二是要对现有的政府法律、法规进行全面清理。凡与《政府采购法》规定不一致的地方，采取相应处理方式；对经过政府采购的实践检验，并能规范政府采购行为的现行法律、法规，仍应维持其有效性。三是在协调各部门之间的关系时，要严格审核和修订其他经济和行政法规中涉及政府采购问题的条款，研究它同现行政府采购政策的要求，以及相关的政府采购规定是否符合，从而提出修改条款的意见，防止政出多门；第二，进一步扩大政府采购的规模和范围，尤其是把政府购买公共服务纳入政府集中采购范畴。要根据实际情况，逐步将大型商品、跨部门通用商品以及投资额较大的工程和服务项目纳入政府采购范围，实现绝大部分政府购买性支出列入政府采购范围，而要实现这个目标，首要前提是从法律上准确界定我国政府采购的范围。同时还有几个需引起重视的问题：一是政府采购与商业采购等采购行为的准确界定问题；二是并非所有纳入采购范围实体的全部采购活动都一律纳入政府采购范围之内的问题；第三，强化电子采购的建设，并积极对接公共资源交易平台。要充分利用业已成熟的"互联网＋"技术，不断加大电子政府采购范围和规模，不仅积极对接电子商场的采购，还要创新公共资源交易电子平台的采购活动。

【案例阅读】

"现代沃尔诉财政部行政不作为"案

2003 年，"非典"疫情暴露出我国公共卫生体系建设不健全、公共卫生事业严重滞后等问题。为此，国家启动了突发公共卫生医疗救治体系建设，并相应安排中央财政资金、国债资金等，重点是改造、建设省市县三级传染病医院和紧急救援中心，总投资 114 亿元。

这两起招投标分别由中国远东国际贸易总公司（简称远东公司）和国信招标有限责任公司（简称国信公司）代理。

2004 年 10 月 29 日，国家卫生部委托国信公司，对国家医疗救治体系项目进行公开招标，资金来源于中央财政，供应商现代沃尔参与了此次数量为 286 台的血气分析仪的项目招标。

同日，国家发改委和卫生部共同委托远东公司作为招标代理机构之一进行公开招标，资金来源为中央国债资金。供应商现代沃尔参与了此次数量为 300 台便携式血气分析仪的项目招标。

在这两次投标过程中，现代沃尔的出价均为最低，为每台 5.68 万元人民币，然而，两次招投标有意外相似的结局：两场投标最后都被供应商广东开元医疗设备有限公司（简称开元公司）投得，投标价格均为每台 8 万元人民币。

这让现代沃尔的总经理王建军大吃一惊，并深深质疑政府采购为什么会是"价高者得"？随后，根据政府采购法规定的程序，王建军多次向采购人——国家发改委、卫生部及代理机构发出质疑函，但都没有收到专家组名单、评分标准等任何可以解答他质疑的答复。

王建军知道，按照政府采购法的规定，在对代理机构的答复不满意的情况下，可以向同级政府采购监督管理部门投诉。于是，他在向招标中介公司发出质疑后，又开始向有关政府部门投诉。2004 年 12 月 21 日，他向负责同级政府采购的监管部门财政部提出投诉。3 个月后，财政部仍没有对投诉作出明确答复，早已超出法律规定的"三十天"时限。

王建军找到谷辽海律师，准备提起诉讼。谷辽海介绍说，按照政府采购法规定，"各级人民政府财政部门是负责政府采购监督管理的部门，依法履行对政府采购活动的监督管理职责"。这意味着，由卫生部和发改委两大部委牵头组织的采购，理应由财政部负责监督。

2005年3月28日，北京市第一中级人民法院正式受理了这两起诉讼。5月20日，法院公开开庭合并审理了这两个案件。

2006年12月8日，立案一年半以后，法院一审判决：财政部就现代沃尔提出的招投标组织不合法问题所进行的投诉予以处理和答复。

此后，财政部上诉，2007年6月7日，北京市高级人民法院开庭审理此案，并于2012年11月21日终审判决，驳回上诉，维持一审法院判决。

此时，距离事件的发生已经过去了8年。

按照北京市高院的终审判决，财政部受理了现代沃尔对政府采购存在问题的投诉，并于2013年5月13日作出《财政部投诉处理决定书》。财政部认定，当年的招标未按政府采购法规定执行，因此该法采购活动违法。处理决定还指出"投诉人所投产品不符合招标文件实质性要求"。

对于财政部的处理决定，现代沃尔认为该决定缺乏依据且认定事实自相矛盾，为此二次将财政部告上法庭，要求撤销《财政部投诉处理决定书》里面"现代沃尔公司参加投标的产品不符合招标文件实质性要求"的认定，重新作出"处理决定书"。

北京市一中院受理此案后，将国家卫计委、发改委追加为第三人参加诉讼。

经过审理，法院指出，虽然财政部的投诉处理在行文上存在瑕疵，但是不影响本案事实的认定，最终驳回了沃尔公司的起诉。随后，现代沃尔公司因不服判决结果，再次提出上诉，法院再次驳回。

2014年5月9日，财政部对被投诉人为原卫生部的投诉作出被诉处理决定，当年采购内容为286台血气分析仪的采购活动违法。

因不服财政部作出的这份投诉处理决定，2014年8月18日，现代沃尔向北京市一中院提起行政诉讼，这已是案件发生10年来的第7场诉讼。

2015年5月25日，法院公开开庭审理此案。法院认为，被告财政部在投诉处理程序中既未通知与投诉事项有关的开元医疗参加行政程序，亦未向其送达被诉处理决定，构成程序违法。另外，被诉处理决定在被投诉项目合同是否履行等关键性事实认定方面，也存在证据不足的问题。因此，被诉处理决定依法应予以撤销，财政部应对原告为现代沃尔的投诉重新作出处理决定。

（资料来源：根据《法制日报》2015 年 7 月 29 日的报道整理）

【问题思考】

　　1. 如何看待本案例中参与诉讼的各方当事人？为什么？

　　2. 如何才能做到政府采购中的效率与公正之间的平衡？

第二节　工程建设招投标

一、工程建设招投标概论

　　工程建设是一个非常宽泛的概念，往往难以准确地用学术术语界定。《中华人民共和国建筑法》第二条规定，建筑活动"是指各类房屋建筑及其附属设施的建造和与其配套的线路、管道、设备的安装活动"，而《中华人民共和国招标投标法》第三条规定："在中华人民共和国境内进行下列工程建设项目包括项目的勘察、设计、施工、监理以及与工程建设有关的重要设备、材料等的采购，必须进行招标"。由此，我们可以推断出我国的工程建设不仅应该包括工程建设本身，还要包括与本工程建设相关的货物、服务的内容。具体说来，随着国民经济持续增长，工程建设规模不断扩大，建筑业迅速发展，公共资源交易中的工程建设主要是一些行政、事业单位在房屋建筑、市政、交通、水利等工程建设项目；具体环节包括工程项目的审批，勘察、设计、施工、监理、重要设备和材料采购的招标投标，工程投资预算、决算编制，合同签订及款项支付，工程质量监督、认证、检验、验收等环节。

　　我国公共资源交易下的工程建设招投标是指使用了公共资金（如使用了财政资金），或虽未使用公共资金但利用了其他公共资源，并以公共利益为目的的交易项目。在公共资源交易项目中，工程建设招投标涉及不同行政主管部门，这些工程建设项目的招投标包括住房建设部门的工程建设项目、交通部门的道路交通工程项目、水利部门的水利设施项目、市政部门的工程建设项目、工业与信息化部门的工业建设和信息化建设项目、农业行政部门的农业工程建设项目、铁路行政主管部门的铁路建设项目、民航行政管理部门的民用航空建设项目等等。工程建设招标投标的基本依据是 1999 年全国人大常委会颁布的《中华人民共和国招标投标法》和 2011 年国务院颁布的《中华人民共和国招标投标法实施条例》，除此之外，还有一些部门规章和其他规范性文件，如建设部 2001 年颁布的《房屋建筑和市政基础设施工程施工招标办法》，2013 年七部委修订并颁布的《工程建设项目施工招标投标办法》（七部委 30 号令），2017 年颁布的《建筑工程设计招标投标管理办法》，等等。

二、工程建设招投标的特征

工程建设项目的多样性、复杂性、技术性等特征决定了工程建设招投标的特质。概括起来，工程建设项目招投标具有如下特征：第一，工程建设项目招投标涉及种类多、环节多，内容丰富。首先，工程建设项目招投标涉及的主体多。几乎所有公共部门都要进行工程建设招投标，尤其是发展改革委、工业和信息化、住房和城乡建设、交通运输、铁道、水利、商务、民航等行政部门更是与工程建设招投标息息相关。其次，工程建设项目招投标涉及的种类多。工程建设项目在前期的建设规划和设计时就要进行招标投标，当建设工程进入施工后涉及的招标投标种类更多，这些招标项目包括设计招标、监理招标、安装招标、施工招标、材料设备供应招标等等。正是工程建设的复杂性决定了其招标投标项目的种类多、品目杂。

第二，工程建设招投标领域腐败风险高。工程建设领域是一个极其复杂的系统，建筑产品或服务又具有不同于其他产品或服务的特殊性，同时工程建设多涉及巨额资金，这些特殊因素都是导致建筑工程领域成为全球腐败风险最高领域的主要原因。具体说来，公共工程建设项目的业主或甲方代表着公共利益方，并通过招标方式委托工程建设，实际上形成的是工程的买方市场。而众多的投标人竞争一个工程，且最终只能有一家中标，成为承包商。参与工程项目竞标少则十几家，多则几十家甚至更多，其竞争的激烈程度可想而知。对于投标人而言，适合自己且有利可图的工程数量并不多，而能最终中标承接到工程相当困难；对招标人而言，要从众多投标人中依照法定程序挑选到一家资信、能力、报价都完全满意的承包商也不是一件容易的事。这样，在这个招投标的过程中就存在诸多博弈和错综复杂的关系。世界各国和国际社会的招标投标无不是这种情况，即蕴藏着巨大的腐败风险。透明国际（Transparency International，TI），作为世界上最大的反腐败民间组织历次所发布的行贿指数（Bribe Payers Index，BPI）和有关腐败的国际调查均证明了这一点。

第三，工程建设招标投期限长、不确定性高。工程建设项目的招投标相比较其他公共资源交易行为，需要准备的时间更长、程序更多、过程也就更加具有不确定性和复杂性。这种不确定性是由于现代工程建设项目涉及专业门类多，科技含量高，又加之工程建设项目本身具有一次性和不可复制性的特点，这样就导致了在工程建设招标投标过程以及工程建设项目合同履行过程中存在着诸多的不确定性。除此之外，工程建设项目的业务方式具有其自身的特殊性。这表现为：工程建设项目是先通过招标投标确定合同价格和工期，然后再完成工程的设计、供应和施工工作。而事实上，在前期的招标投标阶段，对工程建设项目的描述常常是不全面的，理解也常常不统一。这就意味着要事先准确地确定合同价格和工期不是件容易的事。所以，这些都决定了工程建设项目招标投标过程和合同履行过程的不确定性与复杂性。

三、工程建设招投标的演进与发展

改革开放以来，随着经济的快速发展，我国招投标事业也获得发展的机遇。1979 年，我国土木建筑企业最早参与国际竞争，并以投标方式在中东、非洲和我国的港澳地区开展国际工程承包业务，并取得国际承包的经验和良好信誉。1980 年，国务院颁布的《关于开展和保护社会主义竞争的暂行规定》提出："对于一些适宜承包的生产建设项目和经营项目，可以试行招标、投标的办法"。随后，招标投标项目在我国得到了重视，并逐步在国内开始推广。1981 年，深圳率先在建筑业领域试行招投标，进而逐步向全国推广。1983 年，湖北武汉市开始对机电设备采购进行招投标，进而上海等地也开始推广。1985 年，国务院决定成立中国机电设备招标中心，并在主要城市也设立招标机构。自此，招标投标的方式开始在各个行业逐步发展起来。而 1999 年全国人大常委会通过并颁布的《中华人民共和国招标投标法》，则标志着我国招标投标步入法制轨道。

随着我国经济持续快速发展，国家对招投标制度更加注重推广和宣传，这样招投标方式不仅在"大型基础设施、公用事业等关系社会公共利益、公众安全的项目；全部或者部分使用国有资金投资或者国家融资的项目；使用国际组织或者外国政府贷款、援助资金的项目"得到广泛使用，而且在其他领域，甚至是非国有资金的建设项目也都开始使用招投标方式。而我国的建设工程实践表明，建设工程招投标机制已经成为建筑市场的重要调节方法，通过招投标机制不仅能够选择到最好的供货方与承包方，同时还能够合理配置资源，形成良好的市场竞争机制，此外对保证建设工程的质量和工程进度等方面也具有重要意义。① 客观地说，招投标制度在我国已经实施近三十年，也是目前我国工程建设项目采用的最重要、最普遍的一种方式。不可否认，在工程建设招投标的发展过程中也存在着很多的问题，建设市场中出现的众多不良现象暴露出我国工程招标制度有很多不完善的地方。尤其是随着"互联网＋"技术的应用和我国公共资源交易整合改革的持续深入进行，工程建设招投标制度与执行还有许多进一步完善的地方。这些可以概括为以下方面，第一，进一步完善法律法规。2011 年颁布了《中华人民共和国招标投标法实施条例》后，招标投标的法律法规体系逐步完善。但是，在具体招标投标的操作层面还需要有更加具体的规章和其他规范性文件，尤其需要对接公共资源交易平台整合的情况，并实现招投标的全流程电子化。第二，进一步完善招投标体制机制。公共资源交易平台的整合首先涉及招标投标的机制问题，其次还涉及体制问题，为此，需要各地结合实际情况进一步完善招标投标的体制和机制问题。第三，进一步规范代理机构。随着各地公共资源交易服务平台的整合完成和电子招投标的逐步规范化、标准化，各类工程建设招投标的代理机构将面临巨大挑战。为此，在逐步规范工程建设交易市场的同时，也应该强化各类工程建设代理机构。第四，更加强化"互联网＋"技术的应用。在全程电子招投标的基础上，充分挖掘"互联网＋"技术的应用价值和应用广度、深度。

【案例阅读】

湖北省谷城县五山镇何湾至老湾农村道路

工程代建＋监理一体化服务招标公告

1. 招标条件

本项目谷城县五山镇何湾至老湾农村道路工程建设已由湖北省财政厅以《谷

---

① 刘启利：《建设工程招投标发展趋势研究》，载于《中华民居（下旬）》，2014 年第 1 期。

城县发展和改革局关于五山镇何湾至老湾农村道路项目可行性研究报告的批复》（谷发改审批〔2017〕163号）批准建设，建设资金来源于上级补助和自筹资金，招标人为谷城县乡镇公路管理所，招标代理为华杰工程咨询有限公司。项目已具备招标条件，现对该项目的代建＋监理一体化服务进行公开招标，并对投标人进行资格后审。

2. 项目概况与招标范围

2.1　项目概况

本项目路线起点位于368省道谢湾中石化加油站，沿盐池河北岸河堤布设新线，经滚水坝于何湾村三组接回老路，至下七坪老桥（玉皇剑门前）折向北重回盐池河南岸改线，于堰河村门楼再接老路，经岩湾桥跨越盐池河，止于五山镇老湾村接回368省道。途径何湾、下七坪、堰河、老湾村4个村，全长11.142公里，双向两车道，时速30公里，部分路段按12米设有绿道和骑步道。

2.2　招标范围

本工程项目管理采用代建＋监理一体化模式进行建设，由招标人负责项目立项、勘察设计等前期工作，由本项目的代建＋监理管理单位负责本项目工程施工全过程代建和工程施工监理工作。

2.2.1　工程施工全过程代建工作内容

以合同协议书签订之日直至项目竣工验收合格后并办理完成相关资产移交、资料移交工作止，整个期间的代建工作主要包括：

（1）在工程实施过程中，对用地、施工图设计等各项前期工作的后续服务进行管理和评价，负责监督、管理招标人委托的其他第三方单位的工作；

（2）工程开工前的征地拆迁等工作的协调管理，完成项目开工前所需的各项审批手续，向业主提供全面的技术咨询服务，参与合同谈判与签订；

（3）代表项目招标人组建项目建设管理办公室，并设置总监办、计划合同部、工程管理部、安全环保部、综合协调部等职能部门，负责对工程进度、质量、投资、安全、信息、文明施工的统一管理以及工程建设期间的投资控制和工程变更设计鉴证，并对各施工工序的质量、安全进行全面监督，编制项目实施用款计划、建设进度计划和财务预决算，报业主审批，工程建设过程中，负责工程变更管理，并按有关权限和程序报批；

（4）在施工过程中，配合招标人及政府有关质量监督、检验等部门完成工程质量检查；

（5）协助组织工程交（竣）工验收、项目通车试运营和资产移交工作，协助办理权属登记，负责组织编制竣工档案并做好移交工作；

（6）在代建过程中，完成招标人委托的其他相关工作。

2.2.2　工程施工监理工作内容

完成本项目施工期、交工验收与缺陷责任期的工程监理工作。

2.3　标段划分及工期要求

2.3.1　本项目划分为一个标段。

2.3.2　本工程的项目管理服务期自服务合同签订直至项目竣工验收合格后并办理完成相关资产移交、资料移交工作止整个期间的代建和监理工作，其中项目施工工期共 18 个月，缺陷责任期 24 个月。

3. 投标人资格要求

3.1　本次招标最低资质要求

独立投标人须具有有效企业法人营业执照，投标人具备的最低资质和最低业绩要求须符合下列条件之一：

招标资质要求

条件	最低资质要求	最低业绩要求
1	交通运输主管部门颁发的有效的公路工程甲级监理资质或工程监理综合资质。	近 5 年投标人成功完成过 1 条里程不低于 5km 的二级及以上公路新建或改扩建工程的代建和监理工作。

注：①上述项目业绩应提供中标通知书、合同协议书及交工验收证书（或竣工验收鉴定书或发包人证明材料的彩色扫描件）；

②在对投标人进行业绩审查时，如果投标人是由若干直接被管理的子公司组成的母公司，其业绩仅按以其母公司名义签署的合同计算，其直接管理的子公司业绩均不予考虑。如果投标人是某一母公司直接管理的子公司，其业绩亦不能以其母公司的名义计算。

③近 5 年指 2012 年 1 月 1 日起至投标截止日止。

3.2　本次招标不接受联合体投标。

3.3　单位负责人为同一人或者存在控股、管理关系的不同单位，不得同时参加同一标段投标。否则，相关投标均被否决。

3.4　投标人未在最高人民法院失信被执行人信息库中被列为失信被执行人。

3.5　如果投标人参加本项目的代建＋监理一体化投标，则不允许参加本项目的施工投标，否则代建＋监理一体化投标和施工投标均将被否决。

4. 招标文件的获取

4.1　凡有意参加投标者，请于 2017 年 9 月 15 日至 2017 年 9 月 21 日（法定公休日、法定节假日除外）每日上午 9 时至 11 时 30 分，下午 14 时 30 分至 17 时 00 分（北京时间，下同），由各投标申请人企业法人持法人证明书或授权委托人持企业法定代表人身份证明或委托人授权委托书、本人身份证原件和复印件、营业执照（副本）（三证合一）复印件、资质证书（副本）复印件、银行开户许可证复印件 2 份、企业诚信承诺书等资料原件及复印件（复印件必须加盖单位公章），到谷城县公共资源交易中心（谷城县总工会四楼）购买招标文件。《企业诚信承诺书》格式文本在谷城县政府网招标投标网页下载中心栏目查找下载。

4.2　招标文件每套售价 400 元，图纸售价 0 元，一律现金支付，售后不退。

5. 投标文件的递交

5.1　投标人可根据需要，自行决定对施工现场是否进行考察，经同意的投标现场考察，招标人将予以支持协助，费用由投标人自理。自行考察期间投标人如果发生人身伤亡、财物或其他损失，不论何种原因所造成，招标人均不负责。

5.2　投标文件递交的截止时间（投标截止时间，下同）为 2017 年 10 月 13 日 9 时 00 分，投标人应于当日投标文件递交截止时间前将投标文件递交至谷城县公共资源交易中心（谷城县总工会四楼）。

开标现场，投标人应派其法定代表人携带身份证原件以及法人证明文件，或其授权代表人携带授权委托书原件（需包含法人身份证及被授权人身份证复印件）及被授权人身份证原件出席。

5.3　逾期送达的或者未送达指定地点的、未按招标文件要求密封完整的投标文件，招标人不予受理。

6. 发布公告的媒介

本次招标公告同时在湖北公共资源交易网电子服务平台、襄阳市人民政府网、谷城县人民政府网、谷城县公共资源交易网（发布公告的媒介名称）上发布。

7. 联系方式

招标人：谷城县乡镇公路管理所

地址：谷城县城关镇粉阳路 69 号

邮政编码：441700

联系人：×××

电话：××××

招标代理：华杰工程咨询有限公司

地址：武汉市硚口区硚口路 160 号武汉城市广场 19 层

邮编：430030

联系人：×××

电话：027 – ××××

网址：http：//www. huajiezn. com（华杰工程咨询有限公司中南分公司）

（资料来源：湖北省襄阳政府微博：2017 年 09 月 15 日 . http：//www. xf. gov. cn/business/zbcg/zbgg/201709/t20170915_842065. shtml）

【问题思考】

1. 请评价该工程建设招投标公告的相关内容？

2. 此案例中相关法律法规，是否有不合法或不合理的地方？

第三节　经营性土地使用权出让和国有矿业权交易

一、经营性土地使用权出让

（一）经营性土地使用权出让概念

经营性土地使用权出让包括招标出让、拍卖出让、挂牌出让、协议出让。具体说来，招标出让是指出让人（市、县人民政府土地行政管理部门）发布招标公告，邀请特定或不特定的公民、法人或其他组织参加国有土地使用权投标，根据投标结果确定土地使用者的行为；拍卖出让是指出卖人发布拍卖公告，由竞买人在指定时间、地点进行公开竞价，根据出价结果确定土地使用者的行为；使用权挂牌出让是指出让人发布挂牌公告，按公告规定的期限将拟出让宗地的交易条件在指定的土地交易场所挂牌公布，接受竞买人的报价申请并更新挂牌价格，根据挂牌期限截止时的出价结果确定土地使用者的行为。协议出让是指国家以协议方式将国有土地使用权在一定年限内出让给土地使用者，由土地使用者向国家支付土地使用权出让金的行为。

（二）经营性土地使用权出让的演进

改革开放以来，我国国有土地使用权问题伴随着经济获得长足发展也在发生着变化。1987 年，在我国改革开放最前沿的深圳市率先敲响了拍卖国有土地使用权的第一槌。随后的 1988 年我国对《宪法》进行了修改，规定土地使用权可以依照法律的规定转让。1990 年，国务院颁布了《城镇国有土地使用权出让和转让暂行条例》，确立了国家实行城镇国有土地使用权出让、转让制度，并对土地使用权出让、转让、出租、抵押和终止做出了系统的规定。

经营性土地概念最早追溯到 1990 年国土资源部颁布的《城市国有土地使用权出让和转让暂行条例》中。在随后的国土资源部发布的《关于进一步推行招标拍卖出让国有土地使用权的通知》中开始出现了"商业、旅游、娱乐和豪华住宅等经营性用地"的提法。在 2002 年国土资源部颁布的《招标拍卖挂牌出让国有土地使用权规定》中出现了"商业、旅游、娱乐和商品住宅等各类经营性用地"的提法。2003 年，监察部、国土资源部颁布的《关于开展经营性土地使用权招标拍卖挂牌出让情况执法监察工作方案》要求："尚未建立经营性土地使用权招标拍卖挂牌出让制度的地方，要督促政府和有关部门尽快建立"。之后，国土资源部还先后出台了《协议出让国有土地使用权规定》《划拨用地目录》《闲置土地处置办法》等涉及土地市场建设的一系列部门规章。2015 年国务院办公厅颁布的《国务院办公厅关于印发整合建立统一的公共资源交易平台工作方案的通知》要求，经营性土地使用权出让纳入公共资源交易平台。2016 年 14 部委组成联席会议，并出台了《公共资源交易平台管理暂行办法》。从而随着有关经营性土地使用权制度不断完善，我国土地使用权交易也步入法治化的道路。

【案例阅读】

某公司诉某国土局土地出让合同纠纷案

【案件基本情况】

原告：××置业有限公司

被告：××县国土资源局、××县人民政府

2005 年 2 月 3 日，××县国土局以拍卖方式公开出让××县一处国有土地使用权。《拍卖文件》中包括拍卖公告、拍卖须知和土地使用权出让合同（草案）。该地块最终由××置业有限公司（以下称××公司）以4260万元竞得，并签订《拍卖成交确认书》。至纠纷发生前，××公司共支付3200万元。因该地块存在规划设计及征地拆迁等问题未解决而无法交地，双方未签订国有土地使用权出让合同。

2006年8月3日××县国土局在向××县政府提交的《关于要求尽快协调解决某地二期拍卖地块土地事宜的报告》中称：该地块拍卖至今已经一年半时间，但因该地块目前还存在诸多问题而一直无法交地。该地块目前存在规划设计、征地、高压线搬迁、拆迁问题、规划指标等主要问题，恳请政府能尽快协调解决。2006年8月27日××县国土局对××公司复函称：关于交地时间，我局领导已向县政府领导进行了汇报，具体交地时间要待县政府协调后明确；对项目区内的规划渠道事宜，县政府已落实给县建设局，由县建设局负责落实。

2006年10月28日，××公司起诉称：该地块规划设计条件发生重大变更，对该地块的整体开发布局造成严重影响，地块的价值因此大幅下降，其竞买的目的无法实现。而该地块拍卖至今已有一年半的时间，却还未交地，远远超过了规定的交地时间。因此原告请求法院判令解除其与国土局之间形成的国有土地使用权出让关系，国土局应返还其缴纳的出让金3200万元，并赔偿利息损失。由××县人民政府对上述还款及赔偿承担连带责任。

2006年11月28日××县建设局向××公司发函称：经规划论证，原排水渠走向已做调整，不经过贵司受让的地块。2007年2月5日，××县国土局向××公司发函称：该地块目前已符合交地条件，速来缴清土地使用权出让金余款1060万元并签订土地使用权出让合同。

【争议焦点】

法庭归纳的争议焦点有两个：一是，原告与第一被告之间的土地使用权出让合同关系能否解除？该争议焦点又包括两个内容：（1）拍卖地块是否存在瑕疵？原告的合同目的能否实现？（2）第一被告××县国土局是否存在违约行为或预期违约行为？二是，第二被告××县人民政府是否是适格被告？

【法院判决】

双方在浙江省高级人民法院的主持调解下，达成调解协议：

1. 土地出让金以成交确认书为准；

2. 在调解书签收后一周内，双方签订国有土地使用权出让合同，××县政府和××县国土局在××公司提出申请之日起一周内办妥国有土地使用权证；

3. ××县政府和国土局在 2007 年 12 月 31 日前将该地块上建筑物拆除完毕将净地交付××公司；

4. ××公司在开工后 8 个月内支付土地出让金余款，并缴纳土地契税、人防费，同时××县政府和××县国土局补偿××公司 258 万元；

5. 出让地块东侧港防绿化带，由××县政府和国土局 2008 年 6 月 30 日前建设完成。

【问题思考】

1. 在国有土地使用出让中，土地应该具备什么样的条件才可以进入招拍挂程序？

2. 您是如何评价此次国土局对土地的拍卖的？法院的判决如何？

二、国有矿业权交易

（一）矿业权交易概念

矿业权是指探矿权和采矿权，矿业权交易是指县级以上人民政府国土资源主管部门（以下简称国土资源主管部门）出让矿业权或矿业权人转让矿业权的行为。矿业权出让是指国土资源主管部门根据矿业权审批权限，以招标、拍卖、挂牌、申请、协议等方式依法向探矿权申请人授予探矿权和以招标、拍卖、挂牌、探矿权转采矿权、协议等方式依法向采矿权申请人授予采矿权的行为。矿业权转让是指矿业权人将矿业权依法转移给他人的行为。

矿业权交易是我国社会主义市场经济发展的必然产物，也是让市场在资源配置中起决定作用的具体体现。随着我国公共资源交易平台整合的持续进行，矿业权交易已经纳入公共资源交易平台范围，也必将随着公共资源交易改革的深入进行而得到逐步完善。

（二）矿业权交易的演进

我国矿业权交易起步较晚，在 1998 年以前，中国矿业权出让主要采用申请审批和无偿取得方式。从 1998 年开始，各地开始逐步试行采矿权的交易。浙江省率先在全国进行了以招投标方式出让采矿权，并在 2001 年又开启了采矿权拍卖的先河。与此同时，国土资源部组织的海南不磨金矿探矿权招标试点也取得圆满成功，此后全国各地积极开展招标、拍卖、挂牌出让矿业权的实践探索。到了2002 年，全国已有 19 个省（区、市）采用招标、拍卖、挂牌（简称招拍挂）的方式出让探矿权 168 宗，交易金额为 5.14 亿元，有 28 个省（区、市）采用招拍挂的方式出让采矿权 2412 宗，交易金额为 24.57 亿元。① 随后，招拍挂出让矿业权的方式和矿业权有偿取得制度在全国范围内获得全面推行，并且成为矿业权出让的主要交易方式，全国采用招拍挂方式出让矿业权占总数的比重也由 2003 年的 40% 增加到 2007 年的 87%。

为了保证矿业权交易的合法性，我国在 1996 年修改并颁布了《中华人民共和国矿产法》，随后的 1998 年国务院颁布实施了三个配套法规。这样就初步建立并完善了矿业权市场交易法律法规，并确立了矿业权的出让和转让的交易条件、程序与审批等交易制度。2000 年，国土资源部制定的《矿业权出让转让管理暂行规定》对矿业权交易方式作了进一步规范细化，明确矿业权的出让方式包括批准申请、招标、拍卖，矿业权的转让方式包括出售、作价出资、合作、出租、抵押。与此同时，我国矿业权交易平台的建设也开始起步。全国大部分国土资源厅以及部分市（县）级国土资源管理局都建立了各自的矿业权出让交易大厅。

2003 年，国土资源部发布的《探矿权采矿权招标拍卖挂牌管理办法》对矿业权出让的方式和程序、竞价方式、公开信息内容以及市场监督管理方面又作了进一步规定。2005 年发布的《关于规范勘查许可证采矿许可证权限有关问题的通知》和 2006 年发布的《关于进一步规范矿业权出让管理的通知》等部门规章与管理政策的制定与实施，使矿业权交易进一步规范。在实践中，随着"矿产资源开发秩序治理整顿和资源整合"的深入进行，我国又掀起了新一轮矿业权交易平台建设的高潮。这一时期矿业权交易中心主要采用公司制和事业单位制形式，服务功能与前一时期相比要宽广得多，例如 2006 年 7 月建立的云南省矿业权交易中心等。

2011 年国土资源部办公厅发布的《关于加快推进建立地（市）级矿业权交易机构的通知》以及 2011 年国土资源部颁布的于 2012 年 3 月 1 日开始实施的《矿业权交易规则（试行）》推动了我国矿业权有形市场的建立和发展。目前省、

---

① 干飞：《我国矿业权交易市场建设与发展分析》，载于《当代经济》，2009 年第 1 期。

市两级的矿业权有形市场已经建立，三十余个省级矿业权交易机构投入运行，265 个地级市矿业权交易机构基本建成。但是，我国长期以来实行的以管控为主的管理制度和模式并没有发生实质性变化，导致矿业权交易市场名不副实，远远没有发挥其应有的功能。在实际运行中存在着交易主体定位不清、缺乏统一的矿业权市场信息平台、市场融资功能有限等问题。[①]

　　2015 年国务院办公厅颁布的《国务院办公厅关于印发整合建立统一的公共资源交易平台工作方案的通知》将矿业权纳入到了公共资源交易平台。2016 年 14 部委出台的《公共资源交易平台管理暂行办法》进一步规范了公共资源交易的具体运行。而为了进一步落实国务院有关公共资源交易平台整合的精神，2017 年国土资源部又颁布了《矿业权交易规则》。这样，我国矿业权交易步入标准化、规范化的时代。

【案例阅读】

傅钦其与仙游县社硎乡人民政府采矿权纠纷案

（一）基本案情

　　2003 年 1 月 16 日，福建省仙游县社硎乡人民政府与傅钦其签订合同，约定由傅钦其开发仙游县社硎乡塔林顶伊利石矿山。合同签订后，傅钦其依约投资道路等设施并实施探矿行为。2005 年 1 月 24 日，仙游县政府批准挂牌出让案涉矿山采矿权。2007 年 7 月，仙游县政府将案涉矿山列入禁采范围。傅钦其未能依法取得案涉矿山的采矿许可证。傅钦其提起诉讼，请求社硎乡政府赔偿损失，并支付投资款的资金占用期间利息。

（二）裁判结果

　　莆田市中级人民法院一审查明傅钦其实际投资款 153.3561 万元，判令社硎乡政府承担 50% 的赔偿责任。福建省高级人民法院二审认为，社硎乡政府明知自己无权出让辖区内矿产资源，未经有权机关审批以签订承包合同的方式将案涉矿山交由傅钦其开发，所签合同应为无效。案涉矿山已被列为禁采区，不具备办理合法审批手续的可能，由此产生的法律后果应依傅钦其投入资产性质分类处

---

　　① 郁璇、张洵、张建：《建立统一矿业权交易市场的路径初探》，载于《财经界》（学术版），2015 年第 7 期。

理,其中押金属于社硼乡政府因合同收取的保证金,应直接返还;所修公路位于社硼乡政府辖区范围,属于其获益部分,应按照实际支出折价补偿;其余投资属于履行合同受到的损失,应按照过错比例承担民事赔偿责任。遂判令社硼乡政府返还傅钦其押金和修路支出费用共计 67.0712 万元,对傅钦其 86.2849 万元投资损失承担 80% 的赔偿责任。

(三) 典型意义

矿产资源归国家所有,国家对矿产资源的勘查、开采实施严格的许可证管理制度。矿业权的出让应由县级以上国土资源主管部门根据法定权限依法进行,乡级政府并非适格的矿业权出让主体。在不拥有矿山勘查、采矿许可证的情况下,乡级政府签订合同擅自将国家所有的矿产资源交由他人勘查、开采,不仅严重侵害国家对矿产资源的所有权,造成矿业权税费流失,而且极易造成矿产资源的乱采滥挖,甚至导致环境污染、生态破坏。对此类合同应给予否定性法律评价。人民法院应在认定合同无效的前提下,区别返还财产和赔偿损失等不同责任方式,在维护矿产资源国家所有权的同时,综合考虑过错因素,保护当事人的合法利益和矿业权流转市场的交易秩序。

(资料来源:湖北恩施土家族苗族自治州中级人民法院网站,2017 年 10 月 3 日访问:http: //eszzy. hbfy. gov. cn/DocManage/ViewDoc? docId)。

【问题思考】

1. 如何评价人民法院一审、二审的判决?

2. 乡级人民政府为什么敢和个人签订转让合同?说明了什么?

第四节　国有产权交易

一、国有产权交易概论

产权,简单地说,就是指财产所有权。国有产权则是国家的财产所有权。国有产权有广义和狭义之分,广义的国有产权是指国家所有的各种财产、物资、债权和其他权益。它包括:(1)依据国家法律取得的应属于国家所有的财产；（2）基于国家行政权力行使而取得的应属于国家所有的财产；（3）国家以各种方式投资形成的各项资产；（4）由于接受各种馈赠所形成的应属于国家的财产；（5）由于国家已有资产的收益所形成的应属于国家所有的财产。① 而我们讨论更多的是狭义的国有产权或国有资产，即指经营性国有产权或国有资产，主要包括企业的国有产权和其他经营性产权。

产权交易是指两个或两个以上的民事主体之间的有偿产权转让的行为。而国有产权交易则是指以国有的产权作为交易标的交易，即作为国有资产的产权交易，这其中最为核心的内容是企业的国有产权的交易。国资委、财政部在 2003 年 12 月 31 日颁布的《企业国有产权转让管理暂行办法》对企业国有产权的界定为：国家对企业以各种形式投入形成的权益、国有及国有控股企业各种投资所形成的应享有的权益，以及依法认定为国家所有的其他权益。

根据我国现有的法律和实践看，我国的产权交易对象主要包括：企业产权（股权）、实物资产、知识技术产权、债权等；而国有产权交易的形式主要有拍卖、招投标和协议转让三种方式。

二、我国产权交易的产生和演进

20 世纪 80 年代开始，我国开始对国有企业进行改革。1989 年 2 月，国家体委、国家计委、财政部、国家国有资产管理局联合颁布了《关于企业兼并的暂行办法》，也是我国出台的第一个有关企业兼并的部门规章。这一时期的企业兼并主要是由政府干预，并多在同一地区、同一行业或同一部门中进行，由效益好的企业兼并效益差的企业，并以改善或减少企业亏损为目的，还不是真正意义上的以资源优化配置为目的的企业产权交易。

20 世纪 90 年代，随着市场经济的逐步确立，产权制度改革得到了进一步发展，产权交易也更加活跃。但是，产权交易也出现了运作不规范的倾向。为此，1994 年国务院办公厅颁布《国务院办公厅关于加强国有企业产权交易管理的通知》，明令禁止国有企业产权的非法交易，暂停了一些新设的交易市场。随后在 1999 年党的十五届四中全会上，明确了要建立现代企业制度。这样，各地产权交易机构的交易活动再次活跃，各级政府也更加重视了产权交易，产权交易业务

---

① 刘超：《国有产权交易现状及其发展方向探讨》，载于《中国招标》，2016 年第 18 期。

显著增长，产权交易活动步入规范化发展渠道。

2014 年党的十八届三中全会《中共中央关于全面深化改革若干重大问题的决定》指出"国有资本、集体资本、非公有资本等交叉持股、相互融合的混合所有制经济"是基本经济制度的重要实现形式。2015 年 8 月《中共中央、国务院关于深化国有企业改革的指导意见》中明确支持企业依法合规通过产权交易以市场公允价格处置企业资产，实现国有资本形态转换，变现的国有资本用于更需要的领域和行业。随着《国务院办公厅关于印发整合建立统一的公共资源交易平台工作方案的通知》（国办发〔2015〕63 号）的颁布，国有产权交易被纳入公共资源交易平台的范畴，这也标志着国有产权交易开始进入严格规范化的道路。

随着我国公共资源交易制度的不断完善，我国国有产权的交易也正在逐步走向完善，将越来越多地发挥出应有的积极作用。

【案例阅读】

巴菲特投资有限公司诉上海自来水投资建设有限公司股权转让纠纷案

股权拍卖

2006 年 12 月 26 日，被告上海自来水投资建设有限公司（以下简称自来水公司）召开一届二次董事会会议，会议形成一份由全体董事签名的决议。该决议载明：自来水公司持有的 16985320 股光大银行法人股，经上海财瑞资产评估公司评估并报国资委备案，截至 2005 年 5 月 31 日价值为人民币 28365484.40 元。为规避该笔投资可能带来的风险，使公司有足够现金获得发展，自即日起，公司全权委托第三人上海水务公司办理转让该笔投资有关事宜，委托期限 3 个月。转让结束，公司完全收回该笔投资，高于或低于此价部分完全由上海水务公司承担。

2007 年 1 月 24 日，第三人上海水务公司就被告自来水公司名下的 16985320 股光大银行法人股，以委托人身份与第三人金槌拍卖公司签订委托拍卖合同，合同载明委托人对拍卖标的拥有无可争议的处分权。委托人交与拍卖方审验的证明材料有：上海水务公司的营业执照、组织机构代码证（以上两份盖有上海水务公司公章）、光大银行股权证复印件（有经复印的自来水公司公章印文和盖有上海水务公司公章）。同月 26 日，金槌拍卖公司在《上海商报》刊发定于 2 月 6 日对上述股权进行拍卖的公告。同月 29 日，又在该报上刊发拍卖更正启事，更正了竞买人条件。同年 2 月 6 日，金槌拍卖公司对上述股权进行了拍卖，并由原告巴菲特公司以最高价买受。拍卖成交确认书载明的拍卖单价为 3.10 元，成交总价为 52654492 元。2 月 12 日，巴菲特公司向金槌拍卖公司交付全部拍卖佣金 2632724.60 元；巴菲特公司通过金槌拍卖公司向上海水务公司交付全部股权款 52654492 元。

根据拍卖结果，第三人上海水务公司（出让方）与原告巴菲特公司（受让方）于 2007 年 2 月 12 日签订《光大银行法人股股权转让协议》一份。该协议载明：上述股权的合法股东系自来水公司，出让方保证其有权转让本协议项下的股权，并已取得转让股权所必需的全部授权；出让方应在本协议签订之日起及受让方向出让方提交了为受让上述股权所需的全部文件起五个工作日内，向光大银行董事会办公室提交股权转让的所有资料，办妥股权转让申请手续。

案外人起纷争

2007 年 2 月 15 日，案外人中国水务投资有限公司（以下简称中国水务公司）致函被告自来水公司，认为系争股权处置应由股东会决定，要求设法中止股权交易。同日，中国水务公司致函第三人上海水务公司，希望不转让股权。3 月 1 日，自来水公司向光大银行发出《关于中止股权变更有关事宜的函》称："先前因公司改制需委托上海水务资产经营发展有限公司办理股权变更有关事宜，目前由于情况发生变化，我公司尚未递交转让方股权转让申请，根据我公司上级主管机构的意见，决定中止我公司光大银行股权变更手续。"3 月 8 日，上海水务公司向自来水公司发出《关于光大银行股权转让有关事宜的告知函》，认为自来水公司向光大银行出具的中止函违背董事会决议，将造成国有资产巨大损失，要求自来水公司立即撤销"中止函"。4 月 18 日，上海水务公司向光大银行董事会发出《关于尽快办理光大银行股权过户手续的函》。4 月 19 日，原告巴菲特公司向光大银行发出《要求尽快办理股权过户手续的函》。4 月 23 日，光大银行董事会办公室致函巴菲特公司，要求补齐股权过户的相关文件（股东单位的股权转让申请函）。

2007 年 9 月 15 日，被告自来水公司第四次股东会决议载明：各股东一致同意，从公司利益出发，继续保留光大银行法人股股权，并一致对外。该决议由案外人中国水务公司、第三人上海水务公司等三方现有股东代表签字。同年 11 月 30 日，自来水公司致函原告巴菲特公司称：上海水务公司无权处分我司财产，上海水务公司与巴菲特公司签订的股权转让协议不予追认。自来水公司同时致函上海水务公司称：立即采取补救措施，撤销与巴菲特公司签署的股权转让协议；对上海水务公司将我司董事会决议泄露给拍卖公司、巴菲特公司的行为保留赔偿请求权。对于上述函件，巴菲特公司、上海水务公司未给予书面回复。

一审法院判决

原告巴菲特公司提起诉讼，一审法院上海第二中级人民法院查明：被告自来水公司的前身为上海市自来水建设公司，系上海水务公司全资设立的企业。2006年6月，通过上海联合产权交易所交易，上海市自来水建设公司的60%股权转让给案外人中国水务公司，并改制为有限责任公司。

被告自来水公司从2002年4月30日起持有光大银行法人股16985320股，每股面值1元，股权证编号：光银股字第0069号。该股权证现由原告巴菲特公司持有。

第三人上海水务公司是由上海市城市建设投资开发总公司（以下简称上海城投）独资设立的国有独资的有限责任公司，资产关系从属上海城投，行政关系隶属上海市水务局。2000年9月，上海市水务局、上海城投报经上海市建委批复同意，上海水务公司负责对本市水务行业国有资产的运作管理。此前的1997年，上海市国资委作出沪国资委授〔1997〕13号《关于授权上海市城市建设投资开发总公司同意经营上海市城市建设投资开发总公司国有资产的批复》，决定授权上海城投依据产权关系，统一经营公司内各成员企业的国有资产。

据此，上海市第二中级人民法院依照《中华人民共和国合同法》第五十二条第（四）项、第五十六条的规定，于2008年12月25日判决如下：

（一）确认原告巴菲特公司与第三人上海水务公司于2007年2月12日签订的《光大银行法人股股权转让协议》无效；

（二）对原告巴菲特公司的诉讼请求不予支持。

二审法院判决

巴菲特公司不服一审判决，向上海市高级人民法院提起上诉。上海市高级人民法院二审认为：根据民事诉讼法的规定，法院在民事诉讼中应围绕当事人的诉讼请求进行审理，作出的裁判不能超出诉讼请求。上诉人巴菲特公司在本案一审中提起给付之诉，被上诉人自来水公司则提起确认之诉的反诉，一审法院经审理对当事人的本诉和反诉均进行了裁判。上诉人提出的无效合同的后果处理不属于一审诉讼的审理范围，因此，一审判决对无效合同的后果未予处理并无不当，上诉人可基于另一法律关系提起诉讼。

综上，法院认为，一审判决认定事实清楚，审判程序合法，适用法律正确，应予维持。上诉人巴菲特公司的上诉请求不成立，不予支持。据此，上海市高级人民法院依据《中华人民共和国民事诉讼法》第一百三十条、第一百五十三条第一款第（一）项、第一百五十八条之规定，于2009年5月18日判决如下：

驳回上诉，维持原判。

本判决为终审判决。

（资料来源：根据北京盈科（上海）律师事务所姚建律师的博客：http：//blog. sina. com. cn/shanghaiyaojianlawyer 公司以自己的名义与受让方签订股权转让协议无效（2017 - 09 - 30）以及王信房主编的《百例精品案：上海市第二中级人民法院建院二十周年》（法律出版社2015年版）整理改编而来。）

【问题思考】

1. 国有产权交易公告应该包括哪些内容？产权交易中心对于产权交易具有审查义务吗？

2. 如何评判本案法院的判决？参与国有产权交易各方都应该注意哪些问题？

第五节　医疗采购

一、医疗采购概论

医疗采购是指医疗领域的购买行为，即包括药品、医用耗材、医疗器械等的采购。从医疗机构国有性质看，实际上我国医疗采购属于政府采购的范畴。但由于医疗领域独有的特征以及我国医疗改革等原因，我国医疗采购，特别是药品集中采购并没有纳入到各省市设立的政府集中采购中心的采购范围，而是由各地根据各自的实际情况，一般由各省、直辖市的卫生行政部门统一组织。

药品集中招标采购是指多个医疗机构通过药品集中招标采购组织，以招投标的形式购进所需药品的采购方式。药品集中招标采购的目的是为了保证城镇职工基本医疗保险制度的顺利实施，从源头上治理医药购销中的不正之风，规范医疗机构药品购销工作，减轻社会医药费用负担。同样，医疗设备、医用耗材的集中采购也同样是为了节约财政资金，实现物有所值原则。

进行集中医疗采购并通过市场化方式实现是发达国家和地区普遍采用的形式。美国的药品采购虽然市场化程度很高，但仍然采取了集中采购的方式。20世纪初期，美国便成立了集中采购组织（Group Purchasing Organization，GPO），将医院的需求汇总，并由 GPO 进行集中采购。GPO 作为一个专业采购代理机构，其专业而强大的议价能力彻底改变了单一的采购模式，也提高了医疗机构的采购效率，并且最终使患者受益。我国的香港特区公立医院的采购是按照采购金额大小而实行分类采购，依据所需医疗采购金额由高到低分别采用集中供应合同、集中统筹报价和医院直接采购等不同的集中采购方式。

二、我国医疗采购的演进与发展

20 世纪 80 年代初，中国药品采购制度在计划经济体制下，实行由中国医药总公司统一规划，层层调拨的统购统销模式。而从 1984 年开始，国家实行市场经济体制改革，政府不能再有效控制药品流通领域经销行为，此阶段药品采购政策以医疗机构分散采购为主。

2000 年 7 月，河南省、海南省、辽宁省和厦门市首先开展药品集中招标采购试点工作。在总结试点地区工作经验的基础上，2001 年，卫生部印发了《医疗机构药品集中招标采购工作规范（试行）》（卫规财发〔2001〕308 号），并逐步在国有企业以及县级以上公立医疗机构推行药品"招标采购"。这样，全国各地的医疗采购中多以市（地）作为招标的最小组织单位，并通过营利性代理机构进行集中采购。从招标采购组织形式看，评标方式包括定量、定性以及综合评价，其中定量评价根据质量要素、价格要素的综合得分确定入围品种，已经初具经济技术标、商务标评审的雏形；采购是多以集中招标采购为主要方式，除此也可选择其他采购方式。

自 2005 年以来，药价虚高成为整个社会重点关注的问题。而以公立医疗机构为主体的"招标采购"不能显著降低药品的虚高价格，药品企业普遍反映招标采购太频繁、成本高、不规范。国务院纠风办、原卫生部等部门开始强调政府的主导作用，要求在全国推行探索以省为单位的药品集中采购模式。2009 年，《进一步规范医疗机构药品集中采购工作的意见》（卫规财发〔2009〕7 号）提出全面实行政府主导、以省（自治区、直辖市）为单位的网上药品集中采购工作。

与此同时，我国也逐步加强了对于医疗设备、医用耗材的集中购买。卫生部2007年发布的《卫生部关于进一步加强医疗器械集中采购管理的通知》要求：卫生部负责的政府项目医疗器械集中采购，由卫生部负责组织。《大型医用设备配置与使用管理办法》（卫规财发〔2004〕474号）管理品目中的甲类大型医用设备配置工作由卫生部审批，其集中采购由卫生部统一负责组织。心脏起搏器、心脏介入类等高值医用耗材临床应用的医疗机构少，各地采购价格差异大，价格虚高问题较为突出，由卫生部统一负责组织。大型医用设备管理品目中的乙类大型医用设备，以及除心脏起搏器、心脏介入类等以外的高值医用耗材，应纳入省级集中采购范围，由省级负责组织集中采购。其他医疗设备和耗材，由省级卫生行政部门根据实际情况，具体研究制定本地区省级和地市级集中采购目录。未列入集中采购目录但单批次采购金额较大的，也应实行集中采购，具体采购限额标准由省级卫生行政部门确定。各地要按照《大型医用设备配置与使用管理办法》的规定，加强大型医用设备配置规划管理，大型医用设备必须先取得配置许可证，方可列入集中采购计划。要严格控制医疗机构利用贷款、融资、集资等形式，负债购置大型医用设备。

2010年11月，国务院办公厅下发了《建立和规范政府办基层医疗卫生机构基本药物采购机制的指导意见》（国办发〔2010〕56号），要求各地开展基本药物采购工作，正式建立以省为单位的集中采购模式。2015年，国务院办公厅颁布了《国务院办公厅关于完善公立医院药品集中采购工作的指导意见》（国办发〔2015〕7号），提出要"坚持以省（区、市）为单位的网上药品集中采购方向"，确立了"一个平台、上下联动、公开透明、分类采购"的指导思路。为了贯彻落实这一文件，同年6月，国家卫生计生委出台了《关于落实完善公立医院药品集中采购工作指导意见的通知》（国卫药政发〔2015〕70号），提出了一系列有针对性的创新举措，如明确提出要对药品实行分类采购，具体包括招标采购、直接挂网采购、议价谈判、定点生产、特殊采购五大类，等等。与此同时，全国各地积极探索，并逐步把医疗采购纳入公共资源交易目录范围，并开始尝试着将医疗采购的供应商资格限定为生产厂家，以从根本上降低价格，服务大众。

【案例阅读】

发改委查处两起药品采购行政垄断案件

发改委今天对外发布两起行政垄断案件——四川、浙江两省卫生和计划生育委员会，在药品集中采购中涉嫌违反《反垄断法》，滥用行政权力排除限制竞争。这是发改委继认定安徽蚌埠市卫计委药品采购存在违反《反垄断法》行为后，再次向卫计委药品采购领域"开刀"。发改委相关人士公开表示，破除行政垄断是2015 年的首要任务。

调查发现，四川省卫计委在组织实施本省药品集中采购中，实施地方保护行为，损害了相关市场的公平竞争，具体包括：2013 年印发《四川省医疗机构药品阳光采购管理暂行办法》，对医疗机构采购本省药品比例进行考核，对未达到比例要求的采取一定惩罚措施；在 2014 年药品挂网采购中，禁止全国均未挂网/中标的外地药品挂网，而相同条件下的本地药品可以参与挂网，限制此类外地药品进入本省市场；在 2015 年 8 月公布的《2015 年四川省公立医院药品集中分类采购实施方案（征求意见稿）》中，通过经济技术标评审中给本地企业额外加分、本地企业可以不占指标单独入围商务标评审等方式，重点支持本地药品生产企业参加双信封招标。

浙江省卫计委在 2014 年度两批药品集中采购中，涉嫌指定交易和实施地方保护，排除和限制了相关市场竞争，具体包括：在《浙江省 2014 年药品集中采购（第一批）实施方案》和《2014 年浙江省普通大输液集中采购方案》的经济技术标评审项目中，专门针对本地企业设定"浙江省应急储备定点品种"、"省级政府技术创新综合试点企业"等加分项目，外地企业无法获得此类加分，一定程度限制了外省企业同本省企业的公平竞争；

发改委指出，上述行为，分别属于《反垄断法》所列"设置关卡或采取其他手段，阻碍外地商品进入或本地商品运出"；"以设定歧视性资质要求、评审标准或不依法发布信息等方式，排斥或限制外地经营者参加本地招标投标活动"；"限定或变相限定单位或个人经营、购买、使用指定经营者提供的商品"。在发改委调查后，四川、浙江省卫计委立即或者承诺采取措施整改。

四川省卫计委重新发布 2015 年药品集中分类采购实施方案（征求意见稿），取消涉及地方保护的规定；允许 2014 年未挂网的药品生产企业参加药品招标采购，并将在 2015 年实施方案公布执行后，立即修订 2013 年药品阳光采购管理办法，删除采购本省药品占比的考核要求。

浙江省卫计委将在本轮招标标期结束后（2016 年 5 月 20 日），按照国务院办公厅、国家卫生计生委关于完善公立医院药品集中采购工作的要求，开展新一轮药品集中采购，保障医疗卫生机构所需药品均有资格参与投标，纠正对外省企业设置歧视性指标的做法。

（案例来源：《法制日报》，2015 年 11 月 4 日）

【问题思考】

1. 结合我国医疗集中采购改革目的，分析本案例的性质及存在问题。

2. 结合本案件情况，谈谈如何才能确保我国医疗采购的规范化和法治化。

【参考文献】

1. 中华人民共和国国土资源部、国土资源经济研究院编著：《经营性土地使用权出让》，中国方正出版社 2004 年版。

2. 国务院国有资产监督管理委员会、产权局、纪委监察局：《企业国有产权交易》，中国方正出版社 2004 年版。

3. 王丛虎：《我国政府采购问题研究——基于法学和公共管理学的双重视角》，中国戏剧出版社 2006 年版。

4. 李元、吕萍：《土地行政学》，中国人民大学出版社 2007 年版。

5. 中国拍卖行业协会：《拍卖法案例分析教程》，中国财政经济出版社 2007 年版。

6. 王丛虎：《城市管理法》，中国人民大学出版社 2011 年版。

7. 王丛虎：《公共采购腐败治理问题研究》，中国方正出版社 2013 年版。

8. 王丛虎：《政府购买公共服务理论研究——一个合同式治理的逻辑》，经济科学出版社 2015 年版。

9. 财政部国库司、财政部政府采购管理办公室、财政部条法司、国务院法制办公室财金司：《〈中华人民共和国政府采购法实施条件〉释义》，中国财经经济出版社 2015 年版。

第六章

公共资源交易的方式与方法

【导读】

有市场才有交易。同样，中国只有建立了社会主义市场经济，并且允许通过市场来配置公共资源，才会有公共资源交易的产生。改革开放前，由于政治、经济和社会发展等原因，我们实行的计划经济，更多地采取由政府来统一提供和安排公共资源。改革开放后，我们逐步建立起了社会主义特色的市场经济，尤其是党的十八大以后，我们确立了市场配置资源的决定性地位，这样，公共资源也就主要通过市场的方式来配置。

市场配置公共资源具有其自身优势。这主要表现在其具有效率性、竞争性的特点。当然，市场配置公共资源也有其不足之处，如市场的盲目性、无序性等问题。在当今世界的强行政国家里，公共资源的配置离不开政府和社会的作用。因而，世界任何国家都没有纯而又纯的单一配置公共资源的模式，多采取了多轨制的配置模式。

本章所介绍的市场化竞争配置方式是在法律所规定的前提下进行，虽然在形式上属于市场配置，但是仍是在政府治理或国家治理的大背景下进行。

第一节　竞争性招标

一、竞争性招标概论

竞争性招标是指公共资源交易中向特定或不特定的组织和个人发布公告或投

标邀请书，说明招标的工程、货物、服务的范围、标段（标包）划分、数量、投标人的资格要求等，邀请特定或不特定的投标人在规定的时间、地点按照一定的程序进行投标的行为。世界贸易组织的《政府采购协议》、联合国的《采购示范法》、世界银行的《采购指南》、欧盟的《政府采购指令》都采用了招标采购方式。我国1999年颁布的《中华人民共和国招标投标法》第十条规定："招标分为公开招标和邀请招标。公开招标，是指招标人以招标公告的方式邀请不特定的法人或者其他组织投标。邀请招标，是指招标人以投标邀请书的方式邀请特定的法人或者其他组织投标。"2003年颁布的《中华人民共和国政府采购法》第二十六条同样也规定了"公开招标"和"邀请招标"采购方式，同时规定"公开招标应作为政府采购的主要采购方式"，关于政府采购工程招投标的，第四条规定了适用招标投标法。在近些年的公共资源交易实践中，竞争性招标已成为各领域交易的主要方式。

　　竞争性招标所包括的公开招标和邀请招标，它们具有共同特征：第一，竞争性。不管是公开招标，还是邀请招标，其设计目的都是为了能够实现充分而合理的竞争。竞争性招标的程序设计也都是为了最大程度地吸引潜在的供应商，并且通过限制性条款禁止歧视性待遇，以实现公平竞争。第二，公开性。公开性表现为竞争性招标的程序设计都是为了最大程度的公开透明，如发布招标公告、招标文件、开标、公布评标方法和结果、进行中标公示等等。这些公开性程序通过特定载体，特别是通过"互联网＋"技术又确保了公开透明的持续性，保证了公开与透明的实现。第三，规范性。竞争性招标的规范性表现在其程序性内容和实体性内容都由法律规定，内容详尽具体且科学合理。

　　竞争性招标既是一种公共资源交易的方式，也是市场配置资源的主要实现方法；既体现了市场的公平竞争原则，也是实现社会公平的途径之一。依据《中华人民共和国招标投标法》等法律法规的相关规定和各地公共资源交易实践，公开招标和选择性招标有共同程序要求，具体包括如下环节：（1）公共资源交易中心受理交易业务。公共资源交易中心接收招标人或招标人委托的招标代理机构提交的相关招标前期手续和交易文件后，由中心内部机构（如工程建设招投标交易部）负责进行现场踏勘，并对招标人提供的相关招标前期手续和交易文件进行合规性核验。对于城市建设重大投资项目、列入重点工程项目、非工程建设常规类型的工程项目等交易项目，还要进行专家论证。符合条件的给招标人送达立项通知书，不符合的告知补充内容或相关事项。（2）确定开评标时间和场地。招标人在收到立项通知后，可随时向公共资源交易中心提交开评标时间和场地预约申请，交易中心根据交易场地情况安排时间和场地。如有时间或场地变更的，招标人应和交易中心及时沟通情况。（3）发布招标公告和交易文件。招标人或招标人委托的招标代理机构（也可以委托交易中心）按有关规定在指定媒介发布招标公告（在不同媒介发布的同一招标项目的资格预审公告或者招标公告的内容应当一致），并按照公告要求的时间和方式发售交易文件，交易文件的发售时间不得少于五日。（4）投标报名。投标人按照招标公告要求，进行网上报名或按照指定的时间地点现场报名（现场报名的需提供法定代表人授权委托及其他证明材料）。（5）开标前准备。开标前招标人和交易中心积极沟通、精心准备。交易中心要安排相关部门和相关人员具体做好开标前的准备各项工作，如组织招标人抽取专家、通知专家、资料整理等等。（6）开标。开评标活动根据交易中心的工作规程应由招标人主持，并在之前确定的时间和地点进行，相关业务监督部门可到场进行监督。（7）评标。评标由评标专家进行，交易中心工作人员提供相应服务。（8）中标。评标结束后应该依据相关规定在指定媒介进行公示。公示期满无投诉后，发放中标通知书。（9）合同签订。中标公告发布之日起三十日内，招标人和中标人应按照招标文件和中标人的投标文件订立书面合同。（10）交易资料整理归档。交易中心和招标人按照各自分工整理全宗交易档案，装订存档。

二、公开招标

公开招标方式在公共资源交易项目中适用范围最广、使用频率最高。依据我国《招标投标法》第十条规定："公开招标，是指招标人以招标公告的方式邀请不特定的法人或者其他组织投标。"财政部2017年修订通过的《政府采购货物和服务招标投标管理办法》第三条规定："公开招标，是指采购人依法以招标公告的方式邀请非特定的供应商参加投标的采购方式。"由此，可以看出，公开招标的方式广泛适用于工程建设、货物和服务的采购之中。

对于公开招标范围的界定，我国采取了排除法的立法规则。这就意味着一般的招投标项目都应适用公开招标的方式，有明确规定的才适用邀请招标。《招标投标法》第十一条规定："国务院发展计划部门确定的国家重点项目和省、自治区、直辖市人民政府确定的地方重点项目不适宜公开招标的，经国务院发展计划部门或者省、自治区、直辖市人民政府批准，可以进行邀请招标。"①《政府采购法》则有更加明确禁止性的规定，第二十六条规定："采购人不得将应当以公开招标方式采购的货物或者服务化整为零或者以其他任何方式规避公开招标采购。"同时在该法的第二十七条明确规定了邀请招标采购方式的具体情形，做出了排除法的立法规则。

公开招标作为一种当下最主要交易方式，和其他交易方式相比，其优势非常明显，这主要表现为竞争最为充分、公开透明度最高、程序也最公正。但另一方面，公开招标也有成本高、效率低的不足之处。这主要表现为投标人多、评标时间长、经济成本高、效率低。有时一个公开招标的项目有上百家甚至上千家投标人，这样评审起来就非常困难。为此，充分利用"互联网＋"技术，实现公开招标的全程电子化、智能化、规范化是确保公开招标实现的最佳途径。

【案例阅读】

安徽省水文基础设施（2014～2016 年）建设项目
（2017 年度）施工标招标公告（二次）

安徽金川工程咨询有限责任公司受安徽省水文局委托，现对"安徽省水文基础设施（2014～2016 年）建设项目（2017 年度）施工标"（项目编号：2017GASZ3129）在安徽合肥公共资源交易中心进行公开招标，欢迎符合条件的投标人参加投标。

一、项目名称及内容

1. 招标编号：E3401010001005514001

2. 项目名称：安徽省水文基础设施（2014～2016 年）建设项目（2017 年度）施工标

3. 工程地点：安徽省境内

4. 建设单位：安徽省水文局

5. 工程概况：经水利部核定，近期安排的重点项目涉及我省的主要为大江大河水文监测系统建设工程、水资源监测能力建设工程和饮用水安全应急监测建设工程，其中大江大河水文监测系统建设工程主要建设内容有新建水文站、水位

---

① 《中华人民共和国招标投保法》于 1999 年颁布，当时发展改革委的前身是国家发展计划部门。

站各 1 个，改建水文站 19 个、水位站 10 个，水位站测流能力建设 15 个；水资源监测能力建设工程主要建设内容有改建宿州、芜湖、蚌埠水质监测分中心；饮用水安全应急监测建设工程主要建设内容有蚌埠水质监测分中心配置相关设备。

6. 项目概算：265 万元

7. 招标类别：施工

8. 标段划分：本次招标共分 2 个标段，具体划分如下：

（1）安徽省水文基础设施（2014～2016 年）建设项目（2017 年度）忠庙站设施改建施工标，标段概算 20 万元；

（2）安徽省水文基础设施（2014～2016 年）建设项目（2017 年度）泾县站设施改建施工标，标段概算 6 万元。

二、投标人资质要求

1. 具有独立法人资格；

2. 具有水利水电工程施工总承包叁级（含）以上资质等级；

3. 具有良好的财务状况、企业信誉；

4. 具有安全生产许可证；

5. 在人员、设备、资金等方面具有承担本标段施工能力，信用等级（依据安徽省水利厅有关规定，下同）达到 BBB 级及以上等级。

三、报名时间及地点

1. 报名时间：2017 年 10 月 17 日上午 9：00 至 2017 年 10 月 23 日下午 17：30。

2. 报名方式：网上报名

3. 资料领取：网上下载

4. 招标文件价格：人民币 0 元整每标段（投标人开标现场补齐每标段 400 元整的标书费用，否则不予接收投标文件）（招标文件售后不退）。

四、联系方式

招标代理机构：安徽金川工程咨询有限责任公司

地址：合肥市九华山路 48 号水利大厦 301 室

联系人：×××

电话/传真：0551－×××××××

招标人：安徽省水文局

地址：安徽省合肥市桐江路 19 号

联系人：×××

电话：0551 – ××××××××

招标监督管理机构：安徽省水利工程招标监督管理办公室

联系电话：0551 – ××××××××

五、其他事项说明

1. 资金来源：财政资金。

2. 开标时间：2017 年 11 月 10 日 14 时 30 分（北京时间）。

3. 开标地点：安徽合肥公共资源交易中心 3 楼 19 号开标室（合肥市滨湖新区南京路 2588 号（徽州大道与南京路交口）安徽合肥公共资源交易中心），具体见开标当日安徽合肥公共资源交易中心大厅电子大屏公告。

4. 本次招标公告同时在《中国采购与招标网》、《安徽合肥公共资源交易中心网》发布。

六、重要说明

1. 本项目只接受安徽合肥公共资源交易电子交易平台中已入库企业报名，未入库的投标人请及时办理入库手续（投标人在办理企业入库手续时，我中心不收取任何费用。入库办理请参见中心网站（www. hfggzy. com）右上角"企业专区"栏目中"安徽合肥公共资源交易中心会员企业注册流程"，联系电话：0551 – ××××××××，因未及时办理入库手续导致无法报名的，责任自负；

2. 企业报名程序请登录安徽合肥公共资源交易中心网（www. hfggzy. com）办理（具体操作步骤和程序请参见"办事指南"栏目——"企业报名操作手册"）；

3. 企业报名成功后直接下载招标文件及其他资料（含澄清和补充说明）。如无网上银行账号，请及时前往银行办理（本系统目前支持以下银行网上支付服务：中国农业银行、中国工商银行、中国建设银行、交通银行、招商银行、光大银行、浦发银行、徽商银行）；

七、保证金账户

（施工 1 标）

开户名：安徽合肥公共资源交易中心

银行账号：102370102100109599312××××

开户银行：徽商银行股份有限公司合肥蜀山支行

（施工 2 标）

开户名：安徽合肥公共资源交易中心

银行账号：102370102100109599312××××

开户银行：徽商银行股份有限公司合肥蜀山支行

安徽金川工程咨询有限责任公司 2017 年 10 月 17 日

【问题思考】

　　1. 您从这个公开招标公告中获取了哪些有用的信息？

　　2. 如何评价该公开招标公告？是否存在问题？

三、邀请招标

　　邀请招标方式属于竞争性招标的方式之一。我国《招标投标法》第十条规定："邀请招标，是指招标人以投标邀请书的方式邀请特定的法人或者其他组织投标。"财政部 2017 年修订通过的《政府采购货物和服务招标投标管理办法》第三条规定："邀请招标，是指采购人依法从符合相应资格条件的供应商中随机抽取 3 家以上供应商，并以投标邀请书的方式邀请其参加投标的采购方式。"显然，邀请招标相对于公开招标而言，其竞争程度明显降低，为此，我国法律法规对邀请招标的适用条件做出界定。

　　2013 年七部委联合修订的《工程建设项目施工招标投标办法》（七部委 30 号令）第十一条规定："依法必须进行公开招标的项目，有下列情形之一的，可以邀请招标：（1）项目技术复杂或有特殊要求，或者受自然地域环境限制，只有少量潜在投标人可供选择；（2）涉及国家安全、国家秘密或者抢险救灾，适宜招标但不宜公开招标；（3）采用公开招标方式的费用占项目合同金额的比例过大。有前款第二项所列情形，属于本办法第十条规定的项目，由项目审批、核准部门在审批、核准项目时作出认定；其他项目由招标人申请有关行政监督部门作出认定。全部使用国有资金投资或者国有资金投资占控股或者主导地位的并需要审批的工程建设项目的邀请招标，应当经项目审批部门批准，但项目审批部门只审批立项的，由有关行政监督部门批准。"我国《政府采购法》第二十九条规定："符合下列情形之一的货物或服务，可以依照本法采用邀请招标方式采购：（1）具有特殊性，只能从有限范围的供应商处采购的；（2）采用公开招标方式的费用占政府采购项目总价值的比例过大的。"

　　根据《中华人民共和国招标投标法》和《中华人民共和国招标投标法实施

条例》以及十四部委的《公共资源交易管理办法》等相关内容，邀请招标的程序和公开招标程序大致相同，其程序的具体内容可分为十个环节，具体内容在上文中已有论述，此处不再赘述。

【案例阅读】

人力资源和社会保障部青年湖西里燃气锅炉改造项目邀请招标公告

公告概要：

公告信息：

采购项目名称	人力资源和社会保障部青年湖西里燃气锅炉改造项目
品目	货物/通用设备/机械设备/锅炉/民用锅炉
采购单位	人力资源和社会保障部规划财务司
行政区域	北京市
公告时间	2017 年 09 月 14 日 10：17
开标时间	2017 年 10 月 10 日 09：30
预算金额	￥282.11 万元（人民币）

联系人及联系方式：

项目联系人	×××
项目联系电话	×××××××
采购单位	人力资源和社会保障部规划财务司
采购单位地址	北京市东城区和平里东街 3 号
采购单位联系方式	×××－×××××××
代理机构名称	北京市京发招标有限公司
代理机构地址	北京市崇外大街 90 号
代理机构联系方式	×××－×××××××

附件：

人力资源和社会保障部青年湖西里燃气锅炉改造项目邀请招标报名公告 2017－1381.docx

（资料来源：中国政府采购网，2017 年 10 月 18 日访问：http：//www.ccgp.

gov. cn/cggg/zygg/yqzbgg/201709/t20170914_8842529. htm）

【问题思考】

1. 您从该邀请招标公告中获得了想要的信息了吗？

2. 如何评价该邀请招标公告？存在哪些问题？

第二节　竞争性谈判与竞争性磋商

一、概　论

竞争性谈判和竞争性磋商都是政府采购领域使用的采购方式。相比较竞争性招标而言，竞争性谈判和竞争性磋商的竞争性、公正性和透明性都要弱一些，但这两种采购方式有其自身的优势。第一，项目针对性更强、操作性方便。这两种采购方式都有明确的适用范围，针对的采购项目更具体。在有选择和有限的供应商中进行有针对性的谈判，可控性较强，操作程序相对简洁。第二，买卖双方能更好地沟通、合同更易签订。由于这两种采购方式都是和供应商直接面对面谈判方式进行，可以就采购需求、技术标准、服务质量、商务条件等具体细节问题进行一轮或多轮的详细沟通。这样，既便于供需双方理解项目的需求，也更容易理解合同条款。第三，供需双方协调更便捷、履约效果更好。由于有面对面谈判的经历，供需双方更容易互相理解、互相支持，协调起来也更加便捷。良好的合作关系也更能充分地履行合同。

竞争性谈判和竞争性磋商虽然是政府采购领域两种不同的采购方式，但有不少共同之处，这主要表现为：第一，适用范围有交叉部分。如技术复杂或者性质特殊，或者事先不能计算出价格总额的情形，两种采购方式都可以适用。第二，规范性程序基本相同。竞争性谈判和竞争性磋商在适用的程序上基本相同，只是竞争性磋商的磋商文件发售时间和响应期限更长，磋商的内容更加具体细致。

当然，竞争性谈判和竞争磋商毕竟是两种不同的采购方式，还是存在着不少差异，其中最为明显的当属最后决标的方法的差异：竞争性谈判采用最低价法，而竞争性磋商则采用综合评价法。

二、竞争性谈判

（一）概念与特征

竞争性谈判是指通过邀请三家以上的特定供应商，并与供应商进行直接谈判，最后根据采购需求和标价最低的原则确定成交供应商的采购方式。我国《政府采购法》第二十六条明确规定，竞争性谈判为政府采购方式之一。2014年生效的财政部规章，《政府采购非招标采购方式管理办法》（即74号令）第二条规定："竞争性谈判是指谈判小组与符合资格条件的供应商就采购货物、工程和服务事宜进行谈判，供应商按照谈判文件的要求提交响应文件和最后报价，采购人从谈判小组提出的成交候选人中确定成交供应商的采购方式。"

竞争性谈判属于非招标采购方式，但又具有一定的竞争性。这一定性也决定了竞争性谈判具有自己的特点。第一，确定的适用范围和对象。第二，相对严格的程序性要求。第三，具体而细致的谈判。

（二）适用范围与情形

根据《政府采购法》第三十条的规定，竞争性谈判作为主要采购方式之一，具有特定的适用范围和法定情形。符合下列情形之一的货物或者服务，可以依照本法采用竞争性谈判方式采购：（1）招标后没有供应商投标或者没有合格标的或者重新招标未能成立的；（2）技术复杂或者性质特殊，不能确定详细规格或者具体要求的；（3）采用招标所需时间不能满足用户紧急需要的；（4）不能事先计算出价格总额的。

从以上四项内容看，还有诸多解释空间，为了更便于实际操作，财政部2013年颁布的部门规章，即《政府采购非招标采购方式管理办法》又对此作了进一步细化。该办法第二十七条规定："符合下列情形之一的采购项目，可以采用竞争性谈判方式采购：（1）招标后没有供应商投标或者没有合格标的，或者重新招标未能成立的；（2）技术复杂或者性质特殊，不能确定详细规格或者具体要求的；（3）非采购人所能预见的原因或者非采购人拖延造成采用招标所需时间不能满足用户紧急需要的；（4）因艺术品采购、专利、专有技术或者服务的时间、数量事先不能确定等原因不能事先计算出价格总额的。公开招标的货物、服务采购项目，招标过程中提交投标文件或者经评审实质性响应招标文件要求的供应商只有两家时，采购人、采购代理机构按照本办法第四条经本级财政部门批准后可以与该两家供应商进行竞争性谈判采购，采购人、采购代理机构应当根据招标文件中的采购需求编制谈判文件，成立谈判小组，由谈判小组对谈判文件进行确认。符合本款情形的，本办法第三十三条、第三十五条中规定的供应商最低数量可以为两家。"

不难看出，74号令对于《政府采购法》的竞争性谈判的适用范围做了限制性解释，尤其是对第（3）项"用户紧急需要"附加了条件，对第（4）项"不能事先计算出总额"增加了特定的领域。当然，这样的限制性解释也更有利于实践部门的执行。

（三）竞争性谈判的程序

根据《政府采购法》和《政府采购非招标采购方式管理办法》的规定，竞争性谈判应该遵循下列程序：

1. 成立谈判小组。

谈判小组由采购人的代表和有关专家共三人以上的单数组成，其中专家的人数不得少于成员总数的三分之二。谈判小组成员应该从政府采购专家库中随机抽取；如果难以抽取，也可经主管预算单位同意自行选定评审专家。评审专家中应至少有1名法律专家。竞争谈判小组应独立评审、负责撰写评审报告，配合采购人和代理机构答疑，配合财政部门监察检查工作等。

2. 制定谈判文件。

谈判文件应当根据采购项目的特点和采购人的实际需求制定，并经采购人书面同意，并应当明确谈判程序、谈判内容、合同草案的条款以及评定成交的标准等事项。谈判文件不得要求或者标明供应商名称或者特定货物的品牌，不得含有指向特定供应商的技术、服务等条件。

3. 确定邀请参加谈判的供应商名单。

采取采购人和评审专家书面推荐方式从供应商库里选择供应商的，采购人和评审专家应当各自出具书面推荐意见。采购人推荐供应商的比例不得高于推荐供应商总数的50%。谈判小组从符合相应资格条件的供应商名单中确定不少于三家的供应商参加谈判，并向其提供谈判文件。

4. 谈判。

谈判小组所有成员集中与单一供应商分别进行谈判。在谈判中，谈判的任何一方不得透露与谈判有关的其他供应商的技术资料、价格和其他信息。谈判文件有实质性变动的，谈判小组应当以书面形式通知所有参加谈判的供应商。

5. 确定成交供应商。

谈判结束后，谈判小组应当要求所有参加谈判的供应商在规定时间内进行最后报价，采购人从谈判小组提出的成交候选人中根据符合采购需求、质量和服务相等且报价最低的原则确定成交供应商，并将结果通知所有参加谈判的未成交的供应商。

【案例阅读】

中国农业大学中央纯水系统项目竞争性谈判公告

公告概要：

公告信息：

采购项目名称	中国农业大学中央纯水系统项目
品目	货物/专用设备/水工机械/其他水工机械
采购单位	中国农业大学
行政区域	北京市　公告时间　2017 年 10 月 17 日 13：56
获取谈判文件的地点	北京市海淀区北蜂窝 2 号中盛大厦 17～18 层 1708 室永明项目管理有限公司北京分公司
获取谈判文件的时间	2017 年 10 月 18 日 09：00 至 2017 年 10 月 24 日 16：00
预算金额	￥69.75 万元（人民币）

联系人及联系方式：

项目联系人	×××、×××
项目联系电话	010－××××××××
采购单位	中国农业大学
采购单位地址	北京市海淀区圆明园西路 2 号
采购单位联系方式	×××，010－××××××××
代理机构名称	永明项目管理有限公司北京分公司
代理机构地址	北京市海淀区北蜂窝 2 号中盛大厦 17～18 层 1708 室
代理机构联系方式	×××、×××，010－××××××××

【问题思考】

1. 您从该竞争谈判公告中获得了您想要的信息了吗？
2. 如何评价该竞争性谈判公告？还存在什么问题？

三、竞争性磋商

(一) 概念与特征

竞争性磋商是我国政府采购领域的一种采购方式，它是由财政部门根据法律法规的授权，依据《政府采购法》，并结合我国政府采购实践创新性提出的一种采购方式。

2014 年财政部颁布的《政府采购竞争性磋商采购方式管理暂行办法》第二条规定："竞争性磋商采购方式，是指采购人、政府采购代理机构通过组建竞争性磋商小组（以下简称磋商小组）与符合条件的供应商就采购货物、工程和服务事宜进行磋商，供应商按照磋商文件的要求提交响应文件和报价，采购人从磋商小组评审后提出的候选供应商名单中确定成交供应商的采购方式。"

竞争性磋商虽然不是《政府采购法》和其他相关法律所明确规定的采购方式，但是从《政府采购法》第二十六条"……，（六）国务院政府采购监督部门认定的其他采购方式。"的规定中可以看出，我国财政部门可以根据这项法律授权而自行确定新的采购方式。《政府采购竞争性磋商采购方式管理暂行办法》就是为了深化政府采购制度改革，适应推进政府购买服务、推广政府和社会资本合作（PPP）模式等工作需要而特别创新出的一种新的采购方式。

(二) 适用范围与情形

根据财政部《政府采购竞争性磋商采购方式管理暂行办法》的规定，竞争性磋商采购方式适用范围，具体包括：（1）政府购买服务项目；（2）技术复杂或者性质特殊，不能确定详细规格或者具体要求的；（3）因艺术品采购、专利、专有技术或者服务的时间、数量事先不能确定等原因不能事先计算出价格总额的；（4）市场竞争不充分的科研项目，以及需要扶持的科技成果转化项目；（5）按照《招标投标法》及其实施条例必须进行招标的工程建设项目以外的工程建设项目。

（三）竞争性磋商的程序

根据财政部颁发的《政府采购竞争性磋商采购方式管理暂行办法》，可以将竞争性磋商的程序归纳如下：

1. 成立磋商小组。

磋商小组由采购人代表和评审专家共 3 人以上单数组成，其中评审专家人数不得少于磋商小组成员总数的 2/3。采购人代表不得以评审专家身份参加本部门或本单位采购项目的评审。采购代理机构人员不得参加本机构代理的采购项目的评审。在政府采购项目中，评审专家应当从政府采购评审专家库内相关专业的专家名单中随机抽取。如情况特殊、通过随机方式难以确定合适的评审专家的项目，经主管预算单位同意，可以自行选定评审专家。技术复杂、专业性强的采购项目，评审专家中应当包含 1 名法律专家。

2. 发布磋商性文件。

磋商文件应当包括供应商资格条件、采购邀请、采购方式、采购预算、采购需求、政府采购政策要求、评审程序、评审方法、评审标准、价格构成或者报价要求、响应文件编制要求、保证金交纳数额和形式以及不予退还保证金的情形、磋商过程中可能实质性变动的内容、响应文件提交的截止时间、开启时间及地点以及合同草案条款等。从磋商文件发出之日起至供应商提交首次响应文件截止之日止不得少于 10 日。供应商应当在磋商文件要求的截止时间前，将响应文件密封送达指定地点。在截止时间后送达的响应文件为无效文件，采购人、采购代理机构或者磋商小组应当拒收。

3. 确定邀请供应商的名单。

采购人、采购代理机构应当通过发布公告、从省级以上财政部门建立的供应商库中随机抽取不少于 3 家符合条件的供应商，也可以由采购人和评审专家以书面推荐的方式邀请不少于 3 家符合相应资格条件的供应商参与竞争性磋商采购活动。

4. 磋商。

磋商小组成员应当按照客观、公正、审慎的原则，根据磋商文件规定的评审程序、评审方法和评审标准进行独立评审。未实质性响应磋商文件的响应文件按无效响应处理，磋商小组应当告知提交响应文件的供应商；磋商文件内容违反国家有关强制性规定的，磋商小组应当停止评审并向采购人或者采购代理机构说明情况。磋商小组所有成员应当集中与单一供应商分别进行磋商，并给予所有参加磋商的供应商平等的磋商机会。

5. 确定成交供应商。

磋商文件能够详细列明采购标的的技术、服务要求的，磋商结束后，磋商小组应当要求所有实质性响应的供应商在规定时间内提交最后报价，提交最后报价的供应商不得少于 3 家；磋商文件不能详细列明采购标的的技术、服务要求，需经磋商由供应商提供最终设计方案或解决方案的，磋商结束后，磋商小组应当按照少数服从多数的原则投票推荐 3 家以上供应商的设计方案或者解决方案，并要求其在规定时间内提交最后报价。经磋商确定最终采购需求和提交最后报价的供应商后，由磋商小组采用综合评分法对提交最后报价的供应商的响应文件和最后报价进行综合评分。磋商小组应当根据综合评分情况，按照评审得分由高到低顺序推荐 3 名以上成交候选供应商，并编写评审报告。

6. 签订政府采购合同。

采购代理机构应当在评审结束后 2 个工作日内将评审报告送采购人确认。采购人应当在收到评审报告后 5 个工作日内，从评审报告提出的成交候选供应商中，按照排序由高到低的原则确定成交供应商，也可以书面授权磋商小组直接确定成交供应商。采购人逾期未确定成交供应商且不提出异议的，视为确定评审报告提出的排序第一的供应商为成交供应商。采购人或者采购代理机构应当在成交供应商确定后 2 个工作日内，在省级以上财政部门指定的政府采购信息发布媒体上公告成交结果，同时向成交供应商发出成交通知书，并将磋商文件随成交结果同时公告。采购人与成交供应商应当在成交通知书发出之日起 30 日内，按照磋商文件确定的合同文本以及采购标的、规格型号、采购金额、采购数量、技术和服务要求等事项签订政府采购合同。

【案例阅读】

教育工作满意度入户调查竞争性磋商公告更正公告

发布日期：2017 年 10 月 16 日
项目单位：北京市教育委员会
招标代理机构：北京北咨工程咨询有限公司

招标内容：该项目包含教育工作满意度入户调查，调查北京市16区和燕山地区2016～2017学年度接受中等及中等以下教育群体（包括学前、小学、初中、普通高中、职业高中）家庭户，以及街道社区工作者，制订实施方案；制订科学合理的抽样方案；调查数据采集；回收审核并提交调查结果等相关服务工作。

投标申请人资格要求：（1）符合《中华人民共和国政府采购法》第二十二条要求；（2）必须按照中华人民共和国公司法运作，具有法人资格并独立于采购人和招标代理机构；（3）在中华人民共和国境内注册，能够独立承担民事责任，有生产或供应能力的本国供应商，包括法人、其他组织、自然人；（4）供应商须具备履行合同所必需的设备和专业技术能力；（5）遵守国家有关法律、法规、规章和北京市政府采购有关的规章，具有良好的商业信誉和健全的财务会计制度，具有依法缴纳税收和社会保障资金的良好记录，近三年内在经营活动中没有重大违法记录；（6）投标人须符合《财政部关于在政府采购活动中查询及使用信用记录有关问题的通知》（财库〔2016〕125号）的相关要求；（7）本项目不接受联合体投标；（8）供应商必须向采购代理机构购买竞争性磋商文件并登记备案，未经向采购代理机构购买竞争性磋商文件并登记备案的潜在供应商均无资格参加本次竞争性磋商。

投标申请人需提交资料：（1）营业执照或事业单位法人证书或其他有效法人资格证书复印件（加盖供应商单位公章）；（2）法定代表人授权委托书原件（格式自拟，须注明购买竞争性磋商文件事宜）；（3）被授权人身份证复印件（加盖供应商单位公章）。

投标报名时间：2017年9月29日9：30至2017年10月12日16：00

招标文件购买时间：2017年9月29日9：30至2017年10月12日16：00

招标文件售价：￥200.00元整

招标文件购买地点：北京北咨工程咨询有限公司（北京市丰台区丰台北路36号中铁华铁大厦501室）

开标时间：2017年10月23日9：30

开标地点：丰台区北京北咨工程咨询有限公司503会议室（北京市丰台区丰台北路36号中铁华铁大厦503室）

备注：1. 磋商文件发售联系人：×××联系电话：010－××××××××
2. 磋商文件售价：每套人民币200元，售后不退。若邮购，须加付邮寄费100元人民币。请按下述地址汇款，汇款单上应注明汇款用途、所购磋商文件编号，然后将汇款单复印件、购买单位名称、纳税人识别号、详细通讯地址、电话、传真及联系人传真给我公司，我公司收到传真后将尽快将磋商文件邮寄给贵方。

单位名称：北京北咨工程咨询有限公司

纳税人识别号：110102771988176

地址：北京市西城区复兴门南大街甲 2 号天银大厦 A 西座 5 层

电话：××××××××

开户银行名称：交行丰台北路支行

银行账号：11006009801801000×××

开户银行代码：30110000×××

3. 采购项目需要落实的政府采购政策：《中华人民共和国政府采购法》《中华人民共和国政府采购法实施条例》《关于政府采购进口产品管理有关问题的通知》（财办库〔2008〕248 号）《工业和信息化部、国家统计局、国家发展和改革委员会、财政部关于印发中小企业划型标准规定的通知》（工信部联企业〔2011〕300 号）《关于政府采购支持监狱企业发展有关问题的通知》（财库〔2014〕68 号）《中关村国家自主创新示范区新技术新产品政府首购和订购实施细则》（京财采购〔2015〕43 号）

第二十二期《节能产品政府采购清单》、第二十期《环境标志产品政府采购清单》及其他相关法律法规，详见竞争性磋商文件。

投标文件提交截止时间：2017 年 10 月 23 日 9：00 至 2017 年 10 月 23 日 9：30

招标人联系地址：西城区前门西大街 109 号

邮编：100031　联系人：×××　联系电话：010-×××××

传真：010-××××××××　电子邮件：××××

招标人代理机构联系地址：丰台区丰台北路 36 号中铁华铁大厦 1106 室

邮编：100071　联系人：×××

联系电话：010-××××××××

传真：010-××××××××　电子邮件：×××××

（资料来源：北京市公共资源交易服务平台，2017 年 10 月 18 日访问：http：// www. bjggzyfw. gov. cn/jyxx/zfcg/gg_cg/201710/t11638221. html）

【问题思考】

1. 如何评价该竞争性磋商的公告？何为公正公告？

2. 该公告是否还有可以进一步完善的地方？请指出。

第三节 拍卖与挂牌

一、拍卖和挂牌概论

拍卖和挂牌都是我国公共资源交易中的法定形式，都是一种单纯的竞价方式，而且属于公共资源交易中的出让、出售国有资源的方式。拍卖和挂牌交易方式往往是建立在竞买方对所有买售商品比较了解和熟悉的基础上，或者交易商品具有质量确定、标准统一、权属清晰等特点。

二、拍卖

（一）概念与原则

根据《中华人民共和国拍卖法》第三条规定：拍卖是指以公开竞价的形式，将特定的物品或者财产权利转让给最高应价者的买卖方式。拍卖作为一种交易方式，是一种完全公开竞争的方式。拍卖方式具有自身明显的特点：购买对象集中、购买过程简单、公开性强、法律约束力显著等。作为公共资源领域的一个交易方式，拍卖开辟了一条合理、快速流通的渠道，也有利于抵制和防御流通中的腐败行为。

关于哪些公共资源可以通过拍卖形式进行交易，《中华人民共和国拍卖法实施细则》第八条规定："公物拍卖的范围包括：（1）国家行政机关、国有企事业单位在职权范围内需要拍卖的国有有形资产、无形资产；（2）行政执法部门依法罚没的物品，充抵罚款的物品，以物抵税、以物抵债和无法返还的物品；（3）检察院、法院依法没收的物品，追回的赃物、充抵罚金、罚款的物品；（4）铁路、民航、邮政、海关、交通及公安、财政等部门获得的无主物品；（5）国家机关、社会团体、国有企事业单位在公务活动中个人收受的需要拍卖的贵重礼品及内部查处的不构成刑事犯罪的贪污、受贿等无法返回的赃物；（6）各司法、执法部门需要处理的及需要变卖的物品。"

拍卖活动应该遵守有关法律、行政法规，遵循公开、公平、公正、诚实信用的原则。还必须遵循以下"三公"原则，具体说来：（1）公开拍卖原则。即要公告拍卖的信息、展示拍卖标的、公开拍卖活动；（2）公平拍卖原则。即要求竞买者是合格的民事主体，每一竞买人都具有同等竞买权；（3）公正拍卖原则。即拍卖人及其工作人员不得以竞买人身份参加本机构举办的拍卖活动，委托人不得自己竞买自己委托的标的。

（二）拍卖的程序

依据《中华人民共和国拍卖法》和《中华人民共和国拍卖法实施细则》的相关规定，可以将拍卖程序归纳如下：

1. 发布拍卖公告。

拍卖公告应该在指定的媒体上发布，其内容应该明确，至少应该包括拍卖的时间、地点、拍卖标的，拍卖标的展示时间、地点，参与竞买应当办理的手续，需要公告的其他事项，等等，同时公告还应在拍卖日前20日发布。

2. 竞买报名。

竞买人在公告的期限内提出申请，提交资格身份证明文件，交付履约保证金。

3. 确认合格竞买人。

按拍卖文件要求，竞卖人或其委托人对竞买人资格和资信进行审查、核验，并对符合条件的申请人颁发竞买资格证书，准许参加竞买活动。

4. 公开拍卖。

拍卖应在拍卖文件规定的时间、地点由主持人按以下程序主持进行：（1）拍卖开始前，竞买人凭竞买资格证书领取统一编号的应价牌，竞买人少于三人的，主持人应当终止本宗地的拍卖；（2）竞买人显示应价牌，主持人点算竞买人；（3）主持人介绍拍卖物的有关情况；（4）主持人宣布起叫价和增价规则及增价幅度，没有底价的，应当予以说明；（5）竞买人按规定的方式和要求应价；（6）主持人确认该应价后继续应价；（7）主持人连续两次宣布最后应价而没有再应价的，如果最后应价达到了拍卖底价，主持人在第三次报出最后应价后落槌，即表示成交，如果最后应价未达到拍卖底价，主持人应宣布收回拍卖标的，停止拍卖；（8）主持人宣布最高应价者为竞得人；（9）拍卖成交确认由出让人、拍卖人、竞得人当场签订《拍卖成交确认书》。

5. 签订合同。

竞得人应按规定缴纳交易服务费并按《成交确认书》约定时间签订合同。竞得人有下列行为之一的，竞得结果无效，所收保证金不予退还。给当事人造成损失的，依法承担赔偿责任：（1）竞得人反悔，拒绝签订成交确认书或合同的；（2）竞买人、竞得人提供虚假文件隐瞒事实的；（3）竞买人、竞得人采取行贿、恶意串通等非法手段竞得的；（4）法律、法规规定的其他违约情形。

三、挂　牌

（一）概念与特征

挂牌交易方式是指竞卖人或者代理人在指定介质上发布挂牌公告，按公告规定的期限将拟交易的标的物的交易条件在指定的交易场所挂牌公布，接受竞买人的报价申请，并在挂牌期限截止时依据出价结果确定成交竞买人的过程。挂牌交易方式产生于我国国有土地出让的实践中。最早始于我国广东、江苏、重庆等市场经济比较发达的地区。[①] 挂牌交易主要适用范围为：一是政府出让经营性房地产项目和其他具有竞争性的项目用地；二是原经划拨，后改变土地用途、适用条件等用于经营性房地产项目的土地。

国有土地出让权的挂牌交易经过多年的实践，已经表现出了其明显的优点，并已经成为我国国有土地使用权出让的重要方式之一。相比较于我国当前土地市场的招标、拍卖方式，其优势在于：第一，挂牌时间较长，又可以多次报价，这显然有利于投资者理性决策和更加公平的竞争；第二，借助网络技术，挂牌方式操作起来更加简便、更加有效。所以，挂牌交易已经成为我国国有土地使用权出让的重要补充形式。

（二）挂牌的程序

依照《招标拍卖挂牌出让国有土地使用权的规定》，我国国有土地挂牌的程序如下：

（1）挂牌公告。出让人通过挂牌的方式公告宗地的位置、面积、用途、使用年限、规划要求、起始价、增价规则及增价幅度等内容，并在法定的土地交易场

---

① 中华人民共和国土地资源部经济研究院：《经营性土地使用权出让》，中国方正出版社2004年版，第52～53页。

所公布。应公告最低交易价和其他交易条件。公告期限不少于20日。

（2）竞买人确认。在公告期内，交易机构接受申请，对竞买人进行审查，并确认符合条件的竞买人资格。竞买人资格确认后，缴纳履约保证金并填写《竞买申请书》。

（3）接受报价。在不少于10日的挂牌期内，出让人或其代理机构接受竞买人的报价，并持续更新报价。

（4）确定竞得人。挂牌期限届满，按照以下规定确定能否成交：①若在规定期限内只有一个申请人，且报价高于最低交易价，并符合其他交易条件的，则此次交易成交；②在规定期限内有两个以上申请人的，允许多次报价，土地使用权应由出价高者获得。报价相同的，由在先报价者获得；③若在规定期限内没有申请人，或者只有一个申请人但报价低于最低交易价或不符合其他交易条件的，委托人可调整最低交易价，重新委托交易中心交易。

报价以报价单为准。成交后，由委托人与买方签订土地使用权转让合同，并由交易中心鉴证。

【案例阅读】

荆州市国土资源局国有建设用地使用权拍卖出让公告

经荆州市人民政府批准，荆州市国土资源局决定以拍卖方式出让以下地块的国有建设用地使用权。现将有关事项公告如下：

一、出让地块的基本情况和规划指标要求：

出让地块的基本情况和规划指标要求

编号	土地位置	土地面积	土地用途	规划指标要求			出让年限	竞买保证金（人民币万元）	起叫价（人民币万元）
				容积率	建筑密度	其他指标			
P（2017）009号	沙市区关沮镇合心村	131204.61平方米	商服用地、其他商服用地（娱乐用地）、城镇住宅用地	不大于1.5且不小于1.0	不大于38%	详见国有建设用地使用权拍卖竞买须知	商服用地、其他商服用地（娱乐用地）均为40年，城镇住宅用地70年	8000	11830

续表

| 编号 | 土地位置 | 土地面积 | 土地用途 | 规划指标要求 | | | 出让年限 | 竞买保证金（人民币万元） | 起叫价（人民币万元） |
				容积率	建筑密度	其他指标			
P（2017）010号	沙市太岳路西侧	40252.01平方米	商服用地、城镇住宅用地	不大于4.5	不大于35%	详见国有建设用地使用权拍卖竞买须知	商服用地40年、城镇住宅用地70年	26500	53000

二、中华人民共和国境内外的法人、自然人和其他组织均可申请参加（欠缴土地出让金、闲置土地、囤地炒地、履行土地使用权出让合同存在严重违约行为的单位和在招拍挂出让中存在严重违约行为的单位及关联单位，以及法律、法规另有规定的除外），申请人可以单独申请，也可以联合申请。联合申请的，必须提交联合竞买协议，协议要确定联合各方的权利、义务，包括联合各方的出资比例，并明确签订《国有建设用地使用权出让合同》时的受让人，由联合申请者共同申请取得一个报名资格。P（2017）009号宗地竞买人须具备在湖北省境内投资建造水上乐园的相关经验，其水上乐园的大型水上游乐设备须经省级以上特种设备检验部门检测合格且不得少于12项（取得中国特种设备检测研究院安全检测合格证的不少于3项）。

三、本次国有建设用地使用权拍卖出让按照价高者得原则确定竞得人。

四、荆州市国土资源局将委托相应的两家拍卖公司分别组织实施以上两宗国有建设用地使用权拍卖出让活动，本次拍卖出让的详细资料和具体要求见拍卖文件。

拍卖文件可由申请人到拍卖地块相对应的拍卖公司直接领取，也可登录荆州市国土资源交易管理办公室网站 http：//www.jztdjy.com 或荆州市国土资源局门户网站 http：//www.jzgt.gov.cn/直接下载。

P（2017）009号地块下载及领取时间为2017年10月11日至2017年10月18日17：00时。

P（2017）010号地块下载及领取时间为2017年10月11日至2017年10月25日17：00时。

五、P（2017）009 号申请人可于 2017 年 10 月 11 日至 2017 年 10 月 18 日 17：00 时，按照拍卖文件要求，向相对应的拍卖公司提出书面报名申请。该地块交纳竞买保证金的截止时间为 2017 年 10 月 18 日上午 12：00。经审查，申请人按规定交纳竞买保证金且具备申请条件的，拍卖公司将在 2017 年 10 月 18 日 17：00 时前确认其竞买资格。

P（2017）010 号申请人可于 2017 年 10 月 18 日至 2017 年 10 月 25 日 17：00 时，按照拍卖文件要求，向相对应的拍卖公司提出书面报名申请。该地块交纳竞买保证金的截止时间为 2017 年 10 月 25 日上午 12：00。经审查，申请人按规定交纳竞买保证金且具备申请条件的，拍卖公司将在 2017 年 10 月 25 日 17：00 时前确认其竞买资格。

六、竞买人应按照拍卖文件的规定，在交纳竞买保证金之外同时向拍卖公司交纳拍卖准备金人民币 82 万元整。

七、两宗国有建设用地使用权拍卖会举办地址均为荆州市北京西路（原荆沙路）荆州市公共资源交易中心。

P（2017）009 号地块拍卖会定于 2017 年 10 月 20 日下午 15：00 举办；

P（2017）010 号地块拍卖会定于 2017 年 10 月 27 日下午 15：00 举办。

八、拍卖出让地块自公告之日起在所在地公开展示，出让人和拍卖人不集中组织竞买人现场踏勘，竞买人可自行踏勘。其他需要注意的事项详见国有建设用地使用权拍卖竞买须知。

九、两宗拍卖地块相对应的拍卖公司名称、地址、联系方式等信息待确定后另行公告，意向竞买人亦可电话咨询荆州市国土资源局。

咨询电话：0716 - ××××××××

（资料来源：荆州市公共资源交易信息网，2017 - 09 - 29，http：//www. gg-zy. gov. cn/information/html/a/420000/0302/201710/23/0042c）

【问题思考】

1. 如何评价案例中国有土地使用权出让的拍卖公告？

2. 请您对照有关法律法规的规定，提出进一步完善的方案。

第四节　询价与反拍

一、询价

（一）概念

询价是我国《政府采购法》所规定的法定采购方式，是指询价小组向有关供应商发出询价文件，供应商根据询价文件的要求进行报价，并向询价小组提交报价文件，询价小组对供应商的报价文件进行比较和评价，最终确定成交供应商的采购方式。

询价采购方式适用条件。《政府采购法》第三十二条规定："采购的货物规格、标准统一、现货货源充足且价格变化幅度小的政府采购项目，可以依照本法采用询价方式采购。"

（二）询价的程序

根据《政府采购法》和《政府采购非招标采购方式管理办法》的规定，询价采购包括以下程序：

1. 编制询价书。

采购代理机构接受来自采购人的委托后，要对项目采购计划和采购方案进行综合分析，然后编写完整的询价书。完整的询价书具体包括编制询价公告函、采购项目要求、报价单位须知、合同格式条款、报价文件格式等基本内容。询价书编制完成后送给采购单位审核确认，经采购人授权后方可发布。

2. 成立询价小组。

询价小组应该由采购单位、集采机构代表、评审专家组成，应该是三人以上的单数，其中评审专家应占到三分之二。询价小组负责对供应商提供的报价进行审阅，主要审查报价单位的资格和资质，报价文件的完整性和响应性等内容，并在此基础上确定符合采购质量等相关要求且报价最低的供应商。

3. 发布询价通知。

询价通知或称询价邀请在指定的媒体或系统介质内发布。从询价通知书发出之日起至供应商提交响应文件截止之日止不得少于 3 个工作日。在提交响应文件截止之日前，采购人、采购代理机构或者询价小组可以对已发出的询价通知书进行必要的澄清或者修改，澄清或者修改的内容作为询价通知书的组成部分。澄清或者修改的内容可能影响响应文件编制的，采购人、采购代理机构或者询价小组应当在提交响应文件截止之日 3 个工作日前，以书面形式通知所有接收询价通知书的供应商，不足 3 个工作日的，应当顺延提交响应文件截止日期。

4. 询价决定。

询价小组应该负责对供应商提供的报价按照询价公告进行独立评审。在询价过程中，询价小组不得改变询价通知书所确定的技术和服务等要求，以及评审程序、评定成交的标准和合同文本等事项。参加询价采购活动的供应商，应当按照询价通知书的规定一次报出不得更改的价格。询价小组应当从质量和服务均能满足采购文件实质性响应要求的供应商中，按照报价由低到高的顺序提出 3 名以上成交候选人，并编写评审报告。

5. 采购确认及合同签订。

采购代理机构应当在评审结束后 2 个工作日内将评审报告送采购人确认。采购人应当在收到评审报告后 5 个工作日内，从评审报告提出的成交候选人中，根据质量和服务均能满足采购文件实质性响应要求且报价最低的原则确定成交供应商，也可以书面授权询价小组直接确定成交供应商。采购人逾期未确定成交供应商且不提出异议的，视为确定评审报告提出的最后报价最低的供应商为成交供应商。如果出现下列情形之一的，采购人或者采购代理机构应当终止询价采购活动，发布项目终止公告并说明原因，重新开展采购活动：（1）因情况变化，不再符合规定的询价采购方式适用情形的；（2）出现影响采购公正的违法、违规行为的；（3）在采购过程中符合竞争要求的供应商或者报价未超过采购预算的供应商不足 3 家的。

【案例阅读】

全国人大信息中心计算机、打印机批量采购项目（2017 年 10 月）询价公告

公告概要：

公告信息：

采购项目名称　　　　　计算机、打印机批量采购项目（2017 年 10 月）

品目	货物/通用设备/计算机设备及软件/输入输出设备/打印设备/激光打印机， 货物/通用设备/计算机设备及软件/计算机设备/便携式计算机， 货物/通用设备/计算机设备及软件/计算机设备/台式计算机
采购单位	全国人大信息中心
行政区域	北京市　公告时间　2017 年 10 月 16 日 14：39
报名时间	2017 年 10 月 16 日 15：00 至 2017 年 10 月 20 日 16：00
报名地点	北京市西城区西交民巷 23 号 467 室
开标时间	2017 年 10 月 24 日 09：00
预算金额	￥102.68 万元（人民币）
联系人及联系方式：	
项目联系人	孙　力
项目联系电话	电话：010 － × × × × × × × × 传真：010 － × × × × × × × ×
采购单位	全国人大信息中心
采购单位地址	北京市西城区西交民巷 23 号
采购单位联系方式	010 － × × × × × × × ×
代理机构名称	全国人大机关采购中心
代理机构地址	北京市西城区西交民巷 23 号
代理机构联系方式	010 － × × × × × × ×
附件：	
	RC－H17038 计算机、打印机批量采购项目（2017 年 10 月）询价采购公告 . doc

（资料来源：中国政府采购网，2017 年 10 月 18 日访问：http：//www. ccgp. gov. cn/cggg/zygg/xjgg/201710/t20171016_8991001. htm）

【问题思考】

1. 您从该询价公告中获得想要的信息了吗？有哪些？

2. 如何评价该询价公告？是否还有完善的空间？

二、反拍

（一）概念及特征

"反拍"就是"反拍卖"，也称"拍购"、"拍买"或"逆向拍卖"等。简单地说，"反拍卖"就是采购方通过竞争获得最低价格而购买的方式。我国相关法律中虽然没有明确规定"反拍卖"是一种法定的采购方式，但可以从询价采购方式推出：即"反拍卖"属于询价采购一种，或者说实际上它就是询价采购方式，都属于通过竞争获得最低价购买的方式。"反拍卖"对应于"拍卖"，二者不同之处表现为：第一，拍卖是销售或者卖售公共资源的交易，而"反拍卖"是为采购方购买公共资源的交易；第二，拍卖是逐级向上竞价，反拍卖是逐级向下竞价；第三，拍卖是最高价成交，而反拍卖是最低价成交；第四，拍卖是卖方主动，买方竞争，反拍卖则是买方主动，卖方竞争。[①]

"电子反拍"或称"电子反拍卖"是指借助电子技术直接在网络上实现的反拍的方式。采购人或采购代理机构在电子集市中发布所采购的商品信息，并设置竞价规则，包括商品要求、起始价格、竞价开始时间、竞价时限等。供应商自由选择参与竞价，竞价时限到达后采购人与出价最低的供应商签订采购合同。供应商根据确定的采购合同，产生了供货通知单，进行发货。采购人验货后，通过支付货款，电子反拍活动结束。

（二）反拍的程序

我国目前"反拍"采购方式多是通过网络技术来实现，作为一项采购技术和采购方式的革命性变革，即"电子反拍"。在各个公共资源交易平台整合与完善的基础上，"电子反拍"相比传统的询价采购方式要更加便捷，也更加高效，基本能够实现扩大供应商渠道的目的和公平竞争的要求，因此也得到了普遍应用。然而，该方式的局限性也很明显，如所能适用的对象具有特定性，使用的场所也受到限制等。

---

① 参阅了百度百科"电子反拍"的内容，访问时间：2019 – 10 – 23. https：//baike. baidu. com/item/.

目前，我国反拍的程序，主要是电子反拍的程序，相对而言比较简单，具体包括：

（1）发布反拍公告。采购人或采购代理机构在集市中发布所采购的商品信息，并设置竞价规则，包括商品要求、起始价格、竞价开始时间、竞价时限等。

（2）自由竞价。供应商自由选择参与竞价，竞价时限到达后采购人与出价最低的供应商签订采购合同。

（3）确定供应商。根据竞价的结果，选择价格最低的为供应商。

（4）签订与履行合同。供应商根据确定的采购合同，产生了供货通知单，进行发货。采购人验货后，通过支付货款，电子反拍活动结束。

【案例阅读】

广东省惠州市人民检察院其他软件电子反拍结果公告
[采购项目编号：EP2016 – 106569 – RA]

广东省惠州市人民检察院（以下简称"采购人"）在广东省电子化政府采购执行平台（www. gdgpo. gov. cn）发起的电子反拍编号 EP2016 – 106569 – RA 项目根据规程已圆满结束，经采购人确认，现将成交人名单公告如下：

一、反拍商品名称及成交供应商：

采购品目		其他软件				
计量单位	采购数量		单个商品最高限价（元）		确定成交供应商	
套	1		145000.0			
品牌	商品名称	规格型号	商品报价（元）	选配	成交供应商	报价总额（元）
1 IBM	服务请求管理并发用户	D61DRLL	142000.00		惠州市赛格科技有限公司	142000.00

请以上成交供应商凭有效证明到采购代理领取成交通知书，并根据规程与广东省惠州市人民检察院签订电子合同。

二、确定成交供应商日期：

广东省惠州市人民检察院其他软件项目（反拍编号：EP2016 – 106569 – RA）

于 2016 年 12 月 26 日确定成交供应商。

三、采购人的名称、地址和联系方式:

采购人名称: 广东省惠州市人民检察院

采购单位联系人: ×××

采购单位联系电话: 0752 – ××××××

(资料来源: 广东省网上办事大厅政府采购系统, 2017 年 10 月 23 日访问: http: //www. gdgpo. gov. cn/showNotice/id/40288ba958fe0fc301593a0d10b4454a. html)

【问题思考】

1. 人民检察院的采购活动适用《政府采购法》的规定吗? 为什么?

2. 如何评价该电子反拍中标公告?

第五节　单一来源、定向委托及其他

一、单一来源

(一) 概念

单一来源的交易方式, 顾名思义, 就是从某单一的供应商处购买。单一来源采购由于其自身采购方式的特殊性和必需性, 被各国和各种形式的国际经济组织所广泛采用, 如:《国际复兴开发银行贷款和国际开发协会信贷采购指南》(简称指南) 在 "招标以外的采购方式" 一章中规定的直接签订合同方法, 其实就是单一来源采购方式; 联合国国际贸易法委员会《货物、工程和服务采购示范法》(以下简称《示范法》) 第 51 条则明确规定了单一来源采购方式; 世界贸易组织《政府采购协议》(以下简称《协议》) 第 7 条规定了限制性招标, 其实也与单一来源采购类似; 欧盟《政府采购指令》(以下简称《指令》) 规定了谈判程序, 其中规定的不带竞争邀请的谈判程序实际上就是单一来源采购方式。我国的《政府采购法》则明确规定了单一来源为法定的采购方式, 但仅在政府采购领域内适用。在工程建设招投标、国有土地使用权转让、国有产业交易等领域, 原则上不适用单一来源采购方式。

客观地说，由于单一来源采购是同唯一的供应商、承包商或服务提供者进行谈判、交易并签订合同，这样就竞争角度而言，采购方处于不利的地位，有可能会增加采购成本；当然，也有利于采购人更便捷、更快速完成交易；而就公共利益而言，单一来源有可能会更容易发生行贿、索贿、受贿等现象，进而滋生腐败。所以，从国际上看，国际规则都对单一来源规定了严苛的适用条件。一般而言，这种方法的采用都是出于紧急采购的时效性或者只能从唯一的供应商或承包商处取得货物、工程或服务的客观性。

（二）适用范围

我国《政府采购法》第三十一条规定："符合下列情形之一的货物或者服务，可以依照本法采用单一来源方式采购：（1）只能从唯一供应商处采购的；（2）发生了不可预见的紧急情况不能从其他供应商处采购的；（3）必须保证原有采购项目一致性或者服务配套的要求，需要继续从原供应商处添购，且添购资金总额不超过原合同采购金额百分之十的。"

国际上政府采购立法与实践都对单一来源的采购方式采取了审慎态度，并规定了严格的条件限制。这些条件一般包括：一是必须是招标失败。如在采用公开和限制程序情况下没有合适的投标，且原招标合同条款未做重大改变。招标失败的原因或是无人投标，或是串通投标，或是投标由不符合参加条件的供应商所提出。《协议》和《指令》都有此规定。二是采购标的物的来源单一性。基于技术、工艺或专利权保护的原因，产品、工程或服务只能由特定的供应商、承包商或服务提供者提供，且不存在任何其他合理的选择或替代。三是紧急情况下的时效性采购需要。这主要是指在不可预见事件导致出现异常紧急情况下，使公开和限制程序的时间限制难以得到满足，且出现该紧急事件的情况下也不归因于签约机构。四是附加合同中购买。就供应合同而言，在原供应商替换或扩充供应品的情况下，更换供应商会造成不兼容或不一致的困难，但此类合同的期限不能超过三年；就工程合同而言，现存合同的完成需要未预料到的额外工程，该额外工程既不能同主合同分开（经济和技术原因）又非常必需，只要该额外工程仍由原承包商完成且价格不超过原合同的50%；就服务合同而言，实际上不能同主合同分离，且为主合同的完成所必需的、未曾预料到的额外服务，只要该额外服务的总价值不超过主合同价值的一半并且该额外合同仍然授予原服务提供者。这一情况，在《指南》、《协议》、《示范法》也都有类似规定。五是研究、实验或开发合同的特定需要。采购实体为谋求与供应商或承包商订立一项进行研究、实验、调查或开发工作的合同，但合同中包括的货物生产量足以使该项业务具有商业可行性或足以收回研究开发费用者除外。《示范法》、《协议》和《指令》都有此规定。六是重复合同的需要。需要增加购买、重复建设或反复提供类似的货物、工程或服务，并且该原合同是通过竞争邀请程序授予且新合同授予同样的供应商、承包商或服务提供者。除《示范法》外，其他国际规则都有类似规定，等等。

（三）程序①

由于单一来源采购竞争性较弱，在其审批程序上，监管部门应严格把关，规范程序。

（1）采购申请。采购人说明采购项目内容（或功能）、采购金额、采购时间，所要达到的预期目标，采购预算、单一来源采购理由等。经上级主管部门审核后提交财政管理部门。项目的专有技术或服务是否具有不可替代性或独占性，前后项目是否必须保持一致性或服务配套，采购人需聘请专业人员作出论证并公示，公示情况一并报财政部门。

（2）信息公告。代理机构在指定媒体发布单一来源采购公告，达到公开招标数额标准的，必须在省级财政部门指定的媒体上公示，接受社会监督，公示期不得少于5个工作日。

（3）采购审批。财政行政主管部门根据采购项目及相关规定确定单一来源采购这一采购方式，并确定采购途径，即是委托采购还是自行采购。

（4）代理机构的选定。根据财政部门的审批决定选择代理机构，并由代理机构协助组建采购小组。

（5）协商、编写协商情况记录。采购小组与供应商协商，主要是关于质量的稳定性、价格的合理性、售后服务的可靠性等问题。当然由于经过了技术论证，价格是协商的焦点问题，采购小组应通过协商帮助采购人获得合理的成交价并保证采购项目质量。协商情况记录应当由采购小组人员签字认可。

（6）签发成交通知书：将谈判确定的成交价格报采购人，经采购人确认后签

---

① 本部分参考了刘海桑：《政府采购、工程招标、投标与评标1200问》（第二版），机械工业出版社2016年版。

发成交通知书。

【案例阅读】

国家体育总局篮球国队特定品牌器材单一来源公告

公告信息：

采购项目名称　　　篮球国队特定品牌器材

品目　　　　　　　货物/专用设备/体育设备/其他体育设备

　　　　　　　　　货物/专用设备/体育设备/球类设备

采购单位　　　　　国家体育总局

行政区域　　　　　北京市　公告时间　2017 年 10 月 17 日 10：33

预算金额　　　　　￥41.11 万元（人民币）

联系人及联系方式：

项目联系人　　　　×××

项目联系电话　　　010 - ×××××××

采购单位　　　　　国家体育总局

采购单位地址　　　北京市东城区广渠门内大街 80 号通正国际大厦

采购单位联系方式　××　010 - ×××××××

代理机构名称　　　体育器材装备中心

代理机构地址　　　北京市东城区体育馆路 3 号

代理机构联系方式　×××　010 - ×××××××

附件：

　　　　　　　　　单一来源邀请谈判文件.doc

（资料来源：中国政府采购网，2017 年 10 月 18 日访问：http：//www.ccgp.gov.cn/cggg/zygg/dylygg/201710/t20171017_8997607.htm）

【问题思考】

1. 从该公告中看到了哪些内容，如何评价？

2. 如何进一步规范单一来源采购方式？

二、定向委托

（一）定向委托概念

定向委托，顾名思义，是指采购人只能确定地向某一个或某几个特定供应商委托事项并支付对价的购买方式。定向委托是相对于竞争性方式提出，所以应该可以确定定向委托就是直接委托或直接指定供应商的方式。定向委托实际上并不是一个法定的公共资源交易方式，之所以出现，我们可以从党的十八届三中全会的报告中找到依据。党的十八届三中全会公报中指出："推广政府购买服务，凡属事务性管理服务，原则上都要引入竞争机制，通过合同、委托等方式向社会购买。"不难看出，此处的"委托"是有特定含义的：第一，仅适用于购买服务的范畴；第二，特指事务性管理服务。尽管我国《政府采购法实施细则》第二条第四款规定："政府采购法第二条所称服务，包括政府自身需要的服务和政府向社会公众提供的公共服务"，但是，这里也仅仅指纳入集中采购目录范围内的服务，而并没有包括限额以下和目录之外的服务。

党的十八届三中全会以来，尤其是 2013 年国务院办公厅颁发 96 号文，即《国务院办公厅关于政府向社会力量购买服务的指导意见》之后，2014 年财政部又颁发了《政府购买服务管理办法（暂行）》（财综〔2014〕96 号文），各地积极开展了多种多样的政府购买服务活动，并力求积极创新购买的方式。如 2017 年，山东省财政厅发布了《山东省政府购买服务竞争性评审和定向委托方式暂行办法》，并在第四章对定向委托做出了规定。

（二）定向委托范围

根据国务院、财政部以及山东省有关政府购买服务的原则和具体规定，定向委托的范围可以概括如下：

（1）落实各级人民政府确定的公共政策和改革目标，对承接主体有特殊要求的。

（2）各级人民政府或授权的行政主管部门按有关规定与相关合作伙伴签订战略合作协议，按协议约定应向相关合作伙伴或特定主体购买服务的。

（3）在事业单位分类改革过程中，按照政策规定，在改革过渡期内需要由原事业单位继续承担服务的；或者为推动某类事业单位改革，需要通过政府购买服务方式予以支持的。

（4）购买原有服务项目，若更换承接主体，将无法保证与原有项目的一致性或者服务配套要求，导致服务成本大幅增加或原有投资损失的。

（5）承接主体市场发育不足，或者有服务区域范围要求，尚不具备有效竞争条件的服务项目。

（6）承接主体市场具备一定竞争性，但项目金额较小，采用竞争性方式确定承接主体成本费用较高的服务项目。

（7）其他因法律法规或县级以上人民政府有关规定须特定承接主体提供服务的情形。

需要说明的是，定位委托并不是成熟的市场经济条件下的理想的采购方式，因此其所能适用的范围是不固定的，会随着市场发育的成熟而发生变化。我国地域广大，经济发展不平衡、市场发育的程度也不同；不同的领域市场发育不尽相同，不同的管理性事务特点各异，因此，很难要求各地各领域有统一的定向委托的范围。

（三）定位委托的程序

根据定向委托方式的特点、各级实际运行的经验和《山东省政府购买服务竞争性评审和定向委托方式暂行办法》的规定，可以将定向委托的程序归纳如下：

（1）制定定向委托文件。购买主体或邀请具有相关经验的专业人员组成协商小组，对服务项目进行市场调查，研究确定服务项目的具体购买需求和服务标准，测算承接该服务项目所需投入的人工、材料等成本支出、合理利润和相关税费总额，研究制定定向委托文件。

（2）发出定向委托邀请函。购买主体向拟定承接主体发出定向委托邀请函。

（3）编制响应文件。拟定承接主体按照服务项目定向委托文件要求，编制服务项目响应文件。拟定承接主体应对其响应文件的真实性、合法性承担法律责任。

（4）开展协商谈判。购买主体或邀请具有相关经验的专业人员与拟定承接主体进行平等协商谈判，合理确定项目的服务标准、收费标准和最终成交价格等内容，形成协商记录报告。

（5）发布公告。购买主体发布购买结果公告，包括：购买服务项目名称、购买内容、采用定向委托方式的原因、承接主体名称、合同金额及报价明细。

（6）签订政府购买服务合同。

需要说明的是，定向委托的程序并不固定，每个购买人完全可以根据自己的实际情况并参照其他采购方式进行。从某种意义上说，定向委托作为一种采购方式相比较于财政直接拨款给确定的承接主体而言是一个进步。但毕竟定向委托仍是一种偏向行政命令或指令的方式，就其配置公共资源的有效性来看，无法和市场化的竞争性方式相比。所以，从长远来看，增强竞争性并通过严格的采购预算、绩效评价等绩效管理才是解决政府购买服务问题的根本之道。

三、其他采购方式

（一）协议供货与定点采购

所谓的协议供货和定点采购实际上一个综合的采购方式，最早出现在2004年财政部颁发的《政府采购货物和服务招标投标管理办法》（即财政部18号令）中，该办法的第八十五条规定："政府采购货物服务可以实行协议供货采购和定点采购，但协议供货采购和定点供应商必须通过公开招标方式确定；因特殊情况需要采用公开招标以外方式确定的，应当获得省级以上人民政府财政部门批准。协议供货采购和定点采购的管理办法，由财政部另行规定。"但是，财政部后来并没有对协议供货和定点采购出台进一步的管理办法或其他规范性文件。一些地方，如湖北、江苏、重庆、陕西、辽宁以及北京市朝阳区等相继出台了有关协议供货和定点采购的一些规定。

《陕西省省级单位协议供货和定点采购管理暂行办法》第三条规定的"本办法所称的协议供货和定点采购，是指政府采购项目通过公开招标等方式，确定供应商及其所提供货物或服务（包括品牌、规格型号、市场参考价、优惠率、供货期限、服务承诺等），以协议方式固定下来，由采购人在协议有效期内自主选择供应商及其所供货物或服务的一种采购形式"具有代表性，可以作为协议供货和定点采购的标准定义。从协议供货和定点采购的实践看，其对象主要是货物，一般为规格或标准相对统一、产品品牌较多且市场货源充足的大宗通用类产品。供应商一般都是由采购人和政府集中采购机构，通过招标方式择优选定，期限大多为一年或两年一招一定。一般都是确定3家以上供应商作为协议采购的供货对象，在协议供货供应商之间也形成一定的竞争；同时，采购人和政府集中采购机构还可以对协议供货供应商实行动态管理，对协议供货供应商的服务承诺、服务态度、价格优惠等进行定期和不定期的考核，对不合格的及时清退，实行优胜劣汰，好中选优，促进供应商提高产品质量和服务水平。但是，也应该看到，协议供货和定点采购在实际操作中存在一些问题，如期限内价格变动不及时、采购人与协议供应商串通、监督管理难度大等。

2017 年 7 月财政部对《政府采购货物和服务招标投标管理办法》（财政部 18 号令）进行了修改，重新颁布了修订后的《政府采购货物和服务招标投标管理办法》，即财政部 87 号令。新颁布的 87 号令没有保留协议供货和定点采购的方式，这也意味着协议供货和定点采购方式在中央层面失去了合法依据。

（二）比选招标

所谓比选招标实际上是招标方式的一个变种，它是指比选人或比选代理人事先公布出条件和要求，从自愿报名参加比选的申请人中按照规定方式，邀请特定数量的法人或者其他经济组织参加招标项目的竞争，通过比较，选择并最终确定中选者的活动过程。在国家的法律法规层面，即《招标投标法》及其实施细则、《政府采购法》及其实施细则等没有明确规定比选招标的方式。在地方人民政府或职能部门制定的规范性文件中涉及到比选采购的方式，如 2006 年四川省人民政府颁布了《四川省政府投资工程建设项目比选办法》（四川省人民政府 197 号令），随后的 2013 年又修改并颁布了《四川省政府投资工程建设项目比选办法》，又称"省人民政府 2013 年第 197 - 1 号"。

根据 2013 年新颁布的《四川省政府投资工程建设项目比选办法》规定：在四川省行政区域内的政府投资工程建设项目，包括项目的施工、勘察、设计、监理以及与工程建设有关的重要设备、材料等，其总投资额在 3000 万元人民币以下的项目，凡达到下述条件中的一种，即可进行比选。（1）单项合同估算价在 200 万元人民币以下（不含 200 万元），且在 50 万元人民币以上（含 50 万元）的施工项目；（2）单项合同估算价在 50 万元人民币以下 20 万元人民币以上的勘察、设计服务；（3）单项合同估算价在 100 万元人民币以下 30 万元人民币以上的设备、材料等货物的招标。根据比选招标的要求，一般应包括以下必经程序：比选人发布比选文件，比选申请人提出申请，确定比选邀请人，评审委员会制定评审标准、比选评审、确定中选人、签订合同等环节。

需要说明的是，比选招标相比公开招标、邀请招标而言程序规范还不够严谨、竞争程度也不够强，仍需要进一步探讨和完善。也应该看到，在工程建设领域，标的额相对较小的招标采购，比选也有其存在的合理性和积极意义。但笔者认为，随着公共资源交易各领域的网络化程度的提高，一些尚不够规范的交易方式将会被淘汰。

【案例阅读】

福州监狱扩建项目工程招标代理及工程造价咨询机构比选

2017 年 01 月 03 日

招标编号：100621

业主名称：福建省福州监狱

代理费取费标准：收费标准的 80% 为上限

申请截止时间：2017 - 01 - 09　00：00：00

是否政府采购：否

代理机构资格条件

1. 具有合格有效的营业执照、税务登记证、组织机构代码证（若为三证合一的，可只提供有"统一社会信用代码"的法人营业执照副本复印件）。

2. 同时具有合格有效的甲级造价咨询资质、甲级招标代理资质、中央投资项目招标代理机构预备级及以上资格证书。

3. 财务要求："2015 年财务状况表"应附经会计师事务所或审计机构审计的财务会计报表，包括资产负债表、现金流量表、利润表和财务情况说明书。

4. 信誉要求：投标人不得存在下列情形之一（要求投标人自行承诺）：

4.1　投标人与招标代理机构同为一个法定代表人的；

4.2　投标人与招标代理机构相互控股或参股的；

4.3　与招标代理机构相互任职或工作的；

4.4　被责令停业的；

4.5　被暂停或取消投标资格的；

4.6　财产被接管或冻结的。

4.7　提供投标人单位所在地人民检察院出具的《检察机关行贿犯罪档案查询结果告知函》，应在有效期内。

5. 招标代理人员配备：

5.1　主要负责人：1 名（具备中级及以上技术职称）

5.2　招标代理从业人员：3 名（中级及以上技术职称 1 名，初级及以上技术职称 2 名）（不含非公有制、乡镇企业系列职称）

6. 预算编制人员配备：

6.1　项目负责人：注册造价师 2 名。

6.2　其他人员：土建造价人员 2 名，安装造价人员 1 名。

说明：以上人员必须为投标单位在职员工，应提供在投标人所在单位最近六个月内连续缴交的个人《养老保险缴费明细表》，须带网上审批专用电子章、防伪码。同时提供以上人员相关注册或职称证书复印件加盖投标单位公章。

投标人应满足"投标人须知前附表 1.4.1 条款"规定的所有条件，否则投标无效。招标代理机构所提供的资料必须真实可靠，如有提供虚假资料者，一经查实，取消投标资格。

委托代理内容

招标公告

招标编号：FJLQ20163075 – 1

1. 招标条件。本招标项目福州监狱扩建项目工程招标代理及工程造价咨询机构比选（项目名称）项目业主为福建省福州监狱，建设资金来自中央投资及自筹，现对该项目招标代理及造价咨询中介服务机构重新公开进行招标：具体内容如下：

1.1　招标范围：福州监狱扩建项目。

1.2　委托内容：包含项目代建、勘察、设计、施工、监理、货物及其他招标代理及造价咨询服务等，以业主实际委托工作内容为准。

1.3　编制工作完成时限：以具体委托项目约定时间为准。

1.4　取费标准上限：造价咨询业务按闽价〔2002〕房 457 号规定的 80% 为上限计取费用，招标代理业务按计价格〔2002〕1980 号国家收费标准的 80% 为上限计取费用。

2. 报名资格条件。

2.1　投标人应具备独立法人营业执照，同时具有合格有效的甲级工程造价咨询资质、甲级工程招标代理资质、中央投资项目招标代理机构预备级及以上资格证书。

2.2 按招标文件要求提交了5000元投标保证金。

2.3 本次招标不接受联合体投标

3. 招标文件的获取。

3.1 投标人应派人持本单位介绍信原件、营业执照复印件、资质证书复印件（复印件均需加盖公章）于2017年1月3日至2017年1月9日，每日上午09：00时至11：30时，下午15：00时至17：00时（北京时间，下同）前往福建立勤招标代理有限公司（福州市鼓楼区工业路523号福州大学（北区机械厂）怡山创意园3号楼101）办理报名登记。招标文件每套售价为人民币300元，招标文件售后不退。

4. 评标办法。

4.1 本招标项目采用综合评分法的评标办法

5. 投标申请文件的递交。

5.1 递交投标申请文件截止时间（申请截止时间，下同）为2017年1月25日9时30分，地点为：福建立勤招标代理有限公司（福州市鼓楼区工业路523号福州大学（北区机械厂）怡山创意园3号楼101）。提交方式：书面形式提交。提交投标文件的同时，投标人的法定代表人（应携带本人身份证）或其委托的代理人（应携带授权委托书及委托代理人的身份证）应当参加开标程序，并现场核验身份。投标人未按规定的时间和地点参加开标的，视为自行放弃中标候选人资格。

6. 发布公告的媒介。

6.1 本次公告同时在福建招标与采购网上发布。

7. 联系方式。

招标人：福建省福州监狱

联系人：林科长；联系电话：0591－×××××××××；

地址：福州市晋安区前横路79号。

招标代理机构：福建立勤招标代理有限公司

地址：福州市鼓楼区工业路523号福州大学（北区机械厂）怡山创意园3号楼101

联系人：××× 联系电话：××××××××× 电子信箱：×××××××

投标保证金账户：

开户名称：福建立勤招标代理有限公司

开户银行：中国工商银行福州市鼓楼支行

银行账号：1402023209600058×××

监督机构名称：福建省福州监狱纪检监察室

办公地址：福州市晋安区前横路 79 号

联系电话：0591 − ×××××××

福州监狱扩建项目工程招标代理及工程造价咨询机构比选

2017 年 01 月 25 日

中标结果公示

招标编号：FJLQ20163075 − 1

本招标项目于 2017 年 1 月 25 日 9：30 时在福建立勤招标代理有限公司开标，已由评标委员会评审完毕，招标人按规定确定了中标人，现将中标结果公示如下：

1. 招标工程项目概况。

工程项目名称：福州监狱扩建项目工程招标代理及工程造价咨询机构比选

招标人：福建省福州监狱

委托内容：包含项目代建、勘察、设计、施工、监理、货物及其他招标代理及造价咨询服务等，以业主实际委托工作内容为准。

招标方式：公开招标

2. 评标委员会成员名单及评标办法。

招标人评委：/

专家评委：夏红忠、邱义明、林佑甫、丁国璇、林勇

评标办法：综合评分法

评标参数：K =/，C =/

3. 中标人及其投标文件相关内容。

中标人名称：福建省建融工程咨询有限公司

投标报价：（1）造价咨询业务：按闽价〔2002〕房 457 号规定的 75% 计取费用，（2）招标代理业务：按计价格〔2002〕1980 号的国家收费标准的 70% 计取费用。

4. 公示时间。

公示期为 2017 年 1 月 26 日至 2017 年 2 月 4 日。

5. 联系方式。

招标人：福建省福州监狱

办公地址：福州市晋安区前横路 79 号

联系电话：0591 - ×××××××

联系人：林科长

招标代理机构：福建立勤招标代理有限公司

办公地址：福州市鼓楼区工业路 523 号福州大学（北区机械厂）怡山创意园 3 号楼 101

联系电话：××××××× 联系人：×××

投标人或者其他利害关系人对评标结果有异议的，应当在公示期内向招标人提出。

监督机构名称：福建省福州监狱纪检监察室

办公地址：福州市晋安区前横路 79 号

联系电话：0591 - ××××××× 日期：2017 年 1 月 26 日

（资料来源：福建招标与采购网，2017 年 10 月 24 日访问：http：//www. fjbid. gov. cn/bxgg1/bxgg/201701/t20170103_100621. htm）

【问题思考】

1. 从该公告中看出了比选方式的特征了吗？为什么？

2. 如何评价比选方式的优点和不足之处？

【参考文献】

1. ［美］E. S. 萨瓦斯：《民营化与公私部门的伙伴关系》，周志忍等译，中国人民大学出版社 2002 年版。

2. 中华人民共和国国土资源部、国土资源经济研究院编著：《经营性土地使用权出让》，中国方正出版社 2004 年版。

3. 国务院国有资产监督管理委员会、产权局、纪委监察局：《企业国有产权交易》，中国方正出版社 2004 年版。

4. 王丛虎：《政府购买公共服务理论研究——一个合同式治理的逻辑》，经济科学出版社 2015 年版。

5. 宋世明：《美国行政改革研究》，国家行政学院出版社 2016 年版。

第七章

公共资源交易的监督

【导读】

众所周知，中国的语言文字丰富多彩、博大精深。每一个词都有其特定内涵和外延。尽管"管理"、"监督"、"监管"、"监察"看似相同，但实践上还是有所差别。"管理"的内涵最宽泛，也最丰富，一般认为决策、组织、计划、指挥、协调和控制等都属于管理的内容。管理既包括组织内部的上下组织间、也可以发生在上下级组织间；"监督"是指监察、督促的意思，应该属于管理的一个环节，是指来自组织之外的监察、督促，如社会公民对国家机关的监督、权力机关对其他机关的监督、上级机关对下级机关的监督等等；"监管"的词源来自英文的regulation 主要对于事情的控制。"监管"常常被用于特定的领域，如政府的经济性监管是指政府机关依据法律权限对企业准入、价格、服务质量、财务等行为的监管；政府的社会性监管是指政府机关依法基于劳动者和消费者利益考虑制定有关健康、安全、环保和卫生等标准并进行禁止、限定的监管行为。所以，从这个意义上讲，"监管"是基于政府与市场关系，在市场机制的框架内来解决"市场失灵"问题，对市场经济进行的监督和控制的活动；"监察"则特指国家监察机关对国家行政机关及其工作人员、国家行政机关任命的人员进行监督、纠察的行为。

本章决定使用"监督"一词，主要是考虑到参与公共资源交易的主体复杂性、范围广泛性等特征，而且"监督"隶属于"管理"的一个环节，而"监管"、"监察"相比较"监督"而言更为狭窄些。而选取"信用监督"单独成节，主要考虑的是从监督内容上看，信用监督是一个最为基础的制度问题，同时也是中国公共资源交易最急需解决的问题；选择"绩效监督"则是从监督的方式上考虑其是最有效的，也是中国公共资源交易最缺失的方式。当然，监督在不同话语体系下和不同使用习惯下各不相同，概念的内涵与外延也不尽相同。依笔者个人理解，是为了在文中更好使用而做的界定。不可避免的，"仁者见仁、智者见智"，如能引起大家对这几个词的深入思考也就足矣。

第一节　公共资源交易监督概论

一、监督及公共资源交易监督

（一）监督及监督机构

谈到公共资源交易，必然谈到腐败；而谈到腐败问题，则必然谈到管理、监督等问题。通常会涉及这样几个词，即"管理"、"监督"、"监管"、"监察"。基于以上分析，考虑到"监督"一词适用的广泛性，且属于"管理"的一个重要环节，为此本书选择了"监督"一词。

一般来说，监督是指依法具有监督权的主体依照法律规定，对特定主体行使公权力行为的监察、督促、检查和纠正。监督来自监督权，而法律意义上的监督权要宽泛些，不像管理权、监察权、监管权那样特定化。我国宪法把监督权授予各种组织的同时，也授予了普通公民。这样，在我国的监督体系中，有权监督行使公权力或从事公共事务行为的主体是多元的，既有公权力组织内部的，也有公权力组织外部的，当然还有来自社会各界的组织和个人。

根据宪法，我国的监督体制由国家监督和社会监督两部分组成。国家监督是指通过法律法规授权的特定有权机关的监督，包括立法机关的监督，如2006年8月全国人民代表大会常务委员会通过的《中华人民共和国各级人民代表大会常务委员会监督法》规定的各级人民代表大会常务委员会行使的监督权；行政机关的监督，如宪法及其组织法授权上级行政机关对下级行政机关的监督，《行政监察法》授权各级行政监察机关对国家行政机关及其公务人员的监督；司法机关的监督，如人民法院行政审判权对行政机关的监督，人民检察院对行政机关的监督等等。社会监督是指来自公共部门之外其他组织和个人的公共权力行使的监督，包括各类媒体、社会组织、公民个人等对公共部门的监督。

在透明国际（Transparency International）这个致力于反腐败的非政府国际组织的一系列报告中，出现频率很高的词就是"廉政体系"。该词首先由透明国际的易卜拉希姆·苏式提出，之后，很快得到了推广与应用。如何构建一个国家的"廉政体系"，其中监督机构是这个体系中的重要支柱。在透明国际那里，监督机构包括了公共账目委员会、审计总署、监察特使、警察部门、反腐败专门机构①，等等。

当然，基于不同目的和需求出发则有不同标准的监督机构分类，但基本能够达成共识的是监督对象一般都指向公共部门或公共事务。所以，本书也是基于这样的共识，但从更为宽泛的角度来介绍监督及其监督机构。

（二）公共资源交易监督主体

公共资源交易监督，也就是监督主体对公共资源交易参与者及行为，或称公共事务或公共活动的监督。从监督主体上看，有广义上的，如上文提到的国家监督主体和社会监督主体的各个类别；也有狭义的仅指法律法规授权的各类公共部门；从监督对象上看，有广义的，即对公共资源交易所有活动和所有参与者的监督；有中观层面的，即对公共资源交易整个活动的监督；也有狭义上的，即仅对参与公共资源交易活动的公共部门的行为进行的监督。不同的监督主体，基于法律法规授权的不同，行使监督权的内容、程序也不尽相同。为此，可以将我国公共资源交易监督主体分为：综合监督部门、行业监管部门、专业监督部门以及社会监督四大类。

1. 综合监督部门。

（1）公共资源交易监督管理部门。公共资源交易监督管理部门，顾名思义就是指专门对公共资源交易活动进行监督管理的综合行政机关。有关公共资源交易监督管理部门的法律地位、职责范围等问题，2015 年的《国务院办公厅关于印发整合建立统一的公共资源交易平台工作方案的通知》（国办发〔2015〕63 号）只是原则性提出要"坚持转变职能、创新监管。按照管办分离、依法监管的要求，进一步减少政府对交易活动的行政干预，强化事中事后监管和信用管理，创

---

① ［新西兰］杰瑞米·波普：《制约腐败——构建国家廉政体系》，清华大学公共管理学院廉政研究室译，中国方正出版社 2003 年版，第 55 页。

新电子化监管手段，健全行政监督和社会监督相结合的监督机制"。2016年十四部委通过的《公共资源交易平台管理暂行办法》（第39号令）第六条规定："国务院发展改革部门会同国务院有关部门统筹指导和协调全国公共资源交易平台相关工作。设区的市级以上地方人民政府发展改革部门或政府指定的部门会同有关部门负责本行政区域的公共资源交易平台指导和协调等相关工作。各级招标投标、财政、国土资源、国有资产等行政监督管理部门按照规定的职责分工，负责公共资源交易活动的监督管理"。不难看出，中央层面的相关文件并没有对公共资源交易综合监管部门的设立和职责等相关问题做出明确的规定，只是提出了原则性要求。

近年来，全国各个地方根据自己的实际情况设立了其法律地位、职责范围等不尽相同的公共资源交易监督管理局。以安徽省合肥市为例，合肥市人大颁布的《合肥市公共资源交易管理条例》规定："公共资源交易监督管理机构应当做好下列工作：①依据法律、法规和本条例的规定，制定公共资源交易工作程序和管理规定；②对公共资源交易实施监督管理，受理公共资源交易投诉，依法查处公共资源交易中的违法行为；③建立和管理公共资源交易综合评审专家库，建立公共资源交易信用管理制度；④建立全程监控、联动执法等工作制度，逐步实行信息化管理"。而宁夏回族自治区公共资源交易管理局的职责则是：会同自治区发展改革委、经济和信息化委、监察厅、财政厅、国土资源厅、住房和城乡建设厅、交通运输厅、水利厅、卫生厅、国资委等行政主管部门研究制定公共资源交易规则、规程等；完成自治区公共资源交易管理委员会交办的相关工作；负责管理自治区级公共资源交易中心；负责全区公共资源交易平台建设、运行、管理；负责宁夏公共资源交易网的建设、管理与维护。负责全区公共资源交易电子化评标系统、远程监控系统、评标专家抽取系统、数据统计分析、公共资源交易违法行为和不良信誉记录等信息化建设工作；负责全区公共资源交易综合专家库的建设和管理，对从业人员进行培训、考评等工作；协助相关部门做好进入公共资源交易中心交易活动全过程的监督检查，协助监察机关和有关部门调查处理公共资源交易活动中出现的问题，等等。不难看出，尽管两地监督管理机构名称相同，即均为公共资源交易监督管理局，但是职责范围则不尽相同。从理论上，这种不同的监督职责或监督对象的设置是允许的。毕竟各地情况不同，而根据自身情况通过地方立法加以固化，有其合理性和合法性的保障。

（2）财政部门。各级财政部门作为各级人民政府负责财政收支、财税政策、财政监督、行政事业单位国有资产管理工作的组成部门，对于财政资金的支出，尤其是对用于公共资源交易的财政资金支出具有首要监督责任。《中华人民共和国预算法》第五十七条规定："各级政府财政部门必须依照法律、行政法规和国务院财政部门的规定，及时、足额地拨付预算支出资金，加强对预算支出的管理和监督。各级政府、各部门、各单位的支出必须按照预算执行，不得虚假列支。各级政府、各部门、各单位应当对预算支出情况开展绩效评价"。而我国《政府采购法》则明确规定了各级财政部门对于政府采购整个活动的监督，其中第十三条规定："各级人民政府财政部门是负责政府采购监督管理的部门，依法履行对政府采购活动的监督管理职责。各级人民政府其他有关部门依法履行与政府采购活动有关的监督管理职责"。而第五十九条又详细规定了监督的具体内容，即应当对加强政府采购活动及集中采购机构的监督检查作出明确规定：监督有关政府采购的法律、行政法规和规章的执行情况；监督采购范围、采购方式和采购程序的执行情况；监督政府采购人员的职业素质和专业技能情况，等等。虽然不少学者认为，财政部门是政府采购的行业监督部门，但从对整个财政支出的监督角度看，我们更倾向于财政部门属于综合监督部门。

2. 审计部门。

我国各级审计部门是专门行使审计监督权的机关，根据《审计法》第二条的规定，即"国家实行审计监督制度。国务院和县级以上地方人民政府设立审计机关。国务院各部门和地方各级人民政府及其各部门的财政收支，国有金融机构和企业事业组织的财务收支，以及其他依照本法规定应当接受审计的财政收支、财务收支，依照本法规定接受审计监督。审计机关对前款所列财政收支或者财务收支的真实、合法和效益，依法进行审计监督"，各级审计机关有权对于公共资源交易项目中的公共财政资金的收支情况进行审计监督。

《政府采购法》第六十八条也明确规定了审计机关应当对政府采购进行审计监督。政府采购监督管理部门、政府采购各当事人的有关政府采购活动，应当接受审计机关的审计监督。依据审计法的规定，审计机关在履行审计职责的过程中，有权检查被审计单位的会计凭证、会计账簿、会计报表以及其他与财政收支或者财务收支有关的资料和资产，被审计单位不得拒绝；有权就审计事项的有关问题向有关单位和个人进行调查，并取得有关证明材料。对于审计机关依法进行的审计，有关单位和个人应当予以支持、协助，如实向审计机关反映情况，提供有关证明材料。不难看出，审计机关作为监督部门主要是针对"钱"的监督，也属于全面的监督。

3. 行业主管部门。

公共资源交易中的行业主管部门是指各个具体业务的主管部门。早在2000年5月3日，国务院办公厅就印发了由中央机构编制委员会办公室拟订并经国务院同意的《关于国务院有关部门实施招标投标活动行政监督的职责分工的意见》。这个《意见》中明确规定：工业（含内贸）、水利、交通、铁道、民航、信息产业等行业和产业项目的招投标活动的监督，分别由经贸、水利、交通、铁道、民航、信息产业等行政主管部门负责；各类房屋建筑及其附属设施的建造和与其配套的线路、管道、设备的安装项目和市政工程项目的招投标活动的监督，由建设行政主管部门负责。对政府采购工程招标投标活动的监督，应当按照上述规定原则，由政府有关部门分别负责。

除此之外，2011年颁布的《中华人民共和国招标投标法实施条例》也对涉及的行业主管部门进行了明确："国务院发展改革部门指导和协调全国招标投标工作，对国家重大建设项目的工程招标投标活动实施监督检查。国务院工业和信息化、住房和城乡建设、交通运输、铁道、水利、商务等部门，按照规定的职责分工对有关招标投标活动实施监督。县级以上地方人民政府发展改革部门指导和协调本行政区域的招标投标工作。县级以上地方人民政府有关部门按照规定的职责分工，对招标投标活动实施监督，依法查处招标投标活动中的违法行为。县级以上地方人民政府对其所属部门有关招标投标活动的监督职责分工另有规定的，从其规定。财政部门依法对实行招标投标的政府采购工程建设项目的预算执行情况和政府采购政策执行情况实施监督。监察机关依法对与招标投标活动有关的监察对象实施监察"①。2015年颁布的《中华人民共和国政府采购法实施条例》第七条规定："政府采购工程以及与工程建设有关的货物、服务，采用招标方式采购的，适用《中华人民共和国招标投标法》及其实施条例；采用其他方式采购的，适用《政府采购法》及本条例"，不难看出，《政府采购法实施条例》的颁布考虑到了与《招标投标法》《招标投标法实施条例》之间的衔接，同时也就确认了招标投标中的行业主管部门的分工。

---

① 《中华人民共和国招标投标法实施条例》第四条。

4. 行政监察机关。

我国行政监察机关是被法律授权行使行政监察权的专门机关①，《中华人民共和国行政监察法》第二条明确规定"监察机关是人民政府行使监察职能的机关，依照本法对国家行政机关及其公务员和国家行政机关任命的其他人员实施监察"。监察机关监察的范围包括"监察机关对监察对象执法、廉政、效能情况进行监察，履行下列职责：①检查国家行政机关在遵守和执行法律、法规和人民政府的决定、命令中的问题；②受理对国家行政机关及其公务员和国家行政机关任命的其他人员违反行政纪律行为的控告、检举；③调查处理国家行政机关及其公务员和国家行政机关任命的其他人员违反行政纪律的行为；④受理国家行政机关公务员和国家行政机关任命的其他人员不服主管行政机关给予处分决定的申诉，以及法律、行政法规规定的其他由监察机关受理的申诉；⑤法律、行政法规规定由监察机关履行的其他职责。监察机关按照国务院的规定，组织协调、检查指导政务公开工作和纠正损害群众利益的不正之风工作"。②

《政府采购法》第六十九条规定，监察机关应当加强对参与政府采购活动的国家机关、国家公务员和国家行政机关任命的其他人员实施监察。监察机关是县级以上各级人民政府依法设立的专门行使监察职能的机关，依法履行对国家行政机关、国家公务员和国家行政机关任命的其他人员实施监察的职责。依据行政监察法的规定，监察部负责对国务院各部门及其国家公务员、国务院及国务院各部门任命的其他人员以及省、自治区、直辖市人民政府及其领导人员实施监察。县级以上地方各级人民政府监察机关对本级人民政府各部门及其国家公务员、本级人民政府及本级人民政府各部门任命的其他人员以及下一级人民政府及其领导人员实施监察。县级人民政府监察机关还对本辖区所属的乡级人民政府的国家公务员以及乡级人民政府任命的其他人员实施监察。根据上述规定，监察机关可以依法对参与公共资源交易活动的国家机关、国家公务员和国家行政机关任命的其他人员实施监察。当然，随着国家监察体制的改革，监察委员会的监督对象和范围会更大，监督强度也会更大。

5. 社会监督。

社会监督是一个广泛的概念，即指立法机关、行政机关、司法机关之外的组

---

① 行政监察机关正在进行体制改革试点，不久将会全面推开监察委员会的改革。

② 《中华人民共和国行政监察法》第十八条。

织、个人以及社会舆论对行政机关及其工作人员遵守国家法纪的监督。这些组织包括各级政协、民主党派、工会、共青团、妇联等的民主监督，以及网络、报刊、电视、电台的舆论监督。社会监督往往通过批评、建议、申诉、控告或检举的形式，对国家行政机关工作中的缺点、错误和不当行为进行监督。社会监督不同于其他形式的监督，它具有广泛性、便捷性的特点，它不具有强制力，也容易受到各种因素的影响。作为社会参与国家治理的重要形式，社会监督中提出的批评、建议、申诉、控告或检举应该得到应有的回应，受理机关应该及时调查研究，依法做出处理。《政府采购法》第七十条规定，任何单位和个人对政府采购活动中的违法行为，有权控告和检举，有关部门、机关应当依照各自职责及时处理。

二、公共资源交易监督模式①

（一）公共资源交易监督体制

随着市场经济的发展和公共资源配置市场化的推进，公共资源交易监督体制改革吸引了学术界的广泛关注。有学者认为传统监督体制部门存在决策监管办一体化、职权冲突与操作规范不统一的问题，监管体制表现为"管办不分，条块分割，封闭运行"②。有学者认为政府在历次改革发展的过程中逐步形成了"部门分割、管办不分、同体监督"的监管模式。③ 也有学者认为传统体制的弊端主要表现为："管办不分、部门分割、资源分散、行政操作和监管乏力"。④ 综上，可以将传统公共资源交易监督体制存在的问题归纳为三个方面：一是监管权限分散，无法形成监管合力。我国在推进公共资源交易市场化的过程中，形成了诸多分散的交易市场。根据《政府采购法》、《招标投标法》和《土地管理法》等法律的授权，我国逐步确立了行业部门监督的体制。这种体制之下，监管部门自主交易、自立规则和自主监管致使交易监管权限条块分割，特别在职责交叉和空白

---

① 此部分内容主要参考了汪晓林、王丛虎：《我国公共资源交易监管模式比较与探析》，载于《中国政府采购》，2017年第7期。
② 王群：《公共资源交易监管体制改革的困境与出路》，载于《廉政文化研究》，2016年第5期。
③ 徐天柱：《公共资源市场化配置监管模式创新及制度构建》，载于《行政论坛》，2014年第2期。
④ 赵立波、朱艳鑫：《公共资源交易管办分离改革研究》，载于《中国行政管理》，2014年第3期。

区域，监管常常缺位。二是交易监督法律依据混乱，导致监督冲突。公共资源交易监督权确立之初采用的是部门立法的形式，由于部门立法的视野和部门利益的存在，使得立法层面缺乏整体和全局方面的考虑。加之部门协调难度较大，监管法律层面经常冲突。例如，《政府采购法》和《招标投标法》之间的法律冲突实践中饱受诟病。三是决策、执行与监督于一体，缺乏权力制约。传统的行业监管体制之下，各行政主管部门不仅负责交易的监管，也通过分散的交易场所参与交易的执行，同时还掌握政策的制定。这种封闭式的自我监督使得权力过度集中，"裁判员"和"运动员"为一体，致使交易过程缺乏有效的权力制约机制，存在腐败高发的风险。

基于此种情况，各地都在积极探索适应的监督模式。目前，我国公共资源交易监督主要模式可以归纳为三种：即行业分散监管、综合监督＋行业监管和统一监督。

1. "行业分散监管"模式。

行业分散监管模式是传统"部门条块分割"的产物，行业主管部门行使监管权限，在职责范围之内对交易活动实行监管。由于公共资源交易涉及的行业、领域以及部门较多，设计统一的监管组织机构和法律制度具有相当的难度，同时部门权限的整合也面临着诸多现实的风险和利益冲突。出于降低改革阻力和提升监管积极性的需要，在制度设计之初，分散监管便成为首要的模式。行业分散监管模式的形成见诸于公共资源交易领域历年形成的法律法规的授权。总的来看，公共资源交易监管权的分散表现在两个方面：一是监管机构设置过于狭窄，缺少综合性与全局性，彼此有内在关系的领域或者行业往往被人为分割在不同的监管机构；另一个表现是统一的监管权往往被分割在产业监管机构与其他综合政策部门或者执法部门之间，使监管机构的监管权被严重分割，监管能力受到制约。随着各地逐步将分散的交易市场整合至统一公共资源交易平台（图7－1），使得交易的监管权和执行权分开，初步解决了交易中地域分割和同体监管的问题。

2. "综合监督＋行业监管"模式。

"综合监督＋行业监管"主要是针对行业分散监管的缺陷而提出的新型监管模式。公共资源交易综合监管的提法最早来自于当时中央纪委监察部执法监察室主任宋福龙在"河北省公共资源交易市场建设工作推进会"上的讲话，"一些地方按照决策权、执行权、监督权既相互制约又相互协调的原则，完善公共资源交易

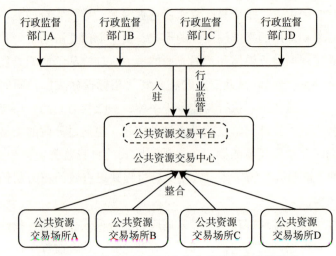

图7-1　公共资源交易平台整合后的分散监管模式

市场管理体制和监督体制，探索实行由综合监管机构与行业主管、监管部门分工协作、密切配合的综合监管模式，成立公共资源交易管理委员会办公室或招标投标监督管理局，加强对交易全过程的监管。"① 综合监督的模式主要是为了弥补行业监管的短缺，传统意义的分散监管注重前置审批，轻事中和事后监管，造成交易过程腐败和暗箱操作频发。综合监督作为对行业监管缺陷的弥补，主要通过四方面来达到监管目的：一是对重大违法事项进行查处，对交易过程进行监管，特别是监管部门短缺、监管职权交叉以及监管涉及部门利益的事项；二是实行综合管理职能，负责辖区内信用体系、专家库、平台信息化建设和监督信息、市场信息发布等职能；三是负责协调、监督处理进入公共资源交易中心项目招标投标活动的投诉；四是检查督办，及时与行政监督部门了解、沟通有关监管情况，必要时予以协助和配合。综合监管的出现解决了事中监管的短板，但综合监管在现实中也面临着一些挑战，比如综合监管和行业监管权限划分的问题，如果在法律中没有将两者的职责范围进行清晰界定，很容易造成新的职权冲突和推诿扯皮的现象（见图7-2）。

---

① 梁舰．浅谈推进公共资源交易综合监管的必要性［DB/OL］．http：//mt. sohu. com/it/d20170421/135407949_323456. shtml.

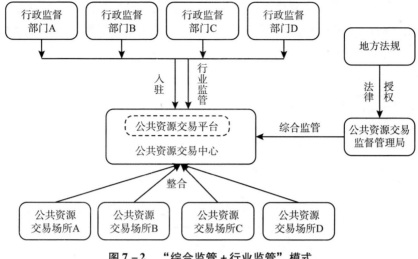

图7-2　"综合监管＋行业监管"模式

3. "统一监管"模式。

统一监管，就是将分散在行业管理部门的监管权限实现统一整合，赋予新的监管机构（见图7-3），由专业机构在法律和职责范围内对公共资源交易实现统一监督管理。安徽省合肥市是最早实施统一监管模式的地方，其监管体系的构建分为三个阶段：第一阶段，合肥市属于分散监管和单独执法；第二阶段，将7个部门的114项执法权进行集中，实行部门委托执法；第三阶段，2013年制定《合肥市公共资源管理条例》，按照法规授权实行统一执法。从合肥市的实践来看，统一监管模式最突出的特点在于执法权的整合，将类似和交叉的行政职权进行清理，交由统一执法部门执法，彻底摆脱行业监督部门的干扰和多头管理的弊端。统一监管模式面临最重要的挑战来自法律层面，《行政处罚法》第十六条规定："国务院或者经国务院授权的省、自治区、直辖市人民政府可以决定一个行政机关行使有关行政机关的行政处罚权，但限制人身自由的行政处罚权只能由公安机关行使①。"由此可知，行政执法权整合和集中处罚的委托需要省级立法的支持，单从立法角度出发，许多城市的监管体制改革可能面临顶层设计不足的问题。较之分散监管和"综合监管＋行业监管"，统一监管实现了监管权限的化学整合，有助于打破行业壁垒，减少机构设置，简化办事程序和提升监管效率。但

---

① 《中华人民共和国行政处罚法》第十六条。

统一监管模式构建需要克服诸多困难,第一,整合执法权触动相关监管部门的利益格局,整合容易遭受激烈抵触;第二,立法层面需要高层推进。需要改革部门和立法机构紧密配合,充分了解改革的方向和意图。

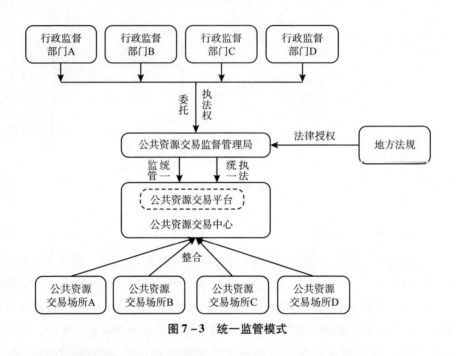

图7-3 统一监管模式

(二)三种监督模式的比较分析

基于上述模式的介绍,可以看出模式的选择将带来监管主体、监管方式、监管权限等方面的差异。行业分散监管模式基本沿袭传统监管的体制,对行业监管部门触动较小,改革中容易操作和实行,但多头监管仍未彻底解决。"综合监管＋行业分散监管"模式填补了传统事中监管的漏洞,是对行业分散监管的重要补充。"统一监管"模式整合了监管部门的执法权,根本上解决了部门职权交叉和多头管理的弊端,但整合难度较大。具体而言,三种模式的差异主要集中在以下几个方面:

监督主体方面,行业分散监管的模式主体较为单一,主要为传统的监管部门;"综合监管＋行业分散监管"的模式主体在行业监管部门的基础上新增公共资源交易监督管理部门作为补充;统一监管部门将公共资源交易监管权统一集中委托和授权至公共资源交易监督管理部门统一行使。

监督权限方面，行业分散监管模式权力分散，由各行业部门掌握，难以形成监管合力；"综合监管＋行业分散监管"模式在行业监管之外加入综合监管，对行业监管一定程度上起到了制约和补充作用，较之行业分散监管覆盖面更广，但容易出现权力交叉和冲突的问题；统一监管模式权力高度集中，较之前两种模式更加高效、独立，但该模式权力较为集中，可能引发集体权力寻租。

监督阶段和监督方式方面，行业分散的监管模式侧重事前审批，主要负责审查事前交易主体的合法性条件和资质，缺乏对事中和事后的监管；"综合监管＋行业监管"模式在事前审批的基础上，还会加大对办理进场登记至交易合同签订之间的监督，涉及投标、开标、评标、专家抽取等环节；统一监管模式监管覆盖面广，借助专业的执法队伍和充分的法律授权，可以对事前审批、事中运行和事后履约等全流程进行监督管理。

监督回应性方面，行业分散的监管往往因为人手少、专业化水平低等缘故，很少主动参与交易的流程和事后监管，通常由平台反馈或者发生重大的违法违纪问题时才会介入，监管回应具有很强的被动型；"综合监管＋行业监管"模式克服了事中监管的难题，实践中会主动介入交易流程的监管，进行平台和交易的管理；统一监管模式在获得法律授权后，可以借助专业的执法力量主动进行市场检查和违纪查处，监管回应性较为主动。

法律创制方面，行业分散的监管模式无须创制新的法律，"综合监管＋行业监管"因需要为事中监管提供支撑，实践中需要各级政府颁布相应的规章制度进行授权，如武汉市的《武汉市公共资源交易监督管理办法》；统一监管权涉及执法权整合，需要地方立法的支持推进，如合肥市的《合肥市公共资源交易管理条例》。

第二节　公共资源交易的信用监督

一、信用监督概论

（一）信用监督概念

尽管学者对于信用监督概念的表达不尽相同，但对于信用监督所包含的内容还是能够达成共识的，即是指信用监督机构依据相关信用法律法规，对组织和个人的行为、信用产品和信用关系运行所采取的一系列约束、规范、控制和制裁等活动的总称。一般而言，信用监督主要是法律法规授权的专门机构对于特定对象的监督，也有学者特别区分了信用监督和信用监管，即信用监督仅指公共部门对于公共部门或其公务员的信用情况的约束和规范；而信用监管则是指公共信用管理部门对政府以外的市场主体信用情况的规范和约束的行为。笔者考虑到人们的表达习惯，则把信用监督和信用监管等同使用，即本书的信用监督对象既包括公共部门，也包括私人部门及其行为。

不可否认，信用问题肇始于商业领域，信用监督则更是来自金融领域。由此，信用监督也主要是针对市场主体的信用状况，这样信用监督的主体有政府部门、民间专业机构和国际金融监督组织。具体说来，政府监管部门有财政部门、工商行政管理部门、银行业监督管理机构、证券业监督管理机构、保险业监督管理机构等；民间专业监督机构则是指获得授权的信用行业协会等；国际金融监督组织则是指国际条约或国际协议下的国际组织，如巴塞尔银行监管委员会、国际清算银行、国际货币基金组织等。

信用监督从属于社会信用体系建设的范畴，也是社会信用的重要部分。在不同国家其信用体制不尽相同，概括起来有两大类：一类是以美国为代表的信用中介机构为主导的模式，即完全依靠市场经济的法则和信用管理行业的自我管理来运作，政府仅负责提供立法支持和监督信用管理体系的运行。在这种运作模式中，信用中介机构发挥主要作用；一类是以欧洲为代表的"政府和中央银行为主导"的模式，即通过建立公共的征信机构，强制性要求组织和个人向这些机构提供信用数据，并通过立法保证这些数据的真实性。在这种模式中，政府起主导作用。

美国是信用管理比较发达的国家之一。自20世纪60年代以来，美国相继出台了信用管理方面的法律法规，并形成了比较完整的框架体系。这些法律体系以《公平信用报告法》为核心，具体包括《平等信用机会法》《公平债务催收作业法》《诚信借贷法》等。美国的信用监督机构可归纳为两类：一类是银行系统的机构，包括财政部货币监管局、联邦装备系统、联邦储蓄保险公司；另一类是非银行系统的机构，包括联邦贸易委员会、司法部、国家信用联盟办公室和储蓄监督局。这些政府部门的主要职能包括：对于失信人进行惩处，进行社会诚信教育，拒绝失信人注册新企业，授权信用服务公司传播失信人的记录，规范信用服务公司的行为，等等。①

（二）信用监督的内涵

"言而无信，不知其可。"信用监督的目的就是要保证社会诚信。信用监督应该是一个完整体系，同时也是一个完整的过程，它既包括静态的规则制度层面，也包括制度实施或法律法规执行的动态内容。一般而言，信用监督的完善体系，至少应该包括的内容如下：

1. 信用监督的法律体系。

信用监督首先需要有监督的依据和准则，在法治社会中，这些依据和准则应该通过法律规范表现出来，即应该有完善的法律体系。具体说来，信用监督的法律体系应该包括：从府际关系看，有国家层面，也有地方政府层面；从规范的等级效力看，有法律层面、法规层面，也有规章层面；从内容上看，有信用的总章程，也有各个具体领域的信用规范，等等。完善的信用法律体系才能确保信用监督合法运行、规范操作。

2. 信用监督组织体系。

完整的组织体系是确保信用监督得以运行的基础。信用监督组织不同于行政执法机关，也不同行政监督机关，有其自身的组织体系和特点。信用监督组织体系应该既有公共部门，也有行业协会和私人部门，等等。这是因为，信用监督没有行政执法的强制力和约束力，但又比一般的社会道德准则的约束力更强。正是这样的特征决定了信用监督组织体系的特殊性，既有行业行政主管部门，也有行业协会、中介组织，还有专门从事信用监督与服务的公益性组织或企业。正是这些才构成了信用监督的组织体系。

3. 信用信息数据库。

信用监督的基础就是信用信息或信用事实，组织和个人信用信息数据库的建立和运用是信用社会的必备条件。因此，不同层次、不同类别主体都可以基于法律体系建立起相应的信用信息数据库。这些信用信息库包括由政府出资建立的、功能完善的组织和个人信用信息数据库，也包括由信用管理公司建立并经营的组织和个人的信用信息数据库，当然还有由信用行业协会建立并经营的组织和个人信用信息数据库等多元化数据库。信用信息数据不仅要基于法律法规采集和规

---

① 孙森、翟淑萍：《信用管理》，中国金融出版社2012年版，第48页。

划，还有基于法律法规的开放、使用、披露和保护。

4. 信用职业人员的伦理体系。

信用职业人员的职业伦理对于信用监督体系至关重要。如果信用职业人员职业操守失范，则信用监督无从谈起。因此，首先信用监督需要完善的职业伦理制度体系，即职业伦理道德体系和职业行业规则体系；其次信用监督还需要信用职业人员严格遵守职业道德和操守规则，才能规范执业。关于信用职业人员的职业伦理和操守规则，有由信用管理企业订立的，也有由行业协会或政府主管部门颁布的。信用职业人员的职业伦理和操守规则包括以下几个内容：保守职业秘密、遵守职业纪律；合法使用信用信息、公正客观披露信用信息；谨慎求证信用事实、合理查证信用资料；告知组织和个人的信用权利、辅导组织和个人信用保护；制定适当程序，处理争议；等等。

二、公共资源交易信用监管

（一）政府信用监督

政府信用也称为公共部门信用，是指公共部门是否遵守法纪、信守合同等诚实守信行为的的总称。政府信用可以是泛指整个政府的信用情况，也可以指具体某个政府部门的诚信状况，它表现为对政府部门诚信的意愿、能力和行为的总体评价，也具体表现为政府的公信力或政府诚信问题。政府信用属于社会信用体系的范畴，也是社会信用最为重要的部分。政府信用监督也称监督政府信用，关注的是政府行为对公众和社会的影响。政府信用监督的目的在于监督政府依法行政、以法律履约，并督促公共部门在社会信用中起到示范带头作用。所以，从国家层面看，政府信用监督应该纳入社会信用体系建设总体规划之中，并作为总体规划的一个重要组成部分。政府信用监督建设与商业信用建设相同，主要包括组织机构建设、制度建设、监督管理执行能力建设，等等。

（二）公共资源交易的信用监督

公共资源交易信用监督是指信用监督部门对参与到公共资源交易的各方当事人是否遵守法规、履行约定、信守合约等诚实守信行为进行监督的过程。交易各方的信用贯穿于公共资源交易的全过程。从空间上看，公共资源交易信用表现在公共资源交易的所有领域之中。首先，作为交易最重要的一方，即公共部门应该遵守信用原则；其次，作为公共资源交易的另一方，即非政府部门也同样依法已约定参与公共资源交易的各个环节和各项活动。从时间上看，公共资源交易信用贯穿于公共资源交易活动的全过程，主要有公共资源交易准备阶段、公共资源交易各环节、公共合同履行阶段等。

公共资源交易信用监督兼有政府信用监督和企业信用监督的双重属性，这是由公共资源交易的性质和特征决定。公共资源交易的公共部门参与和公益性决定了其具有政府信用监督特征，而企业参与公共资源交易和营利性也决定了其商业信用的特征。所以，公共资源交易信用监督既要对公共资源交易中的政府部门的信用状况进行监督，也要对参与公共资源交易的相对方，即非公共部门一方的信用进行监督。

三、中国公共资源交易信用监督的问题与对策

在公共资源交易过程中，信用是连接市场交易、市场投资以及政府监管的一个重要纽带，也是市场交易和投资的基础。当下的放宽市场准入，则意味着国家肯定了每一个社会个体的自由营商权，商事主体可以根据价格信号和竞争规律，追寻自身利益最大化。这样一种市场运行机制，就需要社会个体按照自我责任的要求，更加独立自主地从事市场活动，对自己的行为负责，也对交易对手和社会公众负责。由此，信用成为了市场经济运行的重要基础，也是对市场主体至关重要的制约机制。[①]

（一）当前公共资源交易信用监督的若干问题

诚信是廉洁的基石，信用管理则是确保廉洁的有效手段。我国公共资源交易活动中存在着腐败的高风险，加强信用管理则是其应有之意。党的十九大报告和《社会信用体系建设规划纲要（2014～2020年）》都明确提出了全面推进诚信建设，为此，在公共资源交易领域推进诚信建设、加强信用管理已成为当务之急。然而，我国公共资源交易领域的诚信情况不容乐观，信用管理存在着亟待破解的问题。

---

① 王伟：《信用监管：商事制度改革的重要基础》，载于《学习时报》，2016年5月16日。

1. 亟待整合分区域、分行业壁垒式的碎片化信用管理。

随着各地交易平台整合的完成，强化内容管理，尤其是强化信用管理则最为紧迫。但调研发现，目前全国各地公共资源交易领域的信用管理却各自为政，分头管理、自我封闭。从制度层面看，由财政部主导的政府采购只是部分地方或国家部委在零星地实施信用管理行为，如天津市、新疆维吾尔自治区、辽宁省颁布了政府采购信用管理办法；部门集中采购中，国家税务总局印发了《国税系统政府采购供应商信用管理办法》。而这些制度仅涉及供应商和评审专家，缺失采购人、代理机构等的内容。国家发展改革委主导的招标投标领域信用管理，虽然有《招标投标法实施条例》第七十九条"要以公告参与招标投标各方的违法行为为基础建立信用制度"的规定，但并没有制定出具体落实信用管理的规章办法，仅有的由中国招标投标协会制定的《中国招标投标行业信用评价管理办法（试行）》范围仅适用于招标投标代理机构，而更需要的招标人、投标人的信用管理制度尚处于空白。公共资源交易的其他领域，如由国土资源部门主导的国有土地使用权和矿产权出让领域、由国资委主导的国有产权交易、由卫计委主导的医疗采购等尚未见有信用管理的规范性文件。在具体执行层面，由于没有统一的信用管理规则体系，信用管理活动尚处于碎片化管理状态，这样就难以支撑起公共资源交易诚信、廉洁地运行。

2. 亟须改变公共资源交易的信用信息孤岛现象。

互联网技术为公共资源交易领域的诚信管理提供了技术保障和实现的条件。理论和实践已经证明：信用信息的"互联互通、共享共用"不仅方便进行信用的管理和监督、督促参与公共资源交易的各方诚信守法，还可以为构建"廉洁政府、廉洁社会、廉洁中国一体化"提供坚实的基础。然而，我们调研发现，现有的公共资源交易领域的信用信息不仅不能在全国实现"互联互通、共享共用"，甚至在省级行政区域内实现"互联互通、共享共用"都难以实现——如政府采购的信用信息只能在市级政府采购中使用。虽然财政部已经注意到了这个问题，但目前还没有效的解决措施；工程建设招标投标领域也存在同样的问题。除此之外，公共资源交易领域分散而孤立的信用信息没有和其他领域的征信管理体系对接，如未能与已经非常成熟的工商、税务、检察院、法院、银行等部门已建成的良好的信用信息系统形成对接机制。这样，不仅形成了信用的孤岛现象，也造成了信用信息资源的浪费。

3. 亟须改变以"黑名单"制度为主要手段的诚信管理现象。

"黑名单"是对于已经有失信行为的单位和个人的记录，并根据其失信情节采取相应处理措施，是一种较为有效的信用评价机制。目前，我国的"黑名单"制度被广泛应用于司法、金融等领域，公共资源交易领域的政府采购、工程建设招投标也在使用。但我们调查发现，现有的"黑名单"制度仅在招投标领域，且对象仅限于对代理机构、投标人的违法行为的记录，而对于采购人或招标人的信用评价尚没有任何规定。从具体执行的实践看，"黑名单"制度主要由各行政主管部门自己组织实施，如财政部建设有"政府采购严重违法失信行为记录名单"专栏，具体实施都是由各级财政部门梳理近3年内的本级财政做出的行政处罚类案件信息，然后逐级上报、汇总而成。信用记录也采取简单的指标，即单一的违法指标。显然，这种"黑名单"制度作用有限、科学公正不够，而且易于诱发新的腐败。首先，从诚信主体角度而言，"黑名单"制度并没有涵盖参与到公共资源交易的各类主体（尤其是采购人或招标人）；其次，从信用评价的组织实施看，仅有行政主管部门的单一组织，并无行业组织、社会主体、同行等多元主体的参与，难免有以信用管理为借口的行政扩权之嫌；最后，从信用评价的指标和信用等级看，尚缺乏科学合理指标和不同信用等级的分类，更无全面而细化的指标体系。所以，这种单纯以"黑名单"制度为主的信用评价制度亟须改进。

4. 亟待改变以现金抵押为唯一担保的信用管理现状。

公共资源交易中担保应该以落实诚信行为为目的，应以便民化、成本最小化为原则。国际上最为普遍采用的保证担保是保函。但是，我们调研发现，目前我国在公共资源交易领域的担保采取的最多的是保证金担保形式，即以"投保保证金"、"履约保证金"形式出现。保证金担保消极作用明显：一是给投标人带来了沉重的经济负担。由于每一个交易项目都要缴纳投标保证金及履约保证金，且保证金的金额大都在2%到10%之间（《招标投标法实施条例》规定不超过招标项目估算价的2%；《政府采购货物和服务招标投标管理办法》规定不超过采购项目概算的1%）。虽然法律法规对保证金的收回做出了规定，但保证金回收执行中要远比规定的期限更长。企业往往需要参加大量投标活动，这样保证金的累加金额非常高，占用了企业大量资金。二是容易滋生腐败。调研发现，绝大部分地方的保证金的缴纳与保管极不规范，各大银行为了获得这笔业务常常不惜采取非法手段。保证金的收取与退回中腐败问题极为普遍，投标企业不堪重负。三是并不能有效达成保障诚信的目的。公共资源交易实践中并未将投标担保与履约担保挂钩，这样就推高了招投标环节的交易成本。尽管看似提高了围标成本，其实也仅仅是使得资金实力雄厚的企业更具有围标优势；即使部分项目做到了将投标保证金与履约保证金挂钩，但保证金本身并不具备信用筛选功能，并不能帮招标人有效排除掉不合格的投标人。不难看出，公共资源交易领域中的单一以定金担保为形式的现象，恶化了该领域的诚信状况，亟须寻找到更加完善的担保形式。

（二）完善我国公共资源交易领域信用管理的对策建议

1. 加快整合信用管理体系，打破壁垒和领域隔离。

应该在全国各地公共资源交易平台整合的基础上，加快整合信用管理体系，并基于信用中国的整体构建思路，着力打造我国信用管理一体化，打破现有的公共资源交易领域信用壁垒、信用孤岛、信用管理碎片化现象。具体说来，第一，摸清全国公共资源交易各具体领域的信用管理的现状，并对各具体领域的信用风险进行评估，找出风险点和风险源；第二，尽快开展公共资源交易信用管理整合的试点工作，可先从公共资源交易平台整合的试点省份开始，以摸索出信用管理整合的经验和教训；第三，鼓励各省市公共资源交易平台的牵头单位，组织制定各行政区域内的公共资源交易统一的信用管理规范性文件，并逐步上升到地方规章和地方性法规。

2. 联通社会信用体系，完善公共资源交易信用法律。

公共资源交易领域的信用管理应该融入整个国家的信用体系，成为信用中国不可分割的一部分。2017年4月发展改革委办公厅等16个部门虽然联合出台了《公共资源交易信息共享备忘录》，但还应该进一步加强公共资源交易整体信用体系建设，具体说来，第一，充分利用工商、税务、金融、检察等其他部门提供的信用信息，加强对公共资源交易当事人和相关人员的信用管理，并把公共资源交易领域的信用信息和其他部门对接，形成整个社会"互联互通、共享共用"的信用体系。第二，加强公共资源交易领域的信用管理立法工作。基于已有的上位法和国家征信建设规划纲要，加强部门合作，尽快尽早联合制定公共资源交易的信用管理规范性文件。

3. 强化诚信的全主体管理，丰富信用管理手段。

公共资源交易作为一个完整的系统，其信用管理对象应包括参与到公共资源交易过程的各个主体，应对不同参与主体进行分类管理，并强化信用管理的多样化手段。具体说来，第一，区分组织信用和个人信用，并强化组织及其主要责任人的双重信用评价。通过"互联网＋"的技术手段，对于参与公共资源交易的组织和个人进行全领域、全过程的记录、归集和评价；对于组织行为，除对组织进行信用管理外，还要对其直接责任人的诚信进行记录、归集和评价。第二，除完善"黑名单"制度外，还应该建立和完善信用风险预警、信用风险交流、信用风险救济等多样化的信用管理手段，打造组织和个人不敢也不愿失信的社会氛围。第三，要着力培育一个竞争有序的信用产品市场，通过政府、社会组织和市场主体多方参与，共同构建一个基于社会共治的有效的信用管理体系，避免政府对信用产品生产的越俎代庖和变相行政扩权。第四，强化惩戒和激励相结合的方式，通过行政协作，实现多部门联合执法，并辅以公民参与、社会共治，以形成一个组织和个人自觉自愿、诚实守信的良好环境。

4. 大力推行保函制度，减轻企业负担。

《国务院办公厅关于进一步加强涉企收费管理减轻企业负担的通知》（国办发〔2014〕30号）明确要求："对没有法律法规依据的行政审批前置服务项目一律取消"，"对违规设立的行政审批前置经营服务收费项目一律取消"。工业和信息化部、财政部公布的《国务院部门涉企保证金目录清单》要求：建立并严格执行涉企保证金目录清单制度，其中包含投标保证金、履约保证金。住建部颁布的《国务院办公厅关于清理规范工程建设领域保证金的通知》则具体要求规范工程建设领域保证金、推广银行保函替代现金形式。根据国务院和相关部委的要求，应该在公共资源交易领域积极推行以保函替代保证金，加快完善保证担保的运行机制。具体说来：第一，以大数据、区块链为技术支撑，打造保函交易控制和信用查验的基础平台；第二，以利益相关方共同加入的信用再担保及社会共治体系创新市场治理机制，奠定信用支点，夯实保函市场的信用基础；第三，为保函市场建立统一的产品标准与行为规范，为保函市场公平竞争和优胜劣汰奠定基础；第四，强制推行高保额有条件担保，创造对有效保函产品的有效需求，促使保函产品真正有效发挥对交易主体的信用甄别作用。

第三节 公共资源交易绩效监督

一、公共资源交易绩效管理

（一）绩效管理的缘起与发展

自20世纪70年代开始，风靡欧美发达国家的新公共管理运动是各国政府在变革时代适应环境而掀起的一场声势浩大的行政改革运动。在这场浩浩荡荡的运动中，如何提高公共部门的绩效、如何更好服务社会则是其中一个重要内容。尤其是在民主、法治和责任政府理念推动下，又由于各国都或多或少面临着公共财政危机，于是一场旨在减少政府行政成本、改善公共部门绩效的一系列新举措应运而生。而其中公共部门的绩效管理则是这场变革运动的主旋律。

美国是世界上推行绩效评估最早的国家之一。美国政府提高其生产力的努力可以追溯到20世纪初。那时，美国地方政府开始了以效率为核心对政府的运作进行测量与评估。随着时间的推移，美国绩效管理的主题、内容和形式不断发生变化。美国公共部门绩效管理的发展过程经历了五个主要阶段，依次强调效率、预算、管理、民营化和政府再造。① 尤其是在20世纪90年代的政府再造阶段，美国公共管理中提出了减少政府开支，提高公共责任、效率、有效性以及回应性，授权于公共行政人员。1993年美国政府成立"国家绩效评估委员会（National Performance Review）。该委员会的目标就是要"使整个联邦政府花费更少，效率更高，更有进取心和更有能力，改掉自以为是的官僚文化"，并公布了《从繁文缛节到以结果为本——创造一个工作更好花费更少的政府》的报告。随后，美国管理预算办公室通知各部其预算要求必须伴有绩效评估。1996年，美国政府提出"要把尽可能多的联邦机构转变为'以绩效为基础的组织（the performance-based organizations）'"、"以绩效为基础的组织是由那些签订合约的公共行政人员来管理，该合约要求他们为提供可测量的结果承担责任；作为回报，他们拥有更大的管理灵活性、薪资以及工作保障，这些直接与机构的绩效挂钩"。1998年，国家绩效评估委员会改为"政府再造全国伙伴关系联盟（National Partnership for Reinventing Government）"② 美国自1999年以来，在政府各机构中广泛地开展了绩效评估项目。

自20世纪90年代以来，除了美国以外，英国、加拿大、德国、法国、澳大利亚等国都进行了与公共部门绩效管理相关的改革措施。应该说，公共部门绩效管理是对近20年来盛行不衰的新公共管理运动的理论梳理，可以看作是重塑政府的另一个版本。公共部门绩效管理不仅是管理主体、管理范围的扩大，与传统

---

① ［美］尼古拉斯·亨利：《公共行政与公共事务》，张昕等译，中国人民大学出版社2002年版，第285页。

② 陈振明：《公共管理专题15讲》，中国人民大学出版社2004年版，第224页。

的行政管理原理相比，它彰显了提高公共生产力的管理理念，突出了发展变革作为主线脉络；与以往的行政体制改革相比较，它着意表现机制创新和方法创新，注重方法手段的功能作用，强调理论与实践的积极互动。公共部门绩效管理以服务取向、社会取向、市场取向作为基本的价值取向，与责任政府、公平政府、廉洁政府、公益政府、廉价政府和法治政府学理相连。[①]

（二）公共部门绩效监督

公共部门的绩效管理，也可以看作对公共部门的绩效监督，或者说是上级部门通过绩效管理的方式对下级部门进行的监督。随着绩效管理手段的多样化、内容的丰富性，其在公共部门中越来越多被使用，逐渐发展成为一个主要监督手段。

中国结合自身的政府管理特点，先后实施了一系列基于政府绩效管理目的手段和方法。早在20世纪的80年代，上级政府就给下级规定了各方面工作的目标，并按一定的期限对目标完成的情况进行考核，并将考核结果作为激励和约束的依据，这也被称为目标管理法。中国的目标管理应用范围涵盖省级及以下各级政府部门，内容涉及政府工作的方方面面，形式上既有包括较全面的综合性目标考核，也有单项的目标考核。90年代后期，中国的干部人事制度开始实施对公务人员"德、能、勤、绩、廉"五项内容的考核，并强调以"绩"为主。这种考核机制总体还是属于目标考核。与此同时，在许多地方，除了实施目标管理之外，还创造了一些新的绩效管理方式，最为典型就是政府服务承诺与群众满意度评估。政府服务承诺制度最早在山东省烟台市实施。山东烟台市的政府部门公开对群众和企业的服务项目和标准，并主动接受来自社会各界的公开监督。这种做法很快得到推广。自1996年起，社会服务承诺开始在全国范围的多个行业推行。这种公开监督制度的实施，逐步在全国范围内的所有领域展开，并得到社会的广泛认同。之后的全国各地政府大厅，以及2007年通过并于2008年实施的《中华人民共和国政府信息公开条例》，从某种程度上可视为社会服务承诺制度的延续与发展创新。

20世纪80年代提出的"效能监察"也可以视为中国公共部门绩效监督发展历程的重要环节。1986年12月第六届全国人民代表大会常务委员会决定恢复行

---

① 卓越：《公共部门绩效评估》，中国人民大学出版社2004年版，第9页。

政监察体制，并组建监察部。在之后工作实践中，监察部门提出了"效能监察"的概念。1990年通过的《中华人民共和国行政监察法》则把"效能监察"提高到法律高度。这样效能监察也就成为各级监察机关的工作职责，并与廉政监察处于同等重要的地位。中国的效能监察活动借鉴了企业的效能监察经验和教训，主要监察方式是将监察的重点聚焦于行政机关经济活动，关注经济性较强、经济效果比较突出的行为。通过对行政决策和管理活动的经济成效进行考察，来发现行政机关违法违纪的线索；然后立案查处，并进行纪检监察处理，提出效能监察建议书来促使行政机关改进效能。

90年代末，特别是1998年党中央国务院提出科学发展观之后，伴随着国务院新一轮机构改革提出的"建立办事高效、运转协调、行为规范的行政管理体系"，公共部门的工作理念、职能定位、机构建设等都发生了新的变化。在此背景下，新的政府绩效概念和内涵开始浮现。2004年国务院颁布的《全面推进依法行政实施纲要》中指出："要积极探索行政执法绩效评估和奖惩办法"。2005年的国务院工作要点提要"探索建立科学的政府绩效评估体系和经济社会发展综合评价体系"。这样，绩效评估开始成为各级政府的正式工作内容。

2010年，中央编制委员会办公室批准在中央纪律监察委员会增设绩效管理监察室，负责组织开展政府绩效管理情况调查研究和监督检查工作，指导协调各地区各部门绩效管理监察工作。为加强对全国政府绩效管理工作的综合指导和组织协调，2011年3月10日，国务院批复同意建立政府绩效管理工作部际联席会议制度，联席会议办公室设在监察部，日常工作由绩效管理监察室承担。以此为标志，推进政府绩效管理工作的领导体制和工作机制正式建立起来。2011年6月10日，经国务院同意，监察部印发了《关于开展政府绩效管理试点工作的意见》。6月28日，政府绩效管理工作部际联席会议在京召开政府绩效管理试点工作动员会，选择北京市、吉林省、福建省、广西壮族自治区、四川省、新疆维吾尔自治区、杭州市、深圳市等8个省区市进行地方政府及其部门绩效管理试点，积极引进绩效管理理念，全力保障中央各项决策部署的有效落实。

二、公共资源交易绩效监督的相关内容

（一）公共资源交易的绩效监督

绩效评估制度是西方发达国家政府公共管理的一项重要制度，而其中对政府财政的绩效评估则是政府绩效评估的重要内容。美国自 20 世纪 90 年代开展的大规模公共部门绩效评估，其主要内容就是对政府财政绩效的评估。在对政府公共财政的绩效评估中，公共财政支出管理和评估是近年来各个发达国家管理和评估的重点。实行政府公共支出绩效评估，在促进政府提高管理效率、充分发挥公共资源的效能，增进社会对政府公共支出的了解和监督，提高政府信誉，改善政府形象等方面，都发挥着重要作用。

政府采购绩效或称公共采购绩效[①]是对政府购买性支出的一种评价过程，它是指政府采购产出与相应的投入之间的对比关系，是对政府采购效率进行的全面整体的评估，与政府采购效率既有区别，又相互联系。一般来说，政府采购绩效不但注重对政府采购行为本身效率的评估，更注重对政府采购效益的评估。政府采购效益应该包括经济效益、社会效益、环境效益以及综合效益。我国学者张得让在其《政府采购支出综合效益分析》一书中指出：政府采购支出效益问题一直是一个涉及诸多因素影响的繁难课题。这是因为，市场经济中，私人部门在分配、交换、消费的环节上对资源的处置是按照市场机制进行的。比较而言，政府部门的情况要复杂得多。因为，从某种程度上说，政府资金的配置过程也是一个政治程序；在采购环节上，尽管总体是按照市场机制运作，但仍存在缺乏谨慎使用采购资金的约束机制；而在采购品的使用环节上，政府部门也不像私人部门那样会精打细算。除此之外，政府采购的许多项目必须考虑社会效益、环境效益，而这两者很难用定量来分析，同时政府采购效益问题又是我国采购实践和财政改革实践中迫切解决的问题。为此，该作者从"经济人"、"公益人"和"理性政府"等假定出发，

[①]　我国许多学者把政府采购绩效称为采购效益，具体参见童道友：《效益财政：政府采购》，经济科学出版社 2002 年版；张得让：《政府采购支出综合效益分析》，经济科学出版社 2004 年版。笔者从公共管理学的角度出发，主张并认为用政府采购绩效更为准确，也更为符合公共管理学的话语体系。

分析了政府采购支出的效益评估。[①] 而实际上，政府采购绩效是一个全面的概念，而政府采购绩效评估必须包括对政府采购的真实合法性审查、对整个采购过程的采购方案的设计、采购方式的确定、作业的标准化程度等所付出的代价与产生的效益进行对比，综合各种因素来分析采购活动是否达到了最佳效果，包括政治效果、经济效果、社会效果等内容。从资金效率、行政效率、人员效率、规模效率、政策效率以及管理效率多个方面入手，从整体上研究如何提高政府采购绩效。

绩效评估或称绩效管理作为一项治理工具已经在公共管理各个领域得到广泛运用。绩效评估和评估结果运用，实际上也可视为一种有效的监督工具或手段。当在公共资源交易领域运用绩效评估工具时，则绩效评估就成为一项公共资源交易领域的监督工具，即公共资源交易的绩效监督。公共资源交易的绩效监督实际上是一个更大范围的评价和结果运用的过程，即除了要对政府采购进行评价外，还要对工程招投标、国有土地使用权转让、矿产权出让、国有产权交易、医疗采购等项目的绩效进行评价和结果运用。反过来，实际上公共资源交易的绩效监督就是把绩效评估或称绩效管理作为一项治理工具，或把政策工具直接应用到公共资源交易领域的过程。

公共资源交易的绩效监督是顺应社会主义市场经济规律和建立现代公共部门监督体系的基本要求，也是运用国家治理现代化的观念对公共资源交易进行科学分析、预测衡量、综合评定公共资源交易的必然选择。因此，对公共资源交易的绩效进行评估，建立健全公共资源交易的规范化管理机制，在节约财政性资金、提高经济效益、规范支出预算方式和管理模式、增强政府部门施政能力、进一步提高公共部门效率、促进党风廉政建设等方面都能起到积极的促进作用。

（二）公共资源交易绩效监督的内容

公共资源交易绩效监督从属于公共资源交易监督的范畴，是运用绩效管理工具，即基于绩效指标体系而进行的有针对性的监督形式。绩效在公共部门领域已经被赋予了更加广泛的内涵，即不仅仅限定在原来经济节约的范围内，还拓展到"经济"（economy）、"效率"（efficiency）、"效益"（effectiveness）（即3E），甚

---

① 张得让：《政府采购综合效益分析》，经济科学出版社 2004 年版，第 1 页（前言）。

至更宽的范围。

公共资源交易绩效监督最为重要的是设定绩效指标，而指标则是根据具体监督的目的不同而设定。绩效考核监督的方法非常多，据不完全统计，世界上有不下于100多种的绩效考核方法。可以简单将这些绩效考核分为非系统化的和系统化的考核方法。非系统化的绩效考核方法是指仅仅聚焦个体特征或相互比较的考核。主要包括：一是以业绩报告为依据的考核，如自我报告法、业绩评定法、简单排序法、强制分布法等考核方法；二是以人员行为及个性特征为基础的考核方法，如因素考核法、图解式考核法、行为锚定等级评定表等考核方法；三是以特殊事件为基础的绩效考核方法，如不良事故考核法、关键事件考核法。系统化的绩效考核方法则是通过组织层面的指标分解，形成部门和岗位指标，从而对公共部门人员进行考核的方法。主要有以下考核方式：一是关键绩效指标法（KPI），作为一个标准化的体系，重点关注其被考核对象的绩效可量化或可行为化的内容；二是目标管理考核法（MBO），即让部门的管理人员和工作人员亲自参加工作目标的制定，在工作中实现自我控制的目的；三是4E考核法，即在原来强调"经济"（economy）、"效率"（efficiency）、"效益"（effectiveness）的基础上加上"公平"（equity），发展成了"4E"；四是标杆管理考核法，即在原来3E指标基础上更加强调指标的全面性，并通过确定标杆进行比较的一种考核方法；五是平衡计分卡考核方法，即通过更加全面而合理的指标进行考核的方法，也是目前最受关注的考核方法。①

绩效指标要解决的是从哪个方面对产出进行衡量或评估的问题。一般确定指标有五个原则，即SMART原则：Specific（具体的），是指绩效指标必须是具体的，能让被考核者明确的目标和内容；Measurable（可衡量的），是指绩效考核指标是可量化的；Attainable（可实现的），是指被考核者是可以达到的指标；Realistic（相关的），即绩效指标应当与组织战略目标、工作职责等紧密相关；Time-bound（以时间为基础的），即绩效指标的设计必须有时间限制。

公共资源交易的绩效监督关键在于绩效指标设定。首先要明确绩效监督的目的。绩效监督的目标决定绩效监督的指标框架和指标标准。其次要设定指标框

---

① 袁勇志：《公共部门绩效管理：基于平衡计分卡的实证研究》，经济管理出版社2010年版，第42～50页。

架。一般指标框架都采取三级指标，并分层次覆盖。其次要确定指标标准。指标标准除要遵循以上 SMART 原则外，还要结合公共资源交易特有的情况，充分考虑公共资源交易的公益性、交易性等特征。

【案例阅读】

《公共资源交易平台整合成效评价调研及相关机制研究》课题为本书作者承担的国家发展与改革委法规司的课题。本课题运用 Nvivo10 质性分析软件进行扎根理论演示，首先进行外部资料的导入工作，并逐一进行文件的编码，编码过程见下图。

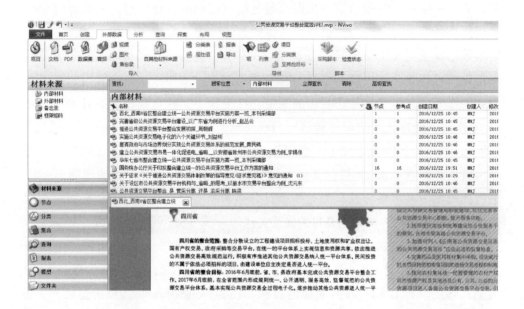

针对上述初步的指标体系，随后采取了德尔菲法，对所要修正的指标体系征求专家意见之后，进行整理、归纳、统计，再匿名反馈给各专家，再次征求意见，再集中，再反馈，直至得到一致的意见。德尔菲法的过程可简单表示如下：匿名征求专家意见——归纳、统计——匿名反馈——归纳、统计，至少两轮，达成诸多一致意见后再停止。经过提炼与修正，最终形成如下指标体系。

公共资源交易平台整合成效评价指标

一级指标	二级指标	三级指标	备注
公共资源交易平台整合成效评价指标	经济效果评估维度	平台整合前后各主体间磨合协调的时间成本变化	
		平台整合前后财政资金投入平台建设及维护的变化	
		平台整合前后公共资源交易效益效率的变化	
	行政效果评估维度	平台整合前后管采分离的变化	
		平台整合前后监督成效的变化	
		平台整合前后行政服务效果的变化	
	社会效果评估维度	平台整合后社会大众的满意度情况	
		平台整合后社会监督便利化情况	
		平台整合后主流媒体报道及评价情况	
	廉洁效果评估维度	平台整合后平台的透明度情况	
		平台整合后廉政政策执行情况	
		平台整合后查处腐败的方法及技术变化情况	

资料来源：王丛虎主持的国家发展改革委法规司 2016 年招标课题——《公共资源交易平台整合成效评价调研及相关机制研究》。

【问题思考】

1. 本案中四个维度评价指标的层次分类是否科学合理？

2. 本案中的绩效指标考核是否可视为绩效监督范畴？

【参考文献】

1. 王丛虎：《我国政府采购问题研究》，中国戏剧出版社 2006 年版。

2. 马英娟：《政府监管机构研究》，北京大学出版社 2007 年版。

3. 刘澄、徐明威：《信用管理》，经济管理出版社 2010 年版。

4. 袁勇志：《公共部门绩效管理：基于平衡计分卡的实证研究》，经济管理出版社 2010 年版。

5. 孙森、翟淑萍：《信用管理》，中国金融出版社 2012 年版。

6. 祁凡骅、张璋：《政府绩效管理——国际的潮流与中国的探索》，中国方正出版社 2013 年版。

7. 唐明琴、林江鹏：《信用管理》，高等教育出版社 2014 年版。

第八章

公共资源交易的冲突化解与合作发展

【导读】

公共资源交易是一个权力和利益博弈的过程，必然充满着矛盾和冲突，进而产生纠纷。这些纠纷有些发生在管理者和被管理者之间，有些发生在具有平等地位的当事人之间，当然还有可能表现为对国家利益、他人利益的严重损害上。

如何化解这些矛盾，解决这些纠纷，既需要有原则可依据，也更需要公共资源交易各方能够在遵守法律法规的前提下良好沟通、互相尊重。遵守法律法规是前提和基础，也是解决矛盾和纠纷的依据。而违反了法律法规以及组织纪律应该受到应有惩罚则是公共资源交易正常运行的保障。当然，理想的公共资源交易秩序是参与到公共资源交易的各方能够和平共处、互利共赢、合作发展。所以，本章内容介绍的目的也在于此。

全球化与全球治理的发展为公共资源交易的国际合作提供了条件。任何国家都不可能置身其外，否则将会被现代化所淘汰。这一趋势决定着公共资源交易只能加强国际合作、共谋共同发展，才能构建起人类社会的命运共同体。

第一节 公共资源交易的纠纷解决

一、公共资源交易纠纷的类别与特征

（一）公共资源交易中的行政法律关系

在公共资源交易过程中，由于行使行政权而发生的法律关系都属于行政法律

关系。公共资源交易过程中存在着较为复杂的行政法法律关系。这主要表现在以下方面：

1. 行业监管部门、综合监督部门与交易参与方之间的关系。

在公共资源交易中，法律法规的授权监督部门代表着国家和公共利益，对参与交易参与各方行使监督权。监督权的行使过程也就是行政法律关系的形成过程。具体说来，工程建设项目招投标、政府采购、国有土地使用权和矿业权出让、国有产权交易及其他具有公益性的资源交易活动都应该有监督部门对其进行监督，这种监督方与被监督者之间的关系就是行政法律关系。

《政府采购法》第五十九条规定："政府采购监督管理部门应当加强对政府采购活动及集中采购活动的监督检查……"，显然，采购监督部门与采购当事人任何一方之间都存在着行政法律关系。我国财政部门作为政府采购监督管理部门，承担着对政府采购活动的监督管理职责，具有监督管理的权力，也就意味着我国各级人民政府财政部门具有依法对政府采购中的违法行为实施行政处罚的权力。财政部门在依法行使监督检查权力时，和采购人、供应商、采购代理机构之间就形成了行政法律关系。首先，财政部门可以对采购人的行为进行监督检查。按照《政府采购法》的规定，财政部门可以对政府采购的范围、采购方式和采购程序的执行情况进行监督检查。财政部门除要监督采购人是否遵守采购范围的规定，还要对采购人的采购方式进行监督。对采购程序的监督是财政部门监督的重要内容，实践中采购程序出现的问题也最多。比如采购人以不合理的条件对供应商实行差别待遇或者歧视待遇的、在招标采购过程中与投标人进行协商谈判，等等。财政部门对于采购人出现的违法行为可以进行行政处罚。

《招标投标法》第四十九条规定："违反本法规定，必须进行招标的项目而不招标的，将必须进行招标的项目化整为零或者以其他任何方式规避招标的，责令限期改正，可以处项目合同金额千分之五以上千分之十以下的罚款；对全部或者部分使用国有资金的项目，可以暂停项目执行或者暂停资金拨付；对单位直接负责的主管人员和其他直接责任人员依法给予处分。"显然，该条是赋予主管招标投标的行政部门，如发展改革委、住建部门、交通部门等对于招标人的违法行为有权行使处罚权。这样，在行使处罚权时，行业主管的行政部门和招标人之间就形成了行政法律关系。而该法的第五十条的规定，即"招标代理机构违反本法规定，泄露应当保密的与招标投标活动有关的情况和资料的，或者与招标人、投标人串通损害国家利益、社会公共利益或者他人合法权

益的，处 5 万元以上 25 万元以下的罚款，对单位直接负责的主管人员和其他
直接责任人员处单位罚款数额百分之五以上百分之十以下的罚款；有违法所得
的，并处没收违法所得；情节严重的，暂停直至取消招标代理资格；构成犯罪
的，依法追究刑事责任。给他人造成损失的，依法承担赔偿责任"则是授权行
政主管部门可以对招标代理机构行使处罚权，即行政主管部门和招标代理机构
之间形成行政法律关系。

十四部委通过的《公共资源交易平台管理暂行办法》第三十八条规定："公
共资源交易平台运行服务机构未公开服务内容、服务流程、工作规范、收费标准
和监督渠道，由政府有关部门责令限期改正。拒不改正的，予以通报批评。"该
条则授权给了公共资源交易监督管理机构有权对公共资源交易平台运行服务机构
行使处罚权，同时也决定了公共资源交易监督管理部门与公共资源交易平台运行
服务机构之间属于行政法律关系。

在行业监管部门、综合监督部门与交易参与方之间的这种行政法律关系中，
监督管理机关行使的公权力处于优势地位，如果认为交易当事人有违法行为，则
可以依据相关法律法规进行行政处罚，也可以对交易当事人之间的争议作出处
理。不管监督管理机关的处理或处罚是否合法，被管理者都应该先接受之后再提
起行政救济。

2. 审计部门与参与交易的公共部门之间的关系。

我国的审计部门作为内部的监督部门，与被审计者之间形成的是内部行政法
律关系。这就是说，审计部门基于法律法规的授权对参与公共资源交易的公共部
门进行审计，进而和被审计部门之间形成了内部行政法律关系。按照我国《政府
采购法》和《审计法》的规定，审计部门依法对采购人进行审计时，两者之间
形成了行政监督关系，或称监督行政法律关系。《政府采购法》第六十八条规定：
"审计机关应当对政府采购进行审计监督。政府采购监督管理部门、政府采购各
当事人的有关政府采购活动，应该接受审计机关的审计监督。"这一规定正好和
《审计法》的规定相衔接，我国《审计法》第二条规定："国家实行审计监督制
度。国务院和县级以上地方人民政府设立审计机关。国务院各部门和地方各级人
民政府及其各部门的财政收支，国有金融机构和企业事业组织的财务收支，以及
其他依照本法规定应当接受审计的财政收支、财务收支，依照本法规定接受审计
监督。审计机关对前款所列财政收支或者财务收支的真实、合法和效益，依法进
行审计监督。"从两部法律规定明显看出，审计机关依据法律赋予的职权，对被

审计对象进行审计监督，并与审理对象之间形成了监督与被监督的关系，这种关系受到《政府采购法》和《审计法》的调整，也就变成了行政法律关系。① 除此之外，依据《招标投标法》、《拍卖法》以及国有土地、国有产权等交易的相关法律法规进行交易的公共部门，也同样与审计部门之间形成了内部的行政法律关系。

3. 监察部门与参与交易的公共部门之间的关系。

我国的行政监察部门与参与交易的公共部门之间基于行政监察部门行使其监察权而形成了行政监察关系，也属于内部行政法律关系。《政府采购法》第六十九条规定："监察机关应当加强对参与政府采购活动的国家机关、国家公务员和国家行政机关任命的其他人员实施监察。"而具体如何监察，我国《行政监察法》对此作了明确规定。该法第十八条规定："监察机关为行使监察职能，履行下列职责：（1）检查国家行政机关在遵守和执行法律、法规和人民政府的决定、命令中的问题；（2）受理对国家行政机关、国家公务员和国家行政机关任命的其他人员违反行政纪律行为的控告、检举；（3）调查处理国家行政机关、国家公务员和国家行政机关任命的其他人员违反行政纪律的行为；（4）受理国家公务员和国家行政机关任命的其他人员不服主管行政机关给予行政处分决定的申诉，以及法律、行政法规规定的其他由监察机关受理的申诉；（5）法律、行政法规规定由监察机关履行的其他职责。"所以，监察部门与采购人、政府采购中心之间的关系就是行政法律关系。除此之外，监察部门与公共部门招标人、公共部门拍卖人、国土部门等参与公共资源交易的其他公共部门之间也同样形成了行政监察关系，或称内部行政法律关系。

（二）公共资源交易中的民事法律关系分析

所谓民事法律关系就是指受民事法律规范调整的，以权利义务为内容的社会关系，包括人身关系和财产关系。在现实生活中，只要有社会关系被民事法律调整，被赋予权利义务的内容，那么这种关系就转变为民事法律关系。民事法律关系的形成，也就是民法使社会关系秩序化的实现过程。公共资源交易本身就是一个平等主体之间的涉及财产和人身关系的交易，所以，也就属于民事法律关系。

---

① 具体内容可参见本书第五章的内容。此处仅就法律关系进行分析。

1. 公共资源交易双方当事人之间的关系。

我国公共资源交易中的交易双方都属于平等主体之间的民事关系。如在政府采购中，政府采购人是指依法进行采购的国家机关、事业单位、团体组织。政府采购人为了实施其法律法规赋予的具体职责，就需要必要的物质条件。而政府采购人是公共部门，不是生产部门，所以其所需要的物质就必须从市场上购买。不管购买量的大小，只要到市场上去购买，就必然和供应商发生关系。这种关系完全是买卖关系，是一种市场行为。当采购人和供应商之间因为买卖而发生关系。根据我国《政府采购法》第四十三条规定："政府采购合同适用合同法……"，这就意味着政府采购人与供应商之间适用民事法律关系，由民事实体法来调整。当然，这也说明了政府采购合同是民事合同而不是行政合同，即为达成政府采购合同所进行的各种活动都应该归类于民事行为，都应该遵循相关的民事法律。①除此之外，依据《招标投标法》、《拍卖法》以及国有土地、国有产权等交易的相关法律法规的规定，参与交易双方当事人之间也同样属于民事法律关系，所签订的合同属于民事合同，要受《合同法》调整和规范。

2. 交易人和交易代理机构之间的关系。

交易人和交易代理机构之间是一种平等的委托代理关系，也属于平等主体之间的民事法律关系。交易代理机构包括国有公共资源交易代理机构、社会代理机构等，不管是国有代理机构，还是以营利为目的社会代理公司，它们都是具有法人资格的独立单位，属于民事主体范围。而依据《政府采购法》、《招标投标法》以及其他相关法规、规章、其他规范性文件的规定，除属于公共资源交易集中交易目录范围外，一些单位自筹资金的采购行为也应该参照《政府采购法》和《招标投标法》的规定。这样，基本上所有交易人的较大数额交易行为都需要委托交易代理机构来进行。交易人和交易代理机构属于相互独立的法人单位，没有任何上下级的隶属和管理关系，当然不属于行政法律关系的范畴。两者之间只是在进行交易活动时，由于交易代理业务的需要才产生了委托和受委托的关系，即交易要委托交易代理机构代为行使交易的相关活动，而交易代理机构基于自己的专业知识和专业人才为交易人提供公共资源交易的相关服务。所以，交易人和交易代理机构之间属于民法上的委托代理关系，两者之间的关系适用《合同法》中

---

① 尽管笔者曾对政府采购合同的性质提出质疑，并主张政府采购合同应该是行政合同。但是由于我国《政府采购法》将其定性为民事合同，并适用于《合同法》的有关规定，所以在具体研究现实的法律关系和救济渠道时，笔者还是按照《政府采购法》的规定分析。

的委托合同规则的调整，即是一种委托合同关系。

民法上的委托合同又称为委任合同，是指委托人与受托人约定，由受托人处理委托人事务的合同。民法上的委托合同既可以是有偿合同，也可以是无偿合同。在我国公共资源交易实践中，交易人和交易代理机构之间的委托合同有的属于无偿的委托合同，而有的则属于有偿的委托合同。我国现有的《政府采购法》第十六条规定："集中采购机构为采购代理机构。设区的市、自治州以上人民政府根据本级政府采购项目组织集中采购的需要设立集中采购机构。集中采购机构是非营利事业法人，根据采购人的委托办理采购事宜。"不难看出，采购人与采购中心之间属于无偿委托合同；而采购人和其他采购代理机构之间属于有偿的委托合同。实践中，由于政府采购中心属于财政拨款的事业单位法人，而且接受并完成采购委托是无偿的，也就是说采购任务完成的多与少、好与坏与自己的切身利益无关，所以，就出现了接受委托代理任务后能拖就拖、敷衍了事，甚至存在暗地收费等不良现象。而与之相反，一些社会中介代理机构则是积极主动争取政府采购的委托任务，而且服务态度良好，完全听从采购人的意见，甚至不惜付出违法犯罪的代价。所有这些不正常现象的出现，笔者认为不能简单归结于制度问题，或者简单地否定交易代理机构的合法性与合理性。我国《政府采购法》第六十六条明确规定："政府采购监督管理部门应当对集中采购机构的采购价格、节约资金效果、服务质量、信誉状况、有无违法行为等事项进行考核，并定期如实公布考核结果。"所以，加强政府采购的绩效评估制度是完善政府采购代理制度的重要保证。

二、公共资源交易纠纷的解决途径

无救济也就无权利，这是法律的基本精神。同样在公共资源交易实践领域，公共资源交易中的任何一方受到非法或者违法侵害都应该得到权利救济。在救济途径的设置上，原则上应该给权利受到侵害的人更多的、更为便捷的救济渠道。借鉴国际上公共采购立法经验，结合我国的现行体制架构，我国在公共资源交易领域的立法中也确立了相应的救济途径，并且实现了这些救济途径和我国现有法律制度相衔接。

（一）质疑与投诉解决途径

质疑与投诉都属于内部救济制度，是公共资源交易过程中的权利保护和公平公正的需要。从理论上看，不管是任何类别的公共资源交易都应该设有此类的救济途径。从我国现有的法律制度看，政府采购和工程建设招标投标领域的质疑投诉制度相对比较成熟，其他领域的救济途径也正在不断完善中。

1. 质疑制度。

广义的质疑是指参与交易的当事人对于交易中存在的任何有失公正的行为提出的疑问并请求执法机构给予答复的行为。质疑制度的设立是为了保证交易双方的合法权利，也是交易公开、公正、公平的制度保障。质疑不同于询问，询问只是对于不清楚、不明白的问题提出请求答复的行为，而质疑则是指以书面形式对交易环节存在的可能有损公正问题提出的疑问，并要求给予正式回答的活动。

我国《政府采购法》规定，供应商认为采购文件、采购过程和中标、成交结果使自己的权益受到损害的，可以在知道或者应知道其权益受到损害之日起7个工作日内，以书面形式向采购人或其采购代理机构提出质疑。采购人或其采购代理机构应当在收到供应商的书面质疑后7个工作日内做出答复，并以书面形式通知质疑供应商和其他有关供应商，但答复的内容不得涉及商业秘密。采购代理机构进行答复的，不得超越采购人委托授权的范围。2017年12月财政部颁发的《政府采购质疑和投诉办法》则对供应商质疑的内容作了进一步规定，即"认为采购文件、采购过程、中标或者成交结果使自己的权益受到损害的，可以在知道或者应知其权益受到损害之日起7个工作日内，以书面形式向采购人、采购代理机构提出质疑"。

《招标投标法》第六十五条规定，投标人和其他利害关系人认为招标投标活动不符合本法有关规定的，有权向招标人提出异议。这一规定在具体落实中则体现在《招标投标法实施条例》第五十四条的规定，即"依法必须进行招标的项目，招标人应当自收到评标报告之日起3日内公示中标候选人，公示期不得少于3日。投标人或者其他利害关系人对依法必须进行招标的项目的评标结果有异议的，应当在中标候选人公示期间提出。招标人应当自收到异议之日起3日内作出答复；作出答复前，应当暂停招标投标活动"。

不管是政府采购中的质疑，还是工程招投标中的异议，作为一项事前监督程序具有重要的预防作用，有利于化解可能存在的风险和矛盾。公共资源交易的其他领域也应该借鉴该项制度，并逐步完善这种事前救济和冲突预防制度。

2. 投诉制度。

相比较质疑制度，投诉制度则是一项正式的行政审查制度，是由当事人向行政监督部门提出的，并由主管行政部门基于行使行政监督权而作出的正式处理的行为。《政府采购法》《招标投标法》《政府采购质疑投诉处理办法》《工程建设项目招标投标活动投诉处理办法》等都规定了供应商（投标人）的投诉权和行政主管部门处理投诉的职责。《政府采购法》第五十五、五十六、五十八条规定，质疑供应商对采购人、采购代理机构的答复不满意或者采购人、采购代理机构未在规定的时间内做出答复的，可以在答复期满后 15 个工作日内向同级政府采购监督管理部门投诉。政府采购监督管理部门应当在收到投诉后 30 个工作日内，对投诉事项做出处理决定，并以书面形式通知投诉人和与投诉事项有关的当事人。法律在此分别将"采购人、采购代理机构未在规定的时间内做出答复"作为质疑供应商可以"向政府采购监督管理部门"行使投诉权和"政府采购监督管理部门逾期未做处理决定"作为质疑供应商可以行使申请复议或者提起诉讼的理由之一，表明在法定期限内做出答复和投诉处理决定分别是采购人、采购代理机构和政府采购监督管理部门的法定义务，尤其是政府采购监督管理部门不得怠于履行这一义务，否则要承担相应的行政法律责任。

从我国公共资源交易投诉制度来看，除《政府采购质疑投诉处理办法》（即财政部 94 号令）在 2017 年年底进行了修改和完善外，《工程建设项目招标投诉活动处理办法》是 2007 年颁布，其他领域还未见有专门投诉处理的详细规定。这显然与公共资源交易规模的不断扩大、法治建设不断加强的现实不相吻合，尚需要制定统一的公共资源交易的投诉处理办法，同时还要针对各个专门领域进一步细化投诉处理规定。

【案例阅读】

安徽省财政厅关于阜阳师范学院保安及水电维护托管服务采购项目的投诉处理决定书（徽财购〔2018〕7 号）

投诉人：安徽风雨保安服务有限公司

地址：阜阳市临沂商城 H20#商业楼 110 室

法定代表人：张明君

代理人：陆政

被投诉人 1：阜阳师范学院

地址：阜阳市清河西路 100 号

被投诉人 2：安徽新天源建设咨询有限公司

地址：阜阳市阜王路 588 号金悦金融中心写字楼 B 栋 11 楼

本机关于 2017 年 11 月 20 日收到安徽风雨保安服务有限公司（以下简称投诉人）邮递的投诉书，投诉人对阜阳师范学院（以下简称被投诉人 1）和安徽新天源建设咨询有限公司（以下简称被投诉人 2）组织的"阜阳师范学院保安及水电维护托管服务采购项目（项目编号：FZGY－CGSZ20170476）"第 1 包采购活动提起投诉，经审查，本机关要求投诉人限期对投诉书进行修改，投诉人于 2017 年 11 月 24 日重新进行了投诉，根据《中华人民共和国政府采购法》、《政府采购供应商投诉处理办法》等法律法规的规定，本机关予以受理。本案现已审查终结。

投诉人投诉事项：本项目第 1 包共有 7 家供应商参与投标，评审后仅剩 2 家供应商有效，因此本项目应按重新招标或其他采购方式处理，而本项目未作上述处理，违反了《政府采购货物和服务招标投标管理办法》（财政部令第 87 号）第四十三条的规定。

针对投诉人的投诉事项，本机关要求被投诉人 1、2 作出有关情况的书面说明，检查有关采购文件。

被投诉人 1、2 称：关于投诉事项，本项目第 1 包于 2017 年 10 月 23 日在阜阳市公共资源交易中心开标、评标，本项目评标专家委员会按照招标文件和阜阳市公共资源交易监督管理局的通知（阜公管〔2017〕120 号）的规定评标，投诉人 1、2 根据评审专家委员会评审报告意见发布中标公告，根据招标文件和通知回复投标单位的质疑。

本机关查明，本项目采用公开招标方式，于 2017 年 10 月 23 日开标，7 家供应商参加了第 1 包的投标，2 家供应商通过了初审，中标供应商为安徽中天保安服务集团有限公司。评标委员会依据招标文件及阜阳市公共资源交易管理局的通知（阜公管〔2017〕120 号）的规定："开标后，评标过程中如实质性响应采购文件的供应商不足三家，但所剩供应商报价均在该项目预算价以下的，视为具有竞争力，可以继续评标，按采购文件要求推荐中标候选人"，继续进行了本项目第 1 包的评审。本机关认为，评标委员会在只有 2 家供应商通过初审的情况下，依然按照招标文件及阜阳市公共资源交易管理局的通知（阜公管〔2017〕120

号）的规定继续进行评审，不符合《中华人民共和国政府采购法》第三十六条第一款第（一）项的规定，投诉人投诉事项成立。

综上所述，本机关现作出如下处理决定：投诉人投诉事项成立，采购行为违法，根据《中华人民共和国政府采购法》第三十六条第一款第（一）项、《政府采购供应商投诉处理办法》（财政部令第 20 号）第十九条第（一）项的规定，本项目第 1 包应予废标，责令重新开展采购活动。

投诉人如对本投诉处理决定书不服，可在收到本投诉处理决定书之日起六十日内向安徽省人民政府或财政部提出行政复议，也可以在收到本投诉处理决定书之日起六个月内向合肥市庐阳区人民法院提起行政诉讼。

安徽省财政厅
2018 年 1 月 4 日

（资料来源：安徽省政府采购网，http：//www. ahzfcg. gov. cn/indexController/indexMain）

【问题思考】

1. 如何评价本案中安徽省财政厅的投诉处理决定？
2. 如何看待本案中所涉及的公共资源交易管理局和财政部门之间的关系？

（二）行政复议解决途径

行政复议制度是一项准司法救济途径，即对行政处理决定不服而进一步提出的权利保护，也是由上级行政主管部门或本级人民政府行使行政监督权的活动。相比较投诉制度，复议申请人通过上级行政机关对下级，或本级人民政府对职能部门的监督关系来进行权利保护，也更加有力度和效果。

我国《政府采购法》第五十八条规定，投诉人对政府采购监督管理部门的投诉处理决定不服或者政府采购监督管理部门逾期未作处理的，可以依法申请行政复议。为了和我国现有的法律制度衔接，《政府采购法》则将不服采购监督管理部门的处理决定或不予答复的行为定性为具体行政行为，且具有可诉性。供应商向政府采购监督管理部门投诉，而政府采购监督管理部门作出决定或者不予答复，实际上属于是否履行管理权的行为。对于政府采购监督管理部门作出的某种具体的处理决定，该处理决定的性质属于行政裁决行为。即针对监督管理部门职权范围的争议做出裁决，而这种裁决才具有法律效力。而对于采购监督管理部门不予答复的行为则应该定性为行政不作为。供应商对于不同的情况，应该提出不同的请求内容。对于行政裁决行为，可以提出撤销裁决的复议请求，而对于不作为的行为则可以提出要求履行法定职责的请求。

《招标投标法》第六十五条规定："投标人和其他利害关系人认为招标投标活动不符合本法有关规定的，有权向招标人提出异议或依法向有关行政监督部门投诉。"同样，依据《行政复议法》，如果投标人或其他利害关系人对行政监督部门所做的投诉处理决定不服的，或行政监督部门不予答复的，也可以提起行政复议。

（三）行政诉讼解决途径

行政诉讼也被称为"民告官"，即对行政机关所做出的处理决定不服的，依法向人民法院提起诉讼，由人民法院对于行政处理决定进行审查，并做出判决的行为。行政诉讼是一种司法救济制度。行政诉讼是对行政相对人合法权利进行保护、对行政机关的行为进行规范的过程，当然也是当事人之间矛盾冲突的解决机制。

我国《政府采购法》第五十八条规定，投诉人对政府采购监督管理部门的投诉处理决定不服或者政府采购监督管理部门逾期未作处理的，可以依法向人民法院提起行政诉讼。这一规定，为人民法院对政府采购活动进行司法审查提供了法律依据，同时也赋予参与政府采购活动的投诉人以行政诉权，根据这一规定，如果投诉人对政府采购监督管理部门的投诉处理决定不服或者在法定的期限内未收到政府采购监督管理部门的处理决定，或经过行政复议后对行政复议决定不服，通过行政复议程序寻求权利救济未果的条件下可以依据《行政诉讼法》向人民法院提起行政诉讼，通过司法审查途径寻求权利救济。

《招标投标法》虽然没有专门条款规定投标人对于行政处理决定不服可以提起行政诉讼，但是，依据《行政诉讼法》的规定，行政监督部门的处理决定属于行政诉讼的受案范围，可以对于招标投标行政监督部门的处理决定提起行政诉讼。与此相同的，在国有土地使用权和矿产权出让、国有产权交易、医疗采购等其他公共资源交易领域中，也可以对行政监督部门的处理决定提起行政诉讼。对于行政监督管理部门的行为进行司法审查是各个国家行政救济制度的共性。中国公共资源交易中的行政诉讼只是对监督管理部门行政行为合法性进行审查，原则上不对其合理性进行审查。

（四）民事争端解决途径

公共资源交易中，交易当事人之间的法律关系属于民事法律关系。如果它们之间发生法律纠纷，都应该适用民事纠纷争端解决机制。凡是平等主体的交易双方在合同订立、合同签订、合同履行等方面发生纠纷的，原则上都可以适用一般民事合同的四大解决途径：友好协商、调解、仲裁和诉讼。这也是我国民事争议解决的机制。这四大争议解决途径在运用的数量上依次递减，构成一个"金字塔形"的结构。其中，大部分公共资源交易中的争议应当通过友好协商来解决，友好协商构成金字塔的塔基。调解构成金字塔的第二层，其重要性和适用范围仅次于友好协商。如果友好协商和调解未果，而且又缺乏政府采购当事人之间的仲裁协议，那么政府采购争议可以诉之法院。仲裁成了争议解决金字塔的第三层。诉讼则是解决政府采购争议金字塔的塔尖。

公共资源交易双方之间民事争端主要表现在交易合同的订立、履行等问题上。如在政府采购、工程建设招投标实践中，有些供应商为了获得合同，在报价时过分压低了价格，以至于在成为成交商以后才发现：如果按照自己承诺的条件履行，自己不仅没有利润可赚，甚至还要亏本。于是，就断然拒绝履行合同，而且既不告知对方当事人，也不为避免造成的损失而采取相应措施。这样，就构成了合同违约。当然，对于这种违约的情况，交易人可以通过多种途径来解决。

从我国民事争端解决机制上看，协商、调解都是比较好的选择途径。因为这些解决机制比较柔和，争端双方都能够接受。在政府采购中，笔者主张交易双方当事人应该选择协商、调解方式。虽然，仲裁也不失为一种的好的解决方式，但相对于调解、和解而言时间成本较高。就我国政府采购实践而言，需要解决的问题是如何才能实现政府采购双方当事人的和解、调解问题。笔者在具体接触的大量案例中，体会到一旦出现类似问题应该由相关组织出面斡旋。否则，让采购人或供应商主动提出和解或者调解都比较困难。这是因为，采购人的优势地位和心理，以及供应商的据理力争往往会使两方针锋相对。所以，笔者认为政府采购的监督管理部门应该充当和解斡旋人、调解的主持人。一方面可以基于自身的权威性和职责范围达到争议双方和平、快捷解决问题的目的，另一方面还可以基于这种调解、和解工作了解政府采购在实际运作中存在的问题，以便及时发现问题，提出解决的对策；同时，还可以在调解、和解工作中把政府采购的法律制度和政策落到实处。当然，具体运行机制还需要进一步细化。比较调解、和解，仲裁需要更长的时间，当然还要付出经济成本，这对于双方当事人而言应该是在前两种解决途径都不能实现的情况下才采取的方法。

民事诉讼途径则更是不得已才采取的解决途径。因为，按照我国民事诉讼法的规定，民事诉讼必须遵循相应程序。这些程序包括起诉、立案受理、审理、判决或者上诉等环节。我国民事诉讼一审期限是从法院受理之日起 6 个月内审结，遇特殊情况还可以延长审理期限。这样，仅从时间上看通过诉讼渠道解决争议显然需要很高的代价。在民事解决机制中，民事诉讼的途径是终局的司法解决方式。在我国公共资源交易的实践中，通过民事诉讼来解决的并不多。这是因为，虽然从理论上和我国的制度设计上把交易双方界定为一种平等的民事主体关系，但是在现实中却体现的是一种绝对不平等关系。供应商（除个别垄断性行业外）为了获得合同或者继续获得合同，总是处于"服从"和"被管理"的地位。这样，供应商尤其是成交供应商往往都会积极履约。而真正中标之后不履行合同的并不多见。

（五）刑事诉讼解决途径

在公共资源交易过程中，对于那些构成了违法犯罪的行为应该通过刑事诉讼的途径制裁。公共资源交易中的违法犯罪行为不仅损害了交易当事人的合法权益，更重要的是危害了国家利益，破坏了公共资源交易的正常秩序。就国家的公安机关或者检察机关而言，实际上是代表国家提起公诉，并将犯罪嫌疑人提交人民法院判决，也可以看作是对国家权力和利益一种救济途径。对于那些利益受到损害的公共资源交易参加人而言，他们也可以通过控诉、检举等方法，请求司法机关对这些犯罪行为进行制裁。这实际上可以看作是一种权利受侵害获得保护的途径，当然也可以看作是一种诉讼解决机制。

根据我国《刑事诉讼法》的规定，对于非国家机关工作人员的犯罪侦查原则上由公安机关进行；而对于国家工作人员犯罪行为的侦查立案原则上是由检察机关进行。具体说来，公共资源交易监督管理部门、采购人、招标人、国有公共资源交易代理机构、集中采购中心等公共部门的工作人员如果构成了与其行使职权有关的犯罪，如受贿罪、滥用职权罪、玩忽职守罪、故意泄露国家机密罪、国家机关工作人员签订和履行合同失职罪、徇私舞弊不移交刑事案件罪等等，则应该由检察机关侦查立案，并代表国家提起公诉。而对于供应商的串通投标罪、非法获取国家秘密罪、行贿罪等则应该由公安机关侦查立案，并交由检察机关提起公诉。

我国《刑事诉讼法》规定的刑事诉讼程序包括立案、侦查、起诉、一审程序、二审程序、死刑复核程序、审判监督程序和执行程序。公共资源交易中任何单位或个人触犯刑法，将会根据各自的不同情况适用这些程序。

第二节　公共资源交易的法律责任

法律责任是指违反了相应的法律规范而应当承担的后果。与其他社会责任相比较，法律责任具有自身的特点：承担法律责任的最终依据是法律，而不是其他道义和不具有法律效力的文件。当然，这里的法律是指广义的法律，即包括全国人大及其常委会制定的法律、国务院制定的行政法规、国务院各部委制定的部门规章、地方有权机关制定的地方性法规和地方规章及自治地方制定的自治条例、单行条例等；法律责任具有国家的强制性，即法律责任的履行有国家强制力保证实施。

公共资源交易法律责任是发生在公共资源交易过程中，因为违背相应的法律规范而应当承担的法律责任。公共资源交易法律责任都是基于公共资源交易法律关系而产生，公共资源交易参加人应该履行相应的义务而没有履行或者没有很好地履行，进而违背了相应的法律规范，则应该为此承担相应的后果，即公共资源交易的法律责任。一般而言，有违法就必然应该承担责任，而承担责任必然会有违法行为作为其前提条件。违背法律规范并且要承担相应的不利后果，应该具备如下五个要素：（1）违法行为以违反法律为前提。行为违反法律是对法律的蔑视与否定，是对现行法律秩序的破坏。因此要通过追究法律责任、施加法律制裁否定违法，恢复法律秩序；（2）违法行为必须是某种违反法律规定的行为。违法的行为包括作为和不作为两种，这两者都是客观存在的，并且都会造成危害后果；（3）违法必须是在不同程度上侵犯法律所保护的社会关系的行为。行为的违法性和社会的危害性具有密切联系，有违法就必然存在危害后果；（4）违法一般要求有主观的故意或者过失（行政违法除外，不把主观作为法定要素）。不管是何种法律关系，行为人的主观状态都会影响到危害的后果和责任承担；（5）违法者必须具有相应承担能力。不管是何种行为，都要求行为人具有一定权利能力和行为能力资格，对行为的后果独立承担相应的责任。按照我国法律的规定，政府采购中涉及到的法律责任有：行政法律责任、民事法律责任和刑事法律责任。

考虑到公共资源交易中的法律责任最终还是要落实到具体的交易领域中，而且法律责任在各个领域中的表现也大同小异，所以，特以政府采购为代表来论述公共资源交易中的法律责任问题，其他领域的法律法律责任问题参照即可。

一、民事法律责任

民事责任是民事法律行为人因不履行法定义务或侵害他人合法利益，依法所应承担的法律后果。政府采购（公共资源交易）中的民事法律责任主要表现为合同责任，即不履行或不能恰当履行合同义务而应该承担的否定后果。

（一）采购人、采购代理机构的民事法律责任

（1）采购人或者采购代理机构缔约责任。缔约责任是指在订立合同的过程中，一方因违背其依据诚实信用原则所应尽的义务而致另一方信赖利益的损失所产生的民事法律责任。这里的缔约过失情形包括：①采购人、采购代理机构以不合理的条件对供应商实行歧视待遇的；②采购人、采购代理机构及其工作人员与供应商恶意串通，采购人、采购代理机构及其工作人员在采购过程中接受贿赂或者获取其他不正当利益的法律责任。根据我国《政府采购法》的规定，这两种情形都可能会产生终止采购活动、撤销采购合同的后果；供应商之间恶意串通会导致中标、成交无效。为此，我国《政府采购法》和《招标投标法》都规定了相应的行政法律责任。而按照《民法通则》和《合同法》的规定，采购人、采购代理机构还应该承担缔约过失责任，即要承担赔偿供应商或者其他利害相关人经济损失的民事责任。当然，采购人或者采购代理机构之间因为委托合同也可能发生缔约过失的行为，则也同样要承担缔约过失责任。

（2）采购人或者采购代理机构的违约责任。采购人或者采购代理机构对其违约行为也应该承担法律责任。所谓的违约责任是指合同当事人一方不履行合同义务或履行合同义务不符合合同约定所应承担的民事责任。具体说来，政府采购合同中，作为合同一方的采购人或者采购代理机构由于不及时或者拒绝接收采购的商品，或者不及时或者拒绝办理相关手续等行为，应当承担民事法律责任。按照我国《民法通则》和《合同法》的相关规定，采购人或者采购代理机构违约的，

除按照供应商的要求应该继续履行合同外，如果造成损失的还应该赔偿损失。在采购人和采购代理机构之间的委托合同，如果双方的任何一方有违约行为，则同样应该依据《民法通则》和《合同法》的规定承担相应的民事法律责任。

（二）供应商的民事法律责任

（1）供应商的违约责任。供应商的违约责任是指成交供应商在履行合同过程中，不按照投标要求履行合同时应当承担的责任。具体说来，在政府采购实践中，有些成交供应商会因为各种理由拒绝履行合同，或者不适当履行合同，因而造成了采购人或者采购代理机构的经济损失，则应该承当民事赔偿、继续履行合同等责任。

（2）供应商的侵权责任。供应商侵权责任主要表现为损害公平竞争行为，如投标人弄虚作假、谋取中标的行为给招标人造成损失的，依法承担赔偿责任，投标人的赔偿范围既包括招标人的直接损失，也包括招标人的间接损失。损害赔偿的对象为因投标人骗取中标的行为而遭受损害的招标人；供应商串通投标以及在其他采购方式中的通谋行为也属于典型的损害公平竞争的行为，根据《政府采购法》的规定，采购合同无效，有过错的供应商应该承担赔偿损失的后果。

二、行 政 法 律 责 任

行政法律责任是指政府采购过程中，采购参加人因为违背政府采购相应的行政法律规范而应当承担的责任。政府采购的行政法律责任的承担者既包括个人，也包括单位；既包括监督管理部门的法律责任，也包括政府采购当事人的法律责任。

（一）采购监督管理部门及其工作人员的行政法律责任

政府采购监督管理部门具有依据相关法律法规对政府采购中的违法行为进行监督管理并做出处理的职责，同时还具有日常的检查和处理相应的投诉，应诉等职责。如果监督管理部门没有能够履行或者很好地履行相应的职责，采购监督管理部门或者工作人员就要承担相应的法律责任。

（1）采购监督管理部门工作人员的违法违纪行为。政府采购监督管理部门的工作人员在实施监督检查中违反采购法及相关法律法规规定，玩忽职守、徇私舞弊，应该承担行政法律责任。对于国家公职人员的违法行为，应该根据我国《公务员法》的规定，由监察部门给予行政处分。

（2）采购监督管理的不作为行为。按照我国《政府采购法》《招标投标法》《政府采购供应商投诉处理办法》《工程建设项目招标投标活动投诉处理办法》等相关法律法规及其规范性文件的规定，政府采购监督管理部门对供应商的投诉逾期不作处理的，给予直接责任的主管人员和其他直接责任人员行政处分。同时，上级复议机关或者人民法院可以要求该机关给予答复或作出处理。

（3）采购监督管理部门的违法处罚行为。根据我国《政府采购法》规定，政府采购监督管理部门可以对采购人、采购代理机构、供应商实施行政处罚。采购监督管理部门可以实施的行政处罚包括警告、罚款、没收非法所得、吊销营业执照、列入不良记录名单等形式，其中列入不良记录名单是政府采购领域的一种特定的行政处罚形式。如果采购监督管理部门实施的处罚行为违法，则采购监督管理部门的上级机关，或者人民法院可以依法定程序撤销该行为。

（二）采购人、采购代理人的行政法律责任

（1）采购人、采购代理机构妨害监督管理活动行为的法律责任。我国《政府采购法》第七十六条规定，采购人、采购代理机构违反法律规定隐匿、销毁应当保存的采购文件或者伪造、变造采购文件的，由政府采购监督部门处2万元以上10万元以下的罚款，对其直接负责的主管人员和其他直接责任人员依法给予处分。采购人未依法公布政府采购项目的采购标准和采购结果的，依据我国《政府采购法》第七十五条的规定，由政府采购监督管理部门责令改正，对直接负责的主管人员依法给予处分。采购代理机构在代理政府采购业务中有违法行为的，依据我国《政府采购法》第七十八条的规定，由政府采购监督管理部门按照有关法律规定处以罚款，可以依法取消其进行相关业务的资格。对集中采购机构妨害监督管理活动的法律责任，依据我国《政府采购法》第八十二条第二款的规定，处以2万元以上20万元以下的罚款，并予以通报；情节严重的，取消其代理采购的资格。

（2）违反政府采购程序行为的法律责任。我国《政府采购法》规定，违反政府采购程序的行为要承担相应的法律责任。这里包括：①开标前泄露标底的法律责任。我国《政府采购法》第七十二条规定，采购人、采购代理机构及其工作人员，开标前泄露标底的，尚不构成犯罪的，处以罚款，有违法所得的，并处没收违法所得，属于国家机关工作人员的，依法给予行政处分；②在招标采购过程中与投标人进行协商谈判的法律责任。依据我国《政府采购法》的规定，采购人、采购代理机构在招标采购过程中与投标人进行协商谈判的，责令其限期改正，给予警告，可以并处罚款，对直接负责的主管人员和其他直接责任人员，由其行政主管部门或者有关机关给予处分，并予通报；③不按照中标文件签订合同的法律责任。依据我国《政府采购法》的规定，采购人、采购代理机构在中标、成交通知书发出后不与中标、成交供应商签订采购合同的，责令限期改正，给予警告，可以并处罚款，对直接负责的主管人员和其他直接责任人员，由其行政主管部门或者有关机关给予处分，并予通报。

（3）适用采购方式不当行为的法律责任。《政府采购法》第七十一条、第七十四条分别对采购方式不当的行为作了规定，违反我国《政府采购法》第七十一条、第七十四条的规定，应承担以下责任：①责令限期改正、警告；②对采购项目停止按预算支付资金；③罚款；④处分。

（4）采购人、采购代理机构以不合理的条件对供应商实行歧视待遇的法律责任。《政府采购法》第七十一条规定，责任限期改正，给予警告，可以并处罚款，对直接负责的主管人员和其他直接责任人员，由其行政主管部门或者有关机关给予处分，并予通报。

（5）采购人、采购代理机构及其工作人员与供应商恶意串通，采购人、采购代理机构及其工作人员在采购过程中接受贿赂或者获取其他不正当利益的法律责任。依照我国《政府采购法》的规定，可能会产生终止采购活动、撤销采购合同、赔偿损失的后果；供应商之间恶意串通会导致中标、成交无效，并要承担其他法律责任。

（三）供应商的行政法律责任

（1）供应商损害公平竞争行为的法律责任。具体违法情形包括：①投标人相互串通投标或者与招标人串通投标的，投标人向招标人或者评标委员会成员行贿的；②投标人以他人名义投标或者以其他方式弄虚作假，骗取中标的。对于以上违法行政法律规范的行为，可以由相应的监督管理部门实施以下处罚措施：第一是罚款。依法必须进行招标的项目中的投标人有前款所列行为尚未构成犯罪的，处以中标项目金额5‰以上10‰以下的罚款，对单位直接负责的主管人员和其他直接责任人员处单位罚款数额5%以上10%以下的罚款。第二是并处没收非法所得。依法必须进行招标项目中的投标人通过弄虚作假获取中标并从中谋取非法利益的，除罚款外，有违法所得的，并处没收违法所得；第三是取消投标资格。依法必须进行招标项目中的投标人，有骗取中标的行为，尚未构成犯罪但情节严重的，取消其1～3年内参加依法必须进行招标的项目的投标资格并予以公告。所谓情节严重是指骗取中标的行为所导致的后果严重，投标人多次实施了骗取中标的行为，骗取中标的手段较为恶劣等等。第四是吊销营业执照。依法必须进行招标项目中的投标人弄虚作假骗取中标的违法行为情节严重的，取消其一定期限内参与依法必须进行招标的项目的投标资格尚不足以达到制裁目的的，由工商行政管理机关吊销营业执照。

（2）成交商履行采购合同不当行为的法律责任。中标商在履行合同中的行政违法行为是指中标人转让中标项目及分包人的再次分包行为。对于该种行政违法，我国《招标投标法》第五十八条规定，中标人将中标项目转让给他人的，将中标项目肢解后分别转让给他人的，违反法律规定将中标项目的部分主体、关键性工作分包给他人的，或者分包人再次分包的，转让、分包行为无效，并处转让、分包项目金额5‰以上10‰以下的罚款。同时，相应的监督管理部门还可以按照我国《招标投标法》的规定，除罚款外，有违法所得的，并处没收违法所得。情节严重的，还可以对成交商处以责令停业整顿，甚至吊销营业执照的处罚。此外，对于中标供应商不履行、不完全履行、迟延履行等行为，政府采购监督管理部门可以实施取消投标资格、吊销营业执照等行政处罚。

三、刑事责任追究

我国《政府采购法》和《招标投标法》都规定了在政府采购行为中的违法行为构成犯罪的，要依法追究其刑事责任。以下具体分析政府采购过程中，采购监督管理部门和采购参加人所涉及的主要犯罪行为。

（一）采购监督管理部门的工作人员的刑事法律责任

政府采购中所涉及到的刑事犯罪较多，鉴于篇幅所限，笔者仅就实践中经常出现的一些犯罪现象及其法律责任作一介绍。

（1）采购监督管理部门工作人员滥用职权罪。我国《政府采购法》第八十条规定：采购监督管理部门的工作人员在实施监督检查中违反本法规定滥用职权，构成犯罪的，依法追究刑事责任。滥用职权罪具体表现在政府采购领域主要有：第一，超越职权，擅自审批、擅自拨款、擅自采购的行为；第二，滥用职权，违反规定对政府采购的具体事项作出处理；第三，故意不履行应当履行的监督职责，放任采购过程中的违法行为；第四，以权谋私，为家人、亲属、朋友等关系人中标提供便利条件等。根据我国《刑法》第三百九十七条规定：对于滥用职权处以 3 年以下有期徒刑或者拘役，情节特别严重的，处 3 年以上 7 年以下有期徒刑。

（2）采购监督管理部门工作人员玩忽职守罪。玩忽职守罪在客观方面的表现是指严重不负责任、不履行职责或者不认真履行职责。在政府采购过程中表现为：第一，对于采购中的违法行为不管不问，放任违法行为的发生，造成公共财产损失的；第二，在审批和监督政府采购过程中马虎草率、粗心大意，造成巨大损失的。玩忽职守罪的行为界限是是否造成了公共财产、国家和人民利益的重大损失。我国《刑法》对玩忽职守罪处 3 年以下有期徒刑或者拘役；情节特别严重的，处 3 年以上 7 年以下有期徒刑。

（3）采购监督管理部门工作人员受贿罪。政府采购中，监督管理部门的工作人员利用职务之便，索取他人财物的，或者非法收受他人财物，为他人谋取利益构成受贿罪。具体表现为，监督管理部门的工作人员收受供应商、采购人等贿赂，在采购审批、信息披露等方面为行贿人谋取利益，则构成受贿罪。根据我国《刑法》第三百八十三、三百八十六条的规定，要根据受贿的情节实施不同的处罚。个人受贿数额在十万元以上的，处十年以上有期徒刑或者无期徒刑，可以并处没收财产；情节特别严重的，处死刑，并处没收财产；个人受贿在五万元以上不满十万元的，处五年以上有期徒刑，可以并处没收财产；情节特别严重的，处无期徒刑，并处没收财产；个人受贿在五千元以上不满五万元的，处一年以上七年以下有期徒刑；情节特别严重的，处七年以上十年以下有期徒刑；个人受贿在五千元以上不满一万元，有悔改表现的可以减轻处罚或者免予刑事处罚；个人受贿不满五千元，情节较重的，处两年以下有期徒刑或者拘役；情节较轻的，由其所在单位或者上级主管机关酌情给予行政处分。

（二）采购部门工作人员及其采购中心工作人员的刑事法律责任

我国采购部门和政府采购中心工作人员都属于国家工作人员。在政府采购中，他们基于这种特殊的身份所作的违法行为也可以构成犯罪。这些罪名和相应的法律制裁都在我国刑法中可以找到，而且我国《政府采购法》和《招标投标法》对这些罪名和《刑法》的衔接问题做了规定。以下就几个主要的犯罪行为作一介绍。

（1）采购部门和政府采购中心工作人员的受贿罪。采购部门和采购中心工作人员接受供应商贿赂或者获得其他不正当利益，而从事采购的国家工作人员利用职权的优势为行贿人提供不当利益，然后在采购合同的授予和履行等方面给予优惠和便利，则危害了国家工作人员职务的廉洁性，也损害了社会秩序的公正性。受贿罪的具体制裁措施，笔者在采购监督管理部门的工作人员受贿罪中已经做出了解释，在此不再赘述。不过需要补充的是，采购监督管理部门、采购人或者政府采购中心作为一个独立的单位，也可以构成单位受贿罪。单位受贿罪在政府采购中表现为：采购人、采购监督管理部门和政府采购中心索取或者非法收受他人财物，或者在财务往来中接受各种名义的回扣、手续费的，则构成单位受贿罪。单位受贿罪采取两罚制，即对单位判处罚金，并对直接负责的主管人员和其他责任人员，处五年以下有期徒刑或者拘役。

（2）采购部门或采购代理机构工作人员的伪造、变造、买卖、毁灭国家机关公文、证件、印章罪。在政府采购中，采购部门或者采购代理机构工作人员如果实施了伪造、变造、买卖国家机关公文、证件、印章等行为，而且又利用这些公文、证件、印章实施了其他犯罪行为，原则上从一重罪论处，不实行数罪并罚。

（三）供应商的刑事法律责任

1. 供应商行贿罪。在政府采购过程中，行贿罪表现为供应商为了获得合同或者其他利益，给予国家工作人员以财物的行为，具体表现为：（1）供应商为了利用采购监督部门、采购人或者采购中心工作人员的职务行为，主动给予国家工作人员财物的行为；（2）在有求于这些人员时，由于国家工作人员索取而给予的行为；（3）与国家工作人员约定，以满足自己的要求为条件给予国家工作人员以财物；（4）在国家工作人员许诺之后，主动向国家工作人员提供不当报酬的行为。根据我国《刑法》规定，对犯行贿罪的，处 5 年以下有期徒刑或者拘役；因行贿谋取不正当利益，情节严重的，或者使国家利益遭受重大损失的，处 5 年以上 10 年以下有期徒刑；情节特别严重的，处 10 年以上有期徒刑或者无期徒刑，可以并处没收财产。

2. 供应商的串通投标罪。串通投标罪在政府采购招投标过程中，表现为投标人相互串通投标报价，损害招标人或其他投标人的利益，并且情节严重的行为；或者是投标人与招标人串通投标，损害国家、集体、公民的合法权益的行为。依据我国《刑法》，对于投标人的违法行为处以三年以下有期徒刑或者拘役，并处或者单处罚金。

第三节　公共资源交易的合作发展

一、全球化及全球治理

（一）全球化的发展历程

早在 16 世纪，新航路的开辟揭开了全球化序幕，历经四个多世纪的发展，全球化也发展成为不但包括经济的全球化，也包括政治、文化、社会等领域的全球化。全球化进程同资本主义的诞生和发展有着紧密的联系。结合资本主义演化的历史，考察在生产力发展与资本运动的强力推动下，生产与交往打破国家界限走向全球化的进程，大体可以划分为三个阶段。

第一阶段，商业资本主义阶段，即从 16 世纪新航路开辟到 18 世纪中期第一次工业革命爆发这个时段。概括商业资本主义阶段的全球化态势，可以归纳为四点：第一，这个阶段是全球化的早期阶段，商品和商品生产构成经济全球化的物质基础，它在商业资本的扩张中启动，并在商业资本的无限扩张中演进；第二，全球化的启动意味着商业资本向全球范围的扩张，由于资本贪婪的本质，全球化从启动的那一刻起就带有"弱肉强食"的血腥气味，把不平等交往方式散播到世界各地；第三，全球化是一个多维度的共生体，经济交往扩展到哪里，政治冲击、文化渗透也就会跟进到哪里；第四，先进强势国家为了更好地控制落后国家、更多地攫取商业利润，逐渐地确立殖民制度作为与落后国家"交往"的制度形式，并开始把它向世界的各个角落输出。

第二阶段，工业资本主义垂直等级分工阶段，即从第一次工业革命到第二次世界大战结束的时段。归纳这个阶段全球化演进的趋势，也可以概括出四点：第一，资本主义由商业资本为主演化为以工业资本为主，全球化进程亦步亦趋，也就由商业贸易领域进入生产领域；第二，在全球范围形成的垂直型等级分工格局使世界经济初具雏形，国家间的相互依附程度不断增强；第三，工业资本对落后国家进行更为残酷的掠夺，致使国家间的两极分化日趋严重，列强必须依赖强大的军事实力来维持它的统治；第四，资本主义列强间的矛盾由于殖民地的争夺而激烈化，甚至兵戎相见，使资本主义对世界的统治链条出现松动。

第三阶段，全球层级水平分工阶段，即从"二战"结束迄今的时段。它是全球化程度更加深化、国际经济关系进入紧密相互依存状态的崭新阶段。归纳这个阶段全球化走势的变化，可以概括为：第一，新建立的全球层级水平分工体系似乎营造出了发达国家与后发国家之间的平等，但事实上这种表面上的平等背后却掩盖着实质上的不平等。因为后发国家之所以能够和发达国家生产同类产品，可能只是生产其中的零部件，而且需要发达国家在资金、技术等方面的支持，一旦失去了发达国家的支持，后发国家将随之丧失这些生产能力。这样，在消灭殖民制度的后殖民时代，利用经济联系这一新的看不见的纽带，重新构建起后发国家对发达国家的依附。它与赤裸裸的殖民依附不同，这种经济依附更深刻、更隐蔽，也更难于摆脱。全球生产的层级水平分工使国际间在经济领域形成相互依存的紧密关系；第二，跨国公司获得大的发展。现代信息技术的发展为跨国公司的迅速发展提供了物质条件。跨国公司的高级管理人员，凭借着最新信息技术，随时可以在瞬间了解分布于全球各地的子公司的运营状况，收集全球的市场需求变化信息，及时做出决策应对变化，增加赢利机会；第三，市场的全球化又增添新的内涵，其中：从国际贸易看，其种类、范围不断扩大，不仅有商品的贸易，而且有技术、服务、劳务的贸易。在国际性金融机构和金融衍生工具有大发展的情况下，原有的资本跨国界的投资规模日趋增大，全球金融市场终于成形。目前，全世界绝大多数国家和地区都已经参与到全球统一大市场中来。尽管它们实行的经济体制各具自身特色，但是，其与市场作为资源配置的基础性手段是相同的，突破一国疆界、打破保护主义小市场限制的要求是相同的，从而为规范全球统一的市场规则创造了有利条件。

（二）全球治理的产生与演进

在全球化不断深化的背景下，国际治理主体之间的联系越来越紧密，一国的政策变化与内部问题同时也会在全球产生连锁反应，这导致新的全球问题不断出现，国家间关系也更加复杂，旧的治理理论已不再适应现实的需要，国际治理主体迫切需要新的理论来指导其行为，以治理主体多元化、治理关系民主化、治理层次多样化、治理机制规范化为主要内容的全球治理新范式由此形成。

1. 全球治理的发展历程。

"二战"以后，全球面临的最重要治理问题是重建和平、稳定的国际环境，并在有限范围内促进国家共同目标的实现。基于此目的，各国政府作为治理主体建立起了包括联合国系统和布雷顿森林体系在内的重要国际治理机制。这些国际治理机制为处理国家间争端提供协商平台，各国政府通过多边谈判达成对问题的共识，进而形成具有国际法效力的国际条约约束各国行为。这类基于各国政府间多边谈判而建立国际规则的治理模式，通常也被称为基于层级制的自上而下的传统国际治理机制。具体来说，包括以下几方面内容：其一，国内公共事务和国际事务之间界限分明。其二，国际治理目标主要是维持国家的共存关系，避免战争，维持和平稳定的国际环境。其三，各国政府是参与国际事务治理的主要参与主体，并且主要由传统发达国家主导。其四，国际事务的主要治理方式是各国政府间通过谈判制定国际规则。

传统国际治理机制是二战以后国际事务治理的基石，但随着全球化程度的进一步加深，国际社会面临着越来越多的问题，全球治理议题不再局限于传统的国际外交事务，国家内部治理和国际事务治理的界限已经打破，由此，全球治理的主体也从各国政府扩展到各类市场主体、社会组织等；全球治理的目标也不再仅仅是国际和平与安全，众多关于人类可持续发展的目标被提出和更加受到重视；议题、主体、目标的多样性和复杂性使得传统单一的治理机制不再适合全球治理的发展，在传统的治理机制的基础上，多元治理机制逐渐建立并不断完善。

面对全球治理方方面面的诸多变化，很多学者都指出传统的国际治理机制正面临重大困境和问题，亟须治理机制改革和寻求制度创新，新的全球治理范式由此形成，全球治理的新范式具体包括以下四个方面：（1）治理问题的多样性和相互关联。世界在过去二三十年的发展和变化导致全球治理面临更加多样化的治理问题，例如气候变化风险既是一种重要的环境风险，也会引发水资源危机、粮食危机等其他问题。（2）治理主体之间的竞争或合作关系错综复杂。首先，全球治理的合作模式不再局限于国际组织与政府之间。例如联合国最初面对的治理对象是主权国家，而如今的联合国则越来越重视发展多部门合作关系——尤其是与商业部门、社会部门的合作。此外，不同的国际组织、各国政府、社会部门、商业部门等在具体治理议题上也会建立起不同的合作或竞争关系。（3）不同参与主体在不同类型的全球治理问题中承担主导作用。在全球治理新范式中，不同参与主体在不同的全球治理问题中承担主导作用。例如维护国际安全与和平主要还是由各国政府来提供，但具体的治理机制与过去相比则更加多元。而在其他一些领域，依靠政府之间达成国际协定的难度和成本越来越高，非政府主体能够发挥的治理空间则相应增大。例如在人道援助方面，非政府组织等越来越多地承担起主要工作。（4）同一类治理问题中多种治理机制并存。在当今的全球治理中，针对同一类治理问题往往存在多种治理机制，并且不同治理机制之间经常存在重叠与冲突。

全球治理新范式的出现不仅意味着治理问题、治理主体和治理机制及其相互关系都更为复杂，也意味着国际行为主体对于新的治理理论的需求更加迫切，在现实指导和理论更新的双重需求之下，"全球治理"理论蓬勃发展起来。1992年，美国学者詹姆斯·罗西瑙在主编的《没有政府的治理》一书中提出了"全球治理"这一概念；而几乎在同一时间，瑞典政府推动成立了具有政策导向作用的"全球治理委员会"。1995年，该委员会出版了题为《天涯若比邻》的报告；同年，联合国学术委员会推出了其杂志《全球治理》的创刊号。这几个事件都极大地激发了人们对全球治理的兴趣。在不过十年的时间里，这个概念已经从默默无闻跃升为国际事务的实践与研究领域的核心主题之一。

2. 全球治理的内涵。

目前对于"全球治理"的含义还存在着诸多争议，其中最具代表性的定义有以下几种：美国学者詹姆斯·罗西瑙在《全球治理》创刊号中第一次界定了全球治理的概念："全球治理可以被认为包括通过控制、追求目标以及产生跨国影响的各层次人类活动——从家庭到国际组织的规则系统，甚至包括被卷入更加相互依赖的、急剧增加的世界网络的大量规则系统"。全球治理委员会在其研究报告《天涯成比邻——全球治理委员会的报告》中对全球治理的概念也作出了相应的界定："从全球角度来说，治理事务过去主要被视为政府之间的关系，而现在必须做如下的理解：它还涉及非政府组织、公民的迁移、各种跨国公司和公共事务并解决国际层面的问题，维持稳定的国际政治经济秩序。"

罗伯特·基欧汉和约瑟夫·奈认为，"在治理的诸多角色中，民族国家仍然是全球政治舞台最重要的角色，但是它已不再是唯一重要的行为体；全球化的发展使得全球治理结构变得更为复杂，私人部门和第三部门并未取代民族国家，它们形成了新的相互补充的关系；治理的主体可分为三类，即政府、政府间组织；

私人部门包括私人企业、企业联合会；第三部门包括非政府组织、非政府组织联合会"，这三类角色之间的关系不再是主导和隶属的等级制关系，而是既竞争又合作的平等关系。戴维·赫尔德认为："全球治理不仅意味着正式的制度和组织——国家机构、政府间合作等制定（或不制定）和维持管理世界秩序的规则和规范，而且意味着所有的其他组织——从多国公司、跨国社会运动到众多的非政府组织，都渴望对跨国规则和权威体系产生影响。"理查德·赫高特认为："全球治理是行为体（公共和私人）试图通过超出国家边界的决策制定方式调节利益冲突。这其中包含政府间活动（传统的政治科学主体），但同时也包括交流的其他渠道，尤其是一些非国家行为体（如银行、金融机构、商业联盟等）和市民社会（如非政府组织、社会运动等），它们正在创建治理的跨国机制和各个功能政策领域之间的网络。"俞可平认为全球治理是指通过具有约束力的国际规制解决全球性的冲突、生态、人权、移民、毒品、走私、传染病等问题，以维持正常的国际政治经济秩序……全球治理是各国政府、国际组织、各国公民为最大限度地增加共同利益而进行的民主协商与合作，其核心内容应当是健全和发展一整套维护全人类安全、和平、发展、福利、平等和人权的新的国际政治经济秩序，包括处理国际政治经济问题的全球规则和制度。

综合以上学者的观点，可以总结出全球治理具有以下四个要点：第一，主体多元化。在当今国际社会，主权国家不再是解决全球问题的唯一行为体，政府组织、非政府组织、跨国公司、私人企业、利益集团和社会运动的其他行为主体，它们一起构成了全球治理的主体；这些主体相互依存，在各自的领域内，对特定问题，进行协商和谈判，通过合作的形式来解决各个层次上的冲突，达成互利共赢的目标。第二，关系民主化。一方面，随着政治经济的发展，民主意识的扩张，全球公民社会不断发展，不仅新兴国家要求在全球治理中占据平等地位，发挥同等权力，新的非国家行为体也要求参与到全球治理中，并希望与政府、国家间组织分享公共权力，建立公平公正的国际关系。从另一方面来说，虽然在当今国际舞台上，主权国家以及政府间国际组织仍然发挥着主导作用，但是在有些领域，需要越来越多的非政府组织参与进来，这不仅为全球治理提供了重要的补充性资源，主权国家和国际社会也会从中获益。第三，层次多样化。从纵向上看，全球治理并不只是全球性问题的治理，而是全球范围的治理。即全球治理包括了从全球到地方的各个层次，如全球层次、区域层次、地方层次、家庭层次等，在横向上看，全球治理既包括政治经济问题的治理，也包括环境、文化以及各种行动的治理，这就导致全球治理必然是一个多面而复杂的过程，需要通过多层次的博弈与考量。第四，机制规范化。主体多元化、关系民主化、层次多样化使得全球治理机制更加复杂，因此机制规范化变成了必然趋势，全球治理虽然不是一套规章制度条例，但是它是对原有国际机制的继承、发展和超越，是一种正式与非正式的机制的结合体。

二、公共资源交易的国际合作与发展

在全球治理的语境下，中国的公共资源交易与国际社会对接的就是政府采购，可以将它概括为公共资金的支配者为了公共利益的需要，使用公共资金购买货物、服务或工程的行为。它是伴随着市场经济国家政府干预政策的产生和发展而出现，并不断发展完善的。随着经济的发展、国家公共职能的膨胀以及政府干预程度的增加，其逐渐成为世界各国特别是发达的市场经济国家财政支出的重要形式。

（一）公共资源交易的国际合作演进

在经济发展的初期，政府采购主要集中于国内，主要发挥着财政政策的职能。但当经济发展到更高的水平时，随着国家之间的交往进一步扩大，各国的经济依赖程度不断加深，此时，政府采购的职能就不再是单一的财政政策，而是向财政政策、社会经济政策的综合方向转变，因为，政府可以通过贸易壁垒的作用，将政府采购限制在国内或者优先采购国内产品，这样就可以起到扶持民族工业和特定产业，实现政府宏观调控的职能。因此，经济发展在推动了贸易自由化的同时，也附带产生了贸易壁垒，而贸易自由化不能容忍贸易壁垒，公共采购就需要从国际层面进行规制，来减少其作为贸易壁垒的负面作用，为达到这个目的，许多国际组织都为此做出了贡献。

1. 1979 年 GPA 协议。

真正将政府采购制度从最初的设想真正变为协议的工作始于 GATT 的东京回合谈判。1979 年，GATT 东京回合谈判达成的政府采购协议（GPA 协议）不仅首次将政府采购纳入国际法制规则的轨道，而且为其他国际组织制定这方面的规则提供了参考，正是在这个基础上以及各国的普遍要求下，很多国际组织，如联合国、世界银行、欧盟、亚太经合组织等都制定了自己的政府采购法规。

但在当时的全球治理理论指导之下所达成的 GPA 协议还存在着很多的不足，主要集中在以下几个方面：首先，参与主体有限。当时的全球治理理论将治理主体局限于各国中央政府且由发达国家主导，这就导致了 1979 年的 GPA 协议适用主体范围狭窄，只适用于签字国的中央政府。这导致了两方面的不利后果。一方面，由于当时签署的成员国不多，它被称为诸边协议而不是多边协议，并没有多边协议的那种较大的影响力和意义，而且，当时的签署国多数是发达国家，发展中国家极少，仅有韩国和新加坡。而在经济迅速发展的时代，这样的协议对政府采购规制来说是远远不够的。另一方面，1979 年的 GPA 协议将适用主体限于签字国，这给各国规避协议的适用提供了机会，只要中央政府将本应由中央政府实施的政府采购下放给地方政府进行采购或下放给其所属企业实施，就可以主体不适格为由排斥协议的适用，如此一来不仅违背了以当初促进贸易自由化的目标，反而使政府采购成为一种强大的国际自由贸易壁垒。其次是适用客体范围的狭窄。由于当时全球治理视野的狭窄，对国内事务和国际事务的明确区分，服务贸易和基础设施建设基本被认定为国内议题而非国际议题。因此 1979 年的 GPA 协议仅涉及货物采购，一般的服务采购大部分都被排除在政府采购协议适用范围之外，对于交通、能源、供水供电等基础设施的建设，GPA 也没有为这些项目的采购提供规范标准。

因此，随着全球化的不断深入和全球治理理论的不断更新，对 1979 年的 GPA 协议的修订也被提上日程。多边谈判不断对此进行了探索，这个协议后来经过了两次修改，最后在 1993 年 12 月的乌拉圭回合多边谈判中达成新的协议，即 1994 年的 GPA 协议。而且，由于世界贸易组织代替了关贸总协定，1994 年协议同时成为 WTO 的诸边协议之一。

2. 1994 年 GPA 协议。

1994 年的 GPA 协议的两大进展就是扩大了适用主体和客体的范围：一方面将许多成员的国家和地方政府实体采购及公用事业采购行为纳入调整范围，另一方面还将货物、服务和工程都纳入 GPA 的调整范围，扩大了协议的适用客体范围，适应了当时的经济需求。

在理论上，尽管体制下的《政府采购协议》比之 1979 年协议有了很大的发展，但其本身仍然存在不足，这给实践中的适用增加了许多困难。首先，1994 年《政府采购协议》并不能完全消除政府采购中的歧视性行为，减少贸易壁垒。1994 年的 GPA 协议仍旧规定，如果没有做出承诺，即便是 WTO 的成员方，也不受 GPA 协议的约束，从而不能在世界范围内消除政府采购中的歧视行为，也不能广泛的减少贸易壁垒。其次，1994 年《政府采购协议》对发展中国家的优惠待遇不足以吸引更多的发展中国家。这对于要求在全球治理中建立民主、平等、公正关系的发展中国家来说是极为反对的。尽管协议针对发展中国家的特点作了一些有利于发展中国家的规定，但是这种规定是非常有限的，而且这些有利规定相对于发展中国家加入协议所要付出的代价来说是很小的。另外，协议中对发展中国家的有利规定是以个别发达国家承担义务形式出现的。况且，协议的成员资格并非必然导致增加出口或提高收益，反而会使发展中国家有义务取消要求采购机构给予国内供应商价格优惠的政策，从而最终影响其国内经济发展和社会经济目标的实现。所有这些因素都表明，要吸引更多的发展中国家加入，就必须进一步加以改进。

3. 2012 年 GPA 协议。

进入 21 世纪之后，全球化进一步深入，国家间的相互依赖关系进一步增强，发展中国家在国际舞台中发挥着越来越重要的作用，全球公民社会的发展和民主意识的崛起对 GPA 的修改与调整提出了更高的要求。

为进一步降低各国保护国内产品和供应商的程度，减少对外国产品和供应商的歧视，增加政府采购透明度，建立监督、磋商和争端解决政府采购贸易的国际程序，经过近 15 年的谈判和协商，WTO 于 2012 年 3 月发布了 2012 年 GPA 协议和各方新一轮出价。2012 年 GPA 协议在内容上充分反映了全球经济、社会管理和科技进步对政府采购的影响，更加全面地完善了 GPA 的功能作用。相比于旧文本，2012 年的 GPA 协议主要体现了以下特点：第一，坚持公平竞争和非歧视的基本原则。2012 年 GPA 协议序言部分明确规定，"需要就政府采购建立一个有效的多边框架，以期实现国际贸易进一步自由化和扩大、改善国际贸易行为"，"有关政府采购措施的制定、采纳或应用，不应用于对本国供应商、货物或服务的保护，或者对外国供应商、货物或服务造成歧视"，"政府采购制度的完整性和可预见性，对公共资源管理的效率和效力，对参加方经济运行和发挥多边贸易体制都是必不可少的"。第二，本着实事求是的原则，充分考虑各成员方的政府采购现状。2012 年 GPA 协议遵循实事求是的原则，充分考虑各成员方所处的不同发展阶段以及其国内政府采购的实际情况和现实需求，为发展中国家加入 GPA 提供了灵活可协商的进入门槛和开放运行的过渡期。协议明确指出："认识到本协议的程序性承诺，应当在适应每一方特殊情况方面有充分的灵活性；认识到应当考虑发展中国家，特别是最不发达国家，在发展、财政和贸易方面的需要。"也就是说，各成员方可以根据本国的经济发展阶段和政府采购现实，灵活掌握其加入 GPA 后在市场开放政策，包括开放的实体、门槛价和开放的过渡期等。这一规定为更多国家尤其是发展中国家加入 GPA 创造了灵活的准入条件，为提高政府采购国际化程度创造了条件。第三，鼓励电子科技手段在政府采购中的应用。为了提高政府采购效率和实现政府采购的公开透明，协议强调引入电子商务工具方法，在序言中明确指出，"认识到对本协议涵盖的采购，使用和鼓励使用电子手段的重要性"，正文第 4 条 "一般原则" 中专门对 "电子手段的使用" 做了明确规定，特别是正文第 14 条对采购实体使用 "电子反拍" 作了具体规定。在信息全球化的大背景下，推进电子科技手段在政府采购领域的运用，一方面可以大大提高政府采购的效率；另一方面则可以进一步提高政府采购信息的公开透明，确保阳光采购和政府采购公平、公正。

目前 GPA 成员数量已发展为 45 个（17 个参加方），即欧盟及其成员国；绝大多数其他发达国家（美国、加拿大、日本、挪威和瑞士）、中国香港、冰岛、以色列、韩国、新加坡和中国台北等。随着 GPA 成员队伍的不断壮大，国际影响力日益深远，许多非 GPA 成员国家和地区对 GPA 的关注程度不断提高。GPA 在推动政府采购市场国际化发展，以及全球贸易和投资自由化方面的作用愈加明显，尤其 2012 年版 GPA 的形成，将在规范国际政府采购活动、促进政府采购电子化发展、推动公平、透明和非歧视的政府采购市场环境形成，以及充分发挥政府采购防治腐败的政策功能等方面发挥基础作用。

（二）我国公共资源交易的国际合作发展

从发展趋势来看，新 GPA 文本的适用范围越来越广，程序也越来越严格和科学，是一个对开放程度和透明度要求更高的协议。新协议的出台对中国加入 GPA 的进程产生了一定影响，如 GPA 规则更加清晰明确以后，使得中国加入谈判的准备工作更加具有针对性；新增加的有利于发展中国家的条款，也为中国加入 GPA 提供了便利，但条款真正的利弊还有待检验；但是，也应该看到：信息的公开透明也对我国政府运行方式提出了更高的要求；国内独立的审查程序要求也推动我国质疑、投诉和救济机制进一步完善；鼓励电子采购对我国政府采购和经济安全提出了挑战；环境保护也将助推我国绿色政府采购制度的完善；仲裁程序有助于我国修改 GPA 涵盖范围。在掌握新文本的同时，我们如何借鉴域外经验将会对加入 GPA 起着非常重要的作用，如日本、韩国作为较早加入 GPA 的亚洲国家，其出价情况、制度设计都将对我们有所启示。

通过对两国的出价范围、例外、实际开放状况、国内相关法规等进行全面系统的分析、比较，我们发现，首先，日本和韩国在出价方面清单条理清晰，采购实体、采购对象、采购方式都有明确的适用范围，且充分考虑了国家体制在确定采购实体方面的影响；其次，两国充分利用了 GPA 有关条款在开放本国市场的同时维护本国利益的优势；最后，为了保护本国的产业，两国在进行开放的同时也考虑到了不同产业的竞争力强弱。通过对新文本和日韩两国的研究分析，我们尝试提出加入该协议时的谈判原则和谈判策略的建议。就谈判原则而言，一是要保护国内利益原则，即在保护国内利益的前提下也要更多地争取国外利益；二是要坚持争取中国作为发展中国家的地位，充分利用 GPA 中关于发展中国家的优惠条款；三是要坚持权利与义务对等的原则，对关键性部门要采取强硬立场，用市场换市场，不要想急于进入别国市场而做出太大让步，起码要保证利益均沾；四是要坚持分阶段逐步开放的原则，要依据各行业的发展状况和产业政策的需要，科学地确定政府采购市场的开放次序与程度，逐步、适度地开放政府采购市场。就谈判策略而言，一是要知己知彼，把握谈判时的主动权，认真了解本国及对方的情况，提出一份内容扎实、理由充分的出价清单；二是要灵活应对，选择合适的谈判方式，甚至可以根据实际情况，创造性地选择其他选择方案，避免谈判陷于胶着状态；三是要安排过渡时间，把握谈判节奏，既不可急于求成，也不可盲目采取拖延办法；四是要吃透条约内容，谨慎给出出价清单，因为修改出价清单不仅要耗费很多时间，而且还要在国内冒政治和商业风险；五是要充分利用 GPA 条款，控制开放程度，维护本国利益；六是要充分利用委员会的咨询功能和协调作用，努力争取委员会对中国应享有特殊与差别待遇的支持。在具体领域内，由于实际情况的差别，在把握以上的原则与策略的基础上，还需要针对不同的领域采取不同的谈判措施，尤其是对于机电领域、工程领域和医疗领域这些政府采购重点领域，要谨慎提交出价清单、出价方案，要以维护本国产业利益为重，同时担负起代表发展中国家应有的责任。除此之外，对于美国牵头制定的 TPP 协议，虽然实现之前所宣称的"广覆盖、高标准"存在着不确定性，但是中国也应当立足当前，着眼长远，从全局和战略高度统筹谋划，深入开展跟踪研究，及早制定应对预案，为中国实现科学发展、和平发展创造有利的外部环境。

公共资源交易的国际合作势不可挡，中国已经或正在成为这一潮流的引领者和主要参与者。中国提出的全球"命运共同体"的新理念已经获得国际社会的高度赞同,中国开启的"一带一路"倡议已经得到全球 30 多个国家支持和加入,也正在造福"一带一路"沿线各国人民。不管中国在加入 GPA 的道路遇到什么样的挫折,但阻挡不了中国引领全球治理、国际合作的快速前进的步伐。

【案例阅读】

罗荣辉受贿罪二审刑事裁定书
广东省高级人民法院刑事裁定书
(2015)粤高法刑二终字第 187 号

原公诉机关广东省佛山市人民检察院。

上诉人(原审被告人)罗荣辉,男,1962 年 3 月 3 日出生,汉族,本科文化,原揭阳市公路局总工程师室主任,住揭阳市榕城区。因本案于 2013 年 7 月 26 日被刑事拘留,同年 8 月 6 日被逮捕。现押于佛山市禅城区看守所。

广东省佛山市中级人民法院审理广东省佛山市人民检察院指控原审被告人罗荣辉犯受贿罪一案,于 2015 年 4 月 20 日作出(2014)佛中法刑二初字第 38 号刑事判决。宣判后,原审被告人罗荣辉不服,提出上诉。本院依法组成合议庭进行了审理。经审阅案卷和上诉材料,讯问上诉人,决定不开庭审理。现已审理终结。

原审判决认定:2008 年 5 月至 2011 年 9 月间,被告人罗荣辉任揭阳市公路局工程科副科长及总工程师室主任,利用其担任工程招标人、项目负责人等职务的便利,先后 6 次非法收受揭阳市润昕建安工程有限公司(以下简称润昕公司)实际控制人许某(另案处理)、法定代表人吴某(另案处理)贿赂款共计人民币 8 万元、港币 40 万元。被告人罗荣辉在揭阳市老北河桥综合整治工程、省道 335 线揭东曲溪至深坑桥路面大修工程、潮汕机场进场路主体工程、省道 236 线海关至南河大桥市政配套工程、国道 206 揭东县穿城路路面大修及市政配套工程、国道 324 线普宁高速至惠来公路第二标段改建工程和新河路路面大修、新阳路拓宽、晓翠路新建工程等八个工程项目的招投标及建设中为许某、吴某谋取利益。具体事实如下:(1)2008 年 5 月的一天,被告人罗荣辉在润昕公司收受许某人民币 5 万元;(2)2008 年中秋节前的一天,被告人罗荣辉在润昕公司收受吴某人民币 1 万元;(3)2009 年春节前的一天,被告人罗荣辉在润昕公司收受吴某人民币 2 万元；（4）2009 年 4 月的一天，被告人罗荣辉在省道 335 线揭东曲溪至深坑桥路面大修及配套工程项目部吴某的办公室收受吴某港币 7 万元；（5）2009 年 7 月的一天，被告人罗荣辉在揭阳特美思大酒店收受许某港币 3 万元；（6）2011 年 9 月的一天，被告人罗荣辉在广州地质山水酒店收受许某港币 30 万元。被告人罗荣辉在司法机关尚未掌握其犯罪事实时主动交代收受上述贿赂款的情况，案发后通过其亲属退回赃款人民币 399027 元。

上述事实有书证、证人证言、被告人供述等证据证实。

原审法院认为，被告人罗荣辉身为国家工作人员，利用职务上的便利，非法收受他人财物，为他人谋取利益，其行为已构成受贿罪。被告人罗荣辉主动交代司法机关未掌握的受贿犯罪事实，是自首，依法可减轻处罚。被告人罗荣辉在案发后退回全部赃款，可酌情从轻处罚。依照《中华人民共和国刑法》第三百八十五条第一款、第三百八十三条第一款第（一）项、第六十七条第一款、第六十四条的规定，作出判决：一、被告人罗荣辉犯受贿罪，判处有期徒刑五年六个月；二、将暂扣在案的赃款人民币 399027 元，予以没收，上缴国库。

上诉人罗荣辉上诉提出：（一）原判认定其在揭阳市老北河桥综合整治工程、国道 324 线普宁高速至惠来公路第二标段改建工程等七个工程建设项目中为许某、吴某谋取利益没有事实依据。（1）老北河桥工程项目由郑某负责，其只是技术协助，当时不认识许某和吴某。（2）揭东穿城路路面大修工程由林某负责，当时其还不认识许某和吴某。（3）潮汕机场进场路主体工程是免招标工程，由谁施工是领导决定的事。其在工程中履行自己的职责，没有为谁谋取利益。（4）省道 236 线海关至南河大桥市政配套工程、新河路路面大修工程、新阳路拓宽工程、晓翠路新建工程项目招标的施工管理由直属分局负责，其不可能为许某、吴某谋取利益。（5）在普宁高速至惠来段改造工程第二标段项目中，其按照郑某的指示通知许某投标，并不违法，而且许某的公司没有通过预审。许某后来和湖南永州建设公司合作其不知情。（6）揭东曲溪至深坑桥路面大修工程中，其按照郑某的指示通知许某投标，并不违法，而且许某的公司没有通过预审。许某后来和核工业公司的合作其没有参与。

（二）其没有供述"在招标、投标过程中，尽量关照许某的公司，使其顺利中标；在工程方面为许某提供帮助，使工程建设顺利进展"类似的内容。而是供述许某送钱给其的目的是希望其在预审中尽量关照通过预审并中标，但是其补充说明许某的公司实际没有通过资格预审，所以不存在其关照许某的事。至于协调工程进展是其的职责。

（三）许某给其的 30 万元港币是劳务报酬。二广高速项目的业主单位是省路桥公司，其没有任何职务便利。其作为中介人与许某、大河公司等共同合作，参与项目投标。该 30 万元港币是其技术付出的报酬，不是受贿。

（四）吴某给其的 7 万元港币用于公务支出。当时揭东县政府的王某来协调拆迁工作。吴某拿出 7 万元让其协调关系，其带王某去旅游花了 1 万元，送烟用了 2 万元，买衣服用了 6700 元。

经审理查明，2008 年 5 月至 2011 年 9 月间，上诉人罗荣辉先后任揭阳市公路局工程科副科长及总工程师室主任，利用担任工程招标人、项目负责人等职务便利，先后 6 次收受揭阳市润昕建安工程有限公司（以下简称润昕公司）实际控制人许某（另案处理）、法定代表人吴某（另案处理）贿赂款共计人民币 8 万元、港币 40 万元，并在省道 335 线揭东曲溪至深坑桥路面大修工程、潮汕机场进场路主体工程、国道 324 线普宁高速至惠来公路第二标段改建工程等工程项目中为许某、吴某谋取利益。具体事实如下：（1）2008 年 5 月的一天，罗荣辉在润昕公司收受许某人民币 5 万元；（2）2008 年中秋节前的一天，罗荣辉在润昕公司收受吴某人民币 1 万元；（3）2009 年春节前的一天，罗荣辉在润昕公司收受吴某人民币 2 万元；（4）2009 年 4 月的一天，罗荣辉在省道 335 线揭东曲溪至深坑桥路面大修及配套工程项目部吴某的办公室收受吴某港币 7 万元；（5）2009 年 7 月的一天，罗荣辉在揭阳市特美思大酒店收受许某港币 3 万元；（6）2011 年 9 月的一天，罗荣辉在广州地质山水酒店收受许某港币 30 万元。罗荣辉在司法机关尚未掌握其犯罪事实时主动交代收受上述贿赂款，案发后通过其亲属退回赃款人民币 399027 元。

上述事实有下列证据证实：

（一）物证、书证

1. 证实：罗荣辉在因其他案件接受询问时，主动交代了司法机关未掌握的收受许某丙、吴某丙贿赂款的犯罪事实，2013 年 7 月 26 日，广东省潮州市人民检察院通知罗荣辉到案并对其刑事拘留。

2. 潮州市人民检察院出具的收款收据、提供法院判决物品文件清单，证实：罗荣辉的妻子苏惜姬于 2014 年 2 月 19 日分两次向潮州市人民检察院退赃人民币 23427 元、375600 元。

3. 罗荣辉干部任免、职权情况等材料，证实：罗荣辉的国家工作人员的身份及其权责范围等情况。

4. 揭阳市公路局提供的涉案工程项目的招投标情况说明、实施建设项目及竣工验收材料。

5. 揭阳市公路局提供的相关书证：省略。

6. 揭阳市建设工程交易中心提供的关于揭阳市老北河桥综合整治工程，揭东穿城路路面大修工程招投标报名材料，新阳路、晓翠路、新河路大修工程，省道 S335 线揭东曲溪至深坑桥路面大修工程，海关至南河大桥工程，潮汕机场进场路主体工程等八项工程的招投标报名材料，证实了上述涉案工程招投标的报名情况。

7. 侦查机关出具的情况说明，证实：罗荣辉收受许某、吴某的款项港币 40 万元，案发后其本人及其家属退缴全部赃款（港币 40 万元按退款当天港币汇率折算为人民币 319027 元）。

8. 许某、吴某立案、逮捕材料，证实：许某、吴某因涉嫌行贿犯罪而被立案侦查并被采取强制措施的情况。

9. 揭阳市润昕建安工程有限公司的工商登记材料，证实：该公司成立于 2008 年 5 月 9 日，企业类型为有限责任公司，注册资本为 3000 万元，法定代表人为吴某丙。

10. 罗荣辉的户籍资料，证实罗荣辉的基本身份情况。

（二）证人证言

证人许某的证言：我是揭阳市润昕建安工程有限公司的实际控制人。我以挂靠其他公司的方式承包揭阳九个公路工程建设，具体项目是揭阳老北河桥综合整治工程、省道335线揭东曲溪至深坑桥路面大修工程、潮汕机场进场路主体工程、省道236线海关至南河桥市政配套工程、国道206揭东县穿城路路面大修及市政配套工程、国道324线普宁高速至惠来公路第二标段改建工程和新河路路面大修、新阳路拓宽、晓翠路新建工程等。2007年，我通过时任揭阳市市长陈某认识了时任揭阳市公路局局长郑某，我跟郑某说想在揭阳做公路工程，请他多帮忙。郑某跟我说有关公路业务的事情找工程科的罗荣辉，罗荣辉会帮助我。后来我就和吴某一起到揭阳市公路局找罗荣辉，向他了解公路工程招投标的情况，那时我开始认识罗荣辉。

省略！

本院认为，上诉人罗荣辉身为国家工作人员，利用职务上的便利，为他人谋取利益，非法收受他人财物，其行为已构成受贿罪。罗荣辉在司法机关向其了解他人案件时，主动向司法机关交代受贿犯罪事实，是自首，依法应减轻处罚。罗荣辉案发后退赃，可以酌情从轻处罚。原审判决认定事实清楚，证据确实、充分，适用法律正确，审判程序合法。上诉人罗荣辉上诉所提意见经查理由不成立，不予采纳。依照《中华人民共和国刑法》第三百八十五条第一款、第三百八十六条、第三百八十三条第一款第（一）项、第六十七条第一款、第六十四条以及《中华人民共和国刑事诉讼法》第二百二十五条第一款第（一）项之规定，裁定如下：

驳回上诉，维持原判。

本裁定为终审裁定。

审　判　长　文建平

代理审判员　黄少玲

代理审判员　聂河军

二〇一五年六月十七日

书　记　员　黄嘉琳

附相关法律条文：

《中华人民共和国刑法》

第六十四条犯罪分子违法所得的一切财物，应当予以追缴或者责令退赔；对被害人的合法财产，应当及时返还；违禁品和供犯罪所用的本人财物，应当予以没收。没收的财物和罚金，一律上缴国库，不得挪用和自行处理。

第六十七条犯罪以后自动投案，如实供述自己的罪行的，是自首。对于自首的犯罪分子，可以从轻或者减轻处罚。其中，犯罪较轻的，可以免除处罚。

被采取强制措施的犯罪嫌疑人、被告人和正在服刑的罪犯，如实供述司法机关还未掌握的本人其他罪行的，以自首论。

犯罪嫌疑人虽不具有前两款规定的自首情节，但是如实供述自己罪行的，可以从轻处罚；因其如实供述自己罪行，避免特别严重后果发生的，可以减轻处罚。

第三百八十三条对犯贪污罪的，根据情节轻重，分别依照下列规定处罚：

（一）个人贪污数额在十万元以上的，处十年以上有期徒刑或者无期徒刑，可以并处没收财产；情节特别严重的，处死刑，并处没收财产。

（二）个人贪污数额在五万元以上不满十万元的，处五年以上有期徒刑，可以并处没收财产；情节特别严重的，处无期徒刑，并处没收财产。

（三）个人贪污数额在五千元以上不满五万元的，处一年以上七年以下有期徒刑；情节严重的，处七年以上十年以下有期徒刑。个人贪污数额在五千元以上不满一万元，犯罪后有悔改表现、积极退赃的，可以减轻处罚或者免于刑事处罚，由其所在单位或者上级主管机关给予行政处分。

（四）个人贪污数额不满五千元，情节较重的，处二年以下有期徒刑或者拘役；情节较轻的，由其所在单位或者上级主管机关酌情给予行政处分。

对多次贪污未经处理的，按照累计贪污数额处罚。

第三百八十五条国家工作人员利用职务上的便利，索取他人财物的，或者非法收受他人财物，为他人谋取利益的，是受贿罪。

国家工作人员在经济往来中，违反国家规定，收受各种名义的回扣、手续费，归个人所有的，以受贿论处。

第三百八十六条对犯受贿罪的，根据受贿所得数额及情节，依照本法第三百八十三条的规定处罚。索贿的从重处罚。

（资料来源：最高人民法院裁判文书网（有删减），http：//wenshu. court. gov. cn/content/content？DocID）

【问题思考】

1. 如何评价本案中罗荣辉的刑事责任问题？

2. 如何避免出现下一个或更多的罗荣辉案件？

【参考文献】

1. 孙国华：《法理学》，中国人民大学出版社1999年版。

2. 张文显：《法理学》，高等教育出版社1999年版。

3. 刘慧：《世界贸易组织〈政府采购协议〉导论》，中国社会科学出版社2003年版。

4. 肖北庚：《政府采购之国际规制》，法律出版社2004年版。

5. 朱维究、王成栋：《一般行政法原理》，高等教育出版社2005年版。

6. 王丛虎：《我国政府采购问题研究》，中国戏剧出版社2006年版。

7. 宋雅琴：《中国加入 WTO〈政府采购协议〉问题研究：站在国家利益的角度重新审视国际制度》，经济科学出版社 2011 年版。

8. 皮纯协、张成福：《行政法》，中国人民大学出版社 2012 年版。

9. 王丛虎：《政府购买公共服务理论研究》，经济科学出版社 2015 年版。

后　记

本书杀青之际，总抑制不住自己想写点什么。从 2006 年开始第一本自己在这个领域的专著《我国政府采购问题研究——基于公共管理和法学的视角》（中国戏剧出版社 2006 年版），到 2013 年自己在这个领域的第二本专著《公共采购腐败治理问题研究》（中国方正出版社 2013 年版），再到 2015 年自己在这个领域的第三本专著《政府购买公共服务理论研究——一个合同式治理的逻辑》（经济科学出版社 2015 年版），最后到第四本——《公共资源交易管理》（经济科学出版社 2018 年版），一路走来，已经过了十二年的风雨兼程，也是一个复杂的心路历程。

能够持续做一件事不容易，能够持之以恒地做好一件事更不容易。我总是在心里默默对自己这样说。什么才算做好了？这个答案有些难！作为一个学者，首先任务当然是教书育人、授业解惑。关于这一点，自我觉得还行。因为自来到人民大学以来，就一直坚持开设这方面的课程，先是《政府采购》，后是《公共采购管理》，再就是《公共资源交易管理》，教授过这门课的学生早已过千；当然，还有每年定期或不定期的学术讲座和职业培训，这个有些难以计算。且不说效果，总算是在传道授业吧！公共资源交易的"道"何在？"每一个交易行为其实都是一个组织和个体价值观的体现"①。为此笔者一直在苦苦呼吁："中国组织和公民应优先购买国货"！因为"您的交易在哪，您的心就在哪，也是您的价值观就在哪"！其次是科学研究、学术发表。学术发表是学者的立身之本、生存之道。但当您关注的问题是一个非常具体、操作性很强的领域时，学术发表就变成了一个巨大的挑战。因为，一般性研究结论被引用的可能性最大，小众的问题和研究结论往往难以被学者认同和传播。所以，可想而知，公共资源交易这个小众化、

① 这句话是笔者一直笃定的"道"：即"没有无缘无故的买和卖，更没有无价值观体现的交易行为"。总是疯狂地购买"洋货"，绝不仅仅是追求所谓的"物美价廉"，一定有更深层次的世界观和价值观在其内；组织和个人都一样，因为组织的交易行为同样表达着决策者的意志和价值观。

操作性强的领域学术发表有多难啦！再次就是提供咨询、服务社会。近些年来，越来越感觉到公共资源交易的高度技术化和复杂化，这也就意味着学者在咨询和服务方面越来越受到拘束和限制，或者您必须更多地参与到交易实践中。另外，虽然笔者是一个研究智库的成员，并积极撰写过一些研究报告，也曾被领导批示过。但总觉得做得不够爽快。正是因为这些因素，也就能一定程度解释了：为什么笔者总是希望多写些著作类的东西啦！一是容易发表，二是传播得更广。当然，笔者还希望这本《公共资源交易管理》能有更多的读者群！

这本历时数年①思考、而又几度中断的拙作最终能够出版，要感谢的人很多很多。首先要感谢我所在学校和学院，组织的支持总是最根本性的。学校和学院不仅给予立项，而且还给予出版资助，这才得以与读者见面。其次要感谢经济科学出版社和中国政府采购杂志社的编辑们，尤其是中国政府采购杂志社社长殷亚红女士的无私支持。最后是国家发展改革委法规司的领导们，作为中国人民大学公共资源交易研究中心的直接领导者，他们总是那么无条件地支持我的研究，我心存感激！当然，还有许多理论界和实践部门的诸多同仁和朋友的关心与支持，也是我得以坚持写完的理由。

也以此书献给我们的研究中心——中国人民大学公共资源交易研究中心！

王丛虎

2018 年 1 月 23 日

---

① 之所以用了这个模糊的数字，是因为起意撰写的具体时间已经过了很久，而且几易其稿，又几度中断，实难表达清楚。